双转型期中国品牌汽车升级模式研究

巫细波　著

中国财经出版传媒集团
中国财政经济出版社

图书在版编目（CIP）数据

双转型期中国品牌汽车升级模式研究／巫细波著．
--北京：中国财政经济出版社，2020.7
ISBN 978-7-5095-9775-0

Ⅰ.①双…　Ⅱ.①巫…　Ⅲ.①汽车工业－品牌战略－研究－中国　Ⅳ.①F426.471

中国版本图书馆 CIP 数据核字（2020）第 072272 号

责任编辑：彭　波　　　　责任印制：史大鹏
封面设计：卜建辰　　　　责任校对：胡永立

中国财政经济出版社 出版
URL：http：//www.cfeph.cn
E-mail：cfeph@cfemg.cn

社址：北京市海淀区阜成路甲 28 号　邮政编码：100142
营销中心电话：010-88191537
北京财经印刷厂印装　各地新华书店经销
710×1000 毫米　16 开　19 印张　300 000 字
2020 年 7 月第 1 版　2020 年 7 月北京第 1 次印刷
定价：78.00 元
ISBN 978-7-5095-9775-0
（图书出现印装问题，本社负责调换）
本社质量投诉电话：010-88190744
打击盗版举报热线：010-88191661　QQ：2242791300

序　言

自 2009 年我国跃居全球最大汽车市场以来，到 2018 年我国已经连续 10 年成为全球最大汽车市场，新能源汽车、智能汽车、联网汽车、共享出行等已经成为汽车产业发展新趋势，汽车技术发展日新月异，国内外汽车市场出现了重大变化，国内汽车产业发展逐渐进入了技术和消费双转型期（笔者 2016 年首次尝试提出了这个概念①）。技术转型期的到来使中国品牌汽车获得能够缩小与国际一流汽车品牌技术差距的历史性机遇，而汽车消费转型的到来同样使中国品牌汽车能够获得快速提升产销规模的难得契机，如何把握和适应汽车产业双转型期的新趋势和新机遇，实现我国汽车产业的"弯道超车"，这已成为中国品牌汽车未来发展的关键和重点。因此，研究我国汽车产业双转型期的特点和趋势，针对新趋势采取合适的升级模式及构建企业动态能力，对指导中国品牌汽车升级具有重要意义。

纵观国内外学者对企业转型升级的研究，无论是国外学者从转型和升级的分别论述，还是国内学者结合我国国情对我国企业转型升级做出的探索，总结起来，企业转型升级是因为企业迫于外在条件的压力和内在条件的局限，通过转型升级来获得持续的发展；而转型升级可以通过提高自身科创能力、改进生产技术、完善产品体系、打造企业品牌、重视企业市场营销等多种途径向全球价值链的高附加值端转移、向更适于经济增长的生产方式转变。在升级过程中，加强企业核心竞争力的建设是企业转型升级的关键。而企业核心竞争力又是多方面的，包括提升核心生产技术、品牌打造、产品市场营销、企业人力资源的设计和企业

① 巫细波．双转型期广东省汽车零部件产业面临机遇及升级研究［J］．汽车工业研究，2017（9）：54－60．

资金的获取等。在众多学者研究的基础上，本书围绕汽车行业技术转型和消费转型新趋势，结合比亚迪和广汽集团转型升级经验案例，对中国品牌汽车升级模式和路径展开研究。本书结合2008年全球金融危机后的国内外汽车产业发展形势，提出了汽车产业技术转型期和消费转型期概念并分析了其特点与趋势，结合全球尤其是“一带一路”沿线地区汽车产业发展趋势及我国实施的新一轮汽车产业开放政策，分析了中国汽车品牌升级模式特点及存在问题。重点结合比亚迪和广汽集团阐述了垂直整合和横向整合这两种具有代表性的升级模式。总体上看，中国品牌汽车企业在不同时期会采用不同的升级模式，这不但取决于外部行业发展环境，更取决于企业本身的技术水平和资源整合能力。在本书的最后是中国品牌汽车在双转型期下的升级对策与建议。具体内容包括以下八章：

第一章　绪论。主要交代本书研究的背景和意义，对汽车产业双转型期、中国品牌车、汽车产业价值链、产业链整合、中国品牌汽车国际化等主要概念进行界定和说明。对企业转型升级、产业链垂直整合、产业链横向整合、产业融合发展、集成创新、中国品牌汽车发展等方面的文献进行了梳理，明确了本书研究的任务。

第二章　我国汽车产业技术转型期的特点及趋势。主要分析了新能源汽车、汽车电子、智能汽车等领域的汽车技术发展趋势，认为我国通过实施密集的产业刺激政策，重点围绕新能源汽车、智能网联汽车、汽车电子等领域推动汽车技术转型，促使国内外汽车产业逐渐进入技术转型期。

第三章　我国汽车产业消费转型趋势及特点。自2009年我国跃居为全球最大汽车市场以来，到2018年已经连续10年保持第一，我国汽车市场已经逐渐成为全球汽车市场的风向标，引领全球汽车消费逐渐进入转型期。本章重点分析国内汽车产业进入消费转型期的宏观新趋势，针对省级层面的汽车消费特点及区域差异展开深入分析，同时采用面板数据模型分析2002~2017年影响我国汽车销量的影响因素。

第四章　全球汽车产业发展趋势与我国汽车产业新一轮对外开放。随着我国汽车市场逐渐饱和并且已经连续多年成为全球竞争最为激烈的汽车市场，快速崛起的中国品牌需要深度融入全球汽车市场才能迈向汽车产业全球价值链中高端，争取尽快形成全球性竞争力才能在汽车产业新一轮发展变革中取得先机。本章对全球及“一带一路”沿线汽车市场的发展趋势展开研究，分析中美贸易摩擦及我国实施的新一轮汽车产业开放对我国汽车产业影响。

第五章　中国品牌汽车升级模式特点及存在问题。本章在分析中国品牌汽车发展历程基础上，讨论了中国品牌汽车企业升级模式及特点，分析了德国、美国、日本、韩国等国外汽车发展模式并总结经验启示，分析了中国品牌汽车升级面临的主要问题，最后分析了部分已经消失的中国品牌汽车退出市场的原因，认为技术研发能力不足是中国品牌汽车升级面临的最大问题。

第六章　比亚迪模式：垂直整合和集成创新模式。比亚迪是中国品牌汽车发展历史上民营汽车企业的典型代表，在汽车产业双转型期下依托技术创新和产业链整合实现企业转型升级并初步培育出全球性竞争力。本章分析了比亚迪的发展历程，重点分析了比亚迪在双转型期如何通过模仿创新、垂直整合、集成创新等模式实现企业升级并逐渐培育出全球性竞争力。

第七章　广汽集团模式：横向整合与产业融合模式。广汽集团作为广州地方国有汽车企业，具有相对容易获得政府扶持的特点，同时也具有民营企业的灵活性和更好的市场敏感性，因此研究双转型期下的广汽集团的升级模式与路径对中国品牌汽车企业转型升级具有重要的参考价值。本章分析了广汽集团的发展历程、现状及国际化发展概况，重点分析了广汽集团在双转型期下如何通过横向整合、产业融合等模式在汽车关联领域实现突破发展。

第八章　双转型期中国汽车升级模式选择及对策建议。本章在前面章节分析基础上，围绕汽车行业技术和消费双转型新趋势，分析中国品牌汽车升级模式并提出对策建议。

本人在写本书的过程中得到了很多同事和朋友的帮助，如广州市社会科学院的赖长强副研究员、程风雨副研究员；广汽集团的欧阳惠芳、黄坚、陈广安、洪云、李新宇等常年为笔者担任执行负责编辑的《广州汽车产业发展报告》（2016 年、2017 年、2018 年、2019 年）提供有关广汽集团发展的稿件，而本书第七章关于广汽集团的论述则得益于他们提供的素材，在此表示衷心感谢。此外，本书的出版得到了广州市国家中心城市研究基地的资金资助。

国内外汽车产业进入技术转型和消费转型，对这种双转型期的认识和研究将是一个长期过程，汽车产业本身和外部环境在不断变化，特别是2020年1月突然暴发了新型冠状病毒疫情并在全球范围扩散，这将对汽车产业产生深远影响，按照原来的计划本书早在2018年就应该完稿，鉴于国内外汽车技术及消费仍在快速变化，2019年汽车行业的发展态势也符合双转型期的发展特征但也不能再拖延下去，只能将疫情对汽车技术及消费的影响作为本书后续研究的重点。本书的研究参考了很多国内外相关研究学者的成果，对此表示感谢，但由于受到本人知识能力限制，加上仓促成稿，本书仍然存在诸多不足之处，希望读者和专家多给予批评指正。

巫细波

2020年3月

目　　录

第一章

绪　论

第一节

研究背景及意义

一、研究背景

尽管汽车产业的发展历史已经超过百年，但得益于电子信息、人工智能、5G通信网络、大数据等技术日新月异的发展，传统汽车产业正在发生重大变革，新能源及智能汽车将成为汽车未来发展的主要趋势。随着全球经济进入深度调整期及贸易摩擦呈现升级趋势，全球汽车消费市场将在较长时期内呈现低速甚至负增长特点，未来一段时期国内外汽车产业将进入技术和消费双转型期，将对全球汽车产业产生深远影响。对主要依赖合资模式发展的我国汽车工业而言，这种变革期将是有望改变我国汽车产业“大而不强”局面的重要机遇期，通过推动吉利、比亚迪、奇瑞、广汽传祺、上汽荣威、一汽奔腾等中国汽车品牌深度融入全球汽车产业价值链，形成迈向全球价值链中高端的新动能。

我国连续10年成为全球最大汽车市场，但中国品牌汽车市场份额始终没能突破50%。自世界上第一辆汽车于19世纪末由德国人卡尔·本茨研制成功以来，汽车工业从无到有，在石油、钢铁、化工、塑料、电子信息等技术的支持下，历经100多年发展的汽车工业已经成为全球经济发展的重要支柱产业之一，特别是

1970年以来，全球汽车数量几乎每隔15年翻一番①。进入21世纪以来，随着全球化进程加速发展，跨国汽车企业不断推进全球布局，汽车工业更是进入发展快车道，2003年全球汽车产量突破6000万辆，2007年突破7000万辆，2013年突破8000万辆，到2015年则突破9000万辆。我国现代汽车工业的发展主要得益于改革开放后实施的“以市场换技术”战略，引进大众、通用、奥迪、宝马、奔驰、本田、丰田、现代、日产等一大批跨国汽车企业以合资方式推动我国汽车工业发展，同时辐射带动中国品牌汽车发展。随着汽车产销规模不断增长，我国汽车工业在全球影响力快速提升。2000年我国汽车产量仅为207万辆，占全球汽车产量的比重仅为3.5%；到2006年已经快速增长到727万辆，占全球比重达到10.5%；2009年以1379万辆的产量跃居全球最大汽车生产国，占比达到22.3%；到2018年，我国已经连续10年成为全球最大汽车生产国，占比提高到30.4%（见图1－1）。然而，中国品牌汽车占我国汽车销量的比重始终没能够突破50%，目前中国品牌汽车企业的产品仍然以中低端产品为主，整车出口量多年维持在100万辆规模左右，长期过于依赖“合资模式”使整车企业难以有效发挥辐射带动效应，导致民用汽车零部件企业大部分均为研发实力弱的中小型企业。

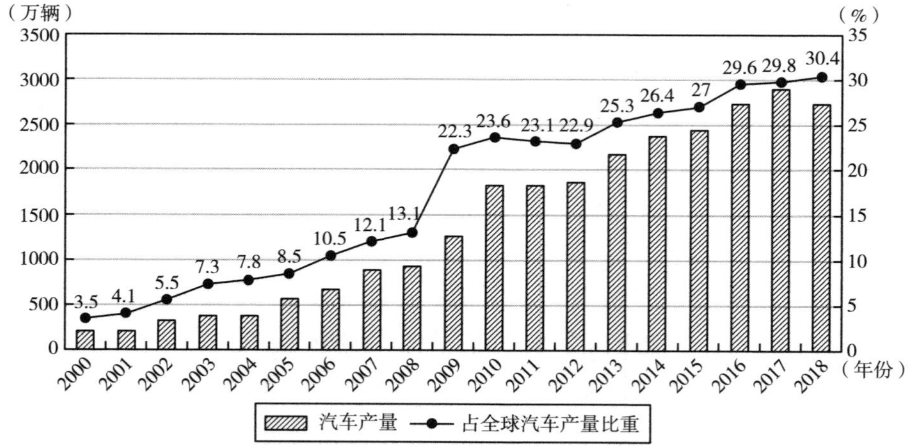

图1－1　2000～2018年我国汽车产量变化及全球占比变化

---

① 汽车百科全书编纂委员会．汽车百科全书．北京：中国大百科全书出版社，2010年．

汽车工业是我国经济社会发展的主导产业且具有强大的辐射带动效应，把握汽车技术及消费变革新趋势并推动中国品牌汽车成为我国汽车产业迈向全球价值链中高端的核心引擎，这将成为我国汽车产业未来一段时期的关键任务和发展方向。到 2018 年汽车制造业主营业务收入达到 80484.6 亿元、利润总额达到 6392 亿元，已经成为产值规模第二、利润规模第一的支柱工业。汽车工业由于其产业关联度强，可以带动上、下游 150 多个产业部门的发展。秦冰洋（2018）根据 2012 年投入产出表研究认为，我国汽车整车制造业每增值 1 元，带动关联产业增值 2.80 元，对关联产业影响较为密切的产业包括汽车零部件及配件、钢压延产品、批发和零售、有色金属及其合金和铸件（见表 1-1）。总体上看，汽车工业已经成为我国国民经济的支柱产业，也是贯彻落实《中国制造 2025》战略的核心领域，但中国品牌汽车仍未成为我国汽车工业发展的核心引擎，过于依赖合资企业的发展模式仍未得到根本改善，在国际化进程、核心技术研发、供应链管理、品牌竞争力等方面与跨国汽车品牌仍有较大差距。我国汽车工业在发展过程中强烈受产业政策影响，从早期的严格管控到市场化和国际化，中国汽车工业体系在发展过程中不断成熟，使中国品牌汽车企业具有多元性，如以一汽集团、东风集团、长安汽车等为代表的央企，以上汽集团、北汽集团、广汽集团等为代表的地方国企，更多的则是以吉利、长城、比亚迪、力帆等为代表的民营汽车企业。

表 1-1 汽车制造业对关联产业的影响系数

序号	部门	系数	序号	部门	系数
1	汽车零部件及配件	0.521693	11	有色金属压延加工品	0.060035
2	钢压延产品	0.140918	12	道路运输	0.059731
3	批发和零售	0.128410	13	其他通用设备	0.057789
4	有色金属及其合金和铸件	0.113590	14	钢、铁及其铸件	0.056660
5	电力、热力生产和供应	0.106210	15	基础化学原料	0.053958
6	汽车整车	0.092352	16	煤炭采选产品	0.052665
7	货币金融和其他金融服务	0.080331	17	电子元器件	0.052364
8	精炼石油和核燃料加工品	0.071039	18	石油和天然气开采产品	0.052214
9	商务服务	0.064608	19	塑料制品	0.048375
10	金属制品	0.062800	20	黑色金属矿采选产品	0.047767

资料来源：秦冰洋．汽车产业影响力的投入产出分析 [J]．汽车工业研究，2018（12）：12-16.

国有汽车企业和民营汽车企业各有优势，其中国有汽车企业在获得政策和资本支持、与跨国企业合资合作等方面具有优势，但由于受体制机制影响，在技术研发、跨国兼并、市场开拓等方面处于相对劣势，在技术创新方面显得尤其不足；民营企业在技术研发、市场响应与开拓、实施跨国兼并、战略调整、人才组织等方面具有灵活性和便捷性，但整体发展相对不稳定，特别是年产销规模不足20万辆的中国品牌汽车企业，一旦经营不善非常容易被市场淘汰，我国汽车工业发展历史进程中有不少汽车品牌已彻底消失，如云雀汽车、波导汽车、美鹿汽车、富奇汽车等品牌，产销规模超过50万辆甚至100万辆的中国品牌汽车企业则是未来中国汽车工业自主创新的核心力量。

随着国内汽车消费市场的逐渐饱和，汽车出口长期维持在100万辆规模以及汽车社会问题日益凸显，使国内汽车消费进入低速增长、SUV逐渐取代轿车成为消费主力、新能源汽车接受度不断提升等为特征的汽车消费转型期。我国汽车产销规模连续多年增长，汽车消费已出现区域性和结构性饱和趋势，尽管从千人汽车拥有量和国民经济发展趋势看，国内汽车市场还有较大发展空间，但增速放缓甚至短期负增长将成为国内汽车市场的长期性特点。此外，汽车社会问题逐渐成为抑制汽车消费的长期性因素。汽车保有量快速大幅度增加而且区域分布非常不均匀，包括城市交通拥堵、汽车尾气污染、停车难等在内的汽车社会问题有加剧趋势，越来越多城市开始启动汽车限牌计划，城市轨道交通快速发展、网约车管理运行日益完善、共享汽车不断普及等都成为抑制私人汽车消费的重要因素，对汽车产销规模的进一步增长产生不利影响。随着我国连续10年成为全球最大新车市场，汽车保有量快速增长，到2018年年末我国民用汽车保有量高达24028万辆，千人汽车保有量达到了172辆，而2009年我国汽车保有量仅为7619万辆，近10年间汽车保有量年均增长速度达到13.6%。尽管北京、上海、深圳等部分城市通过限牌政策限制了汽车保有量的增长速度，新能源汽车不限牌导致新能源汽车快速增长，到2018年全国新能源汽车保有量已快速增长到261万辆，占汽车总量的1.09%。国内汽车保有量超过百万辆的城市已经增长到61个，而超过200万辆的城市则超过27个；天津、武汉、东莞等3个城市的汽车保有量已经逼近300万辆；汽车保有量超过300万辆的城市则增加至8个，包括北京、成都、重庆、上海、苏州、郑州、深圳、西安。根据高德地图发布的《2018 年度中国主要城市交通分析报告》显示，在全国 361 城市中，有 61% 的城市通勤高峰时处于缓行状态，13% 的城市处于拥堵状态，26% 的城市通勤拥堵程度较低（见表 1－2）。

表 1－2　　2018 年我国部分城市交通健康指数

排名	城市	交通健康指数（%）	日拥堵经济损失（元）	路网高峰拥堵路段里程占比（%）	高峰缓行路段里程比（%）	高峰小汽车平均速度（km/h）	工作日平均拥堵时长双程（分钟）	工作日平均通勤时长双程（分钟）
1	南通市	79.70	10	0.99	1.56	37.86	15.48	56.67
2	绍兴市	79.50	10	1.49	1.63	29.03	19.83	56.41
3	台州市	79.30	9	1.16	1.69	30.15	18.77	57.97
4	常州市	77.90	13	1.01	1.90	33.18	19.87	58.88
5	唐山市	77.60	12	1.42	1.98	27.36	20.92	54.62
6	泉州市	77.30	10	1.42	2.92	30.8	19.55	57.65
7	宁波市	76.90	12	1.82	2.81	26.04	22.16	58.8
8	温州市	76.80	11	1.85	2.84	27.53	21.35	58.56
9	无锡市	76.70	14	2.14	2.77	30.86	21.04	58.62
10	淄博市	76.40	12	1.84	2.58	28.03	22.05	58.5
17	天津市	73.40	13	2.71	3.33	28.7	27.08	67.86
18	青岛市	73.10	11	2.64	2.79	31.05	24.62	65.62
31	东莞市	68.20	15	4.52	4.38	30.31	28.14	71.18
39	南京市	66.20	16	4.79	5.39	24.96	31.58	72.66
40	杭州市	66.10	11	4.25	5.77	25.48	27.55	71.45
41	合肥市	65.90	14	5.18	6.15	24.57	30.12	67.74
42	成都市	64.30	15	5.19	6.65	26.17	32.78	74.6
43	重庆市	60.70	16	5.58	4.56	25.84	36.15	76.77
44	佛山市	60.30	17	5.80	5.04	24.45	32.43	73.91
46	深圳市	58.50	21	5.97	7.33	26.41	35.1	79.96
47	上海市	50.80	19	7.29	7.12	23.27	39.1	85.27
48	北京市	46.90	24	11.08	8.89	23.35	44.97	88.54
50	广州市	43.40	22	8.32	8.07	23.96	38.76	81.33

注："交通健康指数"通过时间、空间、效率三个维度中，路网行程延时指数、路网高峰拥堵路段里程比、路网高延时运行时间占比、骨干路速度偏差率等 9 项数据指标进行综合评价，对城市交通进行立体化诊断。"交通健康指数"越高，说明城市运行越健康，反之，则说明多项指标距离理想值越远，相对不健康。

资料来源：高德地图，《2018 年度中国主要城市交通分析报告》。

总体上看，我国汽车产业正处于一种特殊时期，以新能源及智能汽车为代表的新兴领域正在快速崛起，逐渐成为全球汽车产业未来发展的主要趋势，这是我国汽车产业有望实现“弯道超车”的历史性机遇期。另外，尽管全球汽车市场进入较长的低迷期，但得益于我国宏观经济的稳健发展，不管是中西部汽车市场的拓展还是东部沿海地区的汽车消费升级，表明我国汽车市场还有较大的发展空间，而SUV及MPV细分车型市场的快速扩张成为中国品牌崛起的又一契机。汽车产业进入技术和消费双转型期是本书研究的背景，基于这种特殊背景研究中国品牌汽车转型升级的路径及对策。

二、研究意义

随着汽车技术的大规模变革，汽车产业将是未来工业的核心领域之一，有望辐射带动电子信息、人工智能、新能源、新材料、大数据等关联产业实现新一轮大发展，因此顺应汽车产业技术及消费变革的历史性机遇期，积极改善过于依赖合资企业的发展模式，推动中国品牌汽车企业加快转型升级步伐并引领我国汽车产业迈向全球价值链中高端，这将是未来我国汽车产业的发展重点及关键。全球经济复杂多变、贸易摩擦此起彼伏，全球汽车产业呈现全新的发展趋势，非常有必要对国内外汽车产业的发展新趋势展开研究，特别是技术和消费双转型期下国内外汽车产业的特点与趋势，这对中国品牌汽车转型升级并深度迈向全球化具有重要理论和决策参考意义。随着汽车产业全球化进程日益深入发展及新兴领域的快速发展，汽车企业之间的竞争已经从以往单纯企业规模之间的竞争逐渐演变成产业链和供应链之间的全方位竞争，尽管我国汽车产业规模已经连续10年位居全球第一，但仍然以合资品牌为主，中国品牌汽车在国内的市场份额始终未曾突破50%（见图1-2）。随着国内汽车市场竞争日趋激烈以及增速放缓，为抢占有限的市场份额，合资品牌不断加快中低端车型的研发和推出步伐，中国品牌汽车的生存空间受到挑战，必须积极顺应双转型期的新趋势。

大部分中国品牌汽车企业的产销规模不足20万辆，如力帆、海马、华泰、金杯汽车、东南汽车等汽车品牌的年销量常年在10万辆规模徘徊，年销量超过

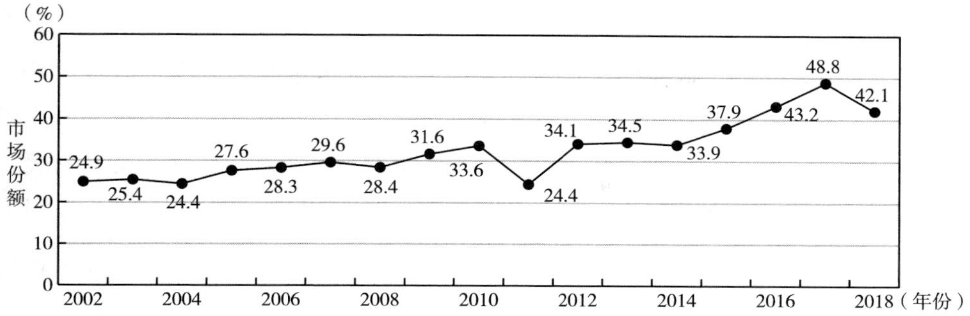

图 1－2　2002～2018 年中国品牌汽车市场份额变化

50 万辆规模的中国品牌汽车企业仅有比亚迪、广汽乘用车、奇瑞、长城、吉利等 5 家企业，年销量突破百万辆的中国品牌汽车企业仅有吉利汽车一家企业（见表 1－3）。

表 1－3　2012～2018 年主要中国品牌汽车企业与合资汽车企业销量对比　单位：万辆

排名	2012 年		2015 年		2018 年	
	企业	销量	企业	销量	企业	销量
1	上海通用	136.35	上海大众	180.56	上汽大众	206.51
2	一汽大众	132.89	上汽通用五菱	179.76	一汽大众	203.69
3	上汽通用五菱	132.26	上汽通用	172.50	上汽通用	196.96
4	上海大众	128	一汽大众	165.02	吉利汽车	150.08
5	北京现代	85.96	长安汽车	111.33	上汽通用五菱	135.56
6	东风日产	77.3	北京现代	106.28	东风日产	115.60
7	重庆长安	60.42	东风日产	102.61	长城汽车	91.50
8	奇瑞汽车	55.02	长安福特	86.87	长安汽车	85.93
9	一汽丰田	49.55	长城汽车	75.32	北京现代	79.02
10	长安马自达	49.36	神龙汽车	71.07	广汽本田	74.14

资料来源：搜狐汽车。

我国汽车产业在发展过程中过于依赖合资模式，导致多数中国品牌整车和零部件企业处在产业链和价值链的中低端环节，成本上容易受制于原材料和外资核心零部件供应商，汽车产品的价格竞争力难以匹敌合资品牌汽车，导致中国汽车品牌在国内和国外两个市场的竞争力都不强。我国汽车工业的发展长期过于依赖外资整车和零部件企业，导致民营汽车零部件企业发展滞后，使汽车企业的零部件供应链体系主要由外资企业主导，中国品牌整车企业的采购成本一直居高不下，汽车产品的高价格与市场需求的矛盾日益突出，企业内部结构与市场需求的矛盾日益突出。同时，大城市仍然是未来汽车消费市场的核心板块，大城市人口规模仍然会进一步扩大，而这些人口又是消化汽车技术升级、产品升级的主力人群，因此，在现有城市发展体系下的城市通勤问题会更进一步被放大，大城市居民出行需求、购车需求以及城市交通系统也会随之出现相应的结构性变化，从而导致汽车消费市场的变化。为了突破汽车产业发展的“瓶颈”，推动整车企业转型升级并带动汽车产业结构调整成为未来我国汽车行业发展的必然要求。顺应汽车技术和消费双转型的新趋势，抓住机遇推进中国品牌汽车企业转型升级并迈向全球化，将有望成为解决目前我国汽车产业中存在的“散、乱、弱”问题的重要方式，也是中国品牌汽车企业进行产业结构调整并迈向全球价值链中高端的重要路径。

因此，本书在重点分析国内汽车产业技术和消费双转型期特点及趋势的同时，以比亚迪和广汽集团为重点案例展开分析，深入研究中国品牌汽车企业发展现状及面临问题，特别是双转型期下的转型升级方式及路径特征。从价值链理论、产业融合等理论出发，探索中国品牌汽车企业转型升级路径与方式，为促进我国汽车产业迈向全球价值链中高端提供决策参考。

第二节 研究对象及相关概念

一、汽车产业双转型期

这一概念由本书作者[①]率先于2017年提出并进行了初步探讨，本书将进一步

① 巫细波．双转型期广东省汽车零部件产业面临机遇及升级研究［J］．汽车工业研究，2017（9）：54－60．

重点围绕此概念展开研究。2008 年金融危机后，我国跃居为全球最大汽车市场并连续多年保持第一，同时伴随全球经济的复杂多变、复苏缓慢、贸易摩擦升级等新态势，作为全球产业核心领域之一的汽车产业发生重大变革，而我国逐渐成为引领这种变革的主战场。以新能源及智能网联汽车为代表的新兴领域快速兴起，引发汽车产业进步技术转型期；以 SUV、MPV 等传统燃油车型细分市场快速扩张，新能源汽车市场呈现高速增长趋势，共享出行、物流配送成为汽车消费的新兴领域，由此引发汽车产业同步进入消费转型期。从时间上看，可以从 2009 年起算，至 2030 年左右，双转型期末新能源和自动驾驶汽车将成为汽车市场的主力，传统燃油汽车的市场份额将低至 1/3，甚至更低。汽车产业同步进入技术和消费双转型期，对我国汽车产业而言是重要而关键的历史性机遇期，重点依托中国品牌汽车企业推动我国汽车产业在双转型期间将逐步迈向全球价值链中高端，有助于贯彻落实《中国制造 2025》国家级战略规划。

二、中国品牌汽车

这一概念与自主品牌汽车同义，之所以尽量不再用自主品牌汽车这个概念，主要是因为中国品牌汽车这个概念是在 2015 年之后由国内汽车媒体及企业倡导并流行开来，目前除了在小范围学术界外，大部分领域均使用中国品牌汽车这一概念。为了更好地理解中国品牌汽车企业这个概念，可以参考之前对自主品牌汽车概念的理解。自主品牌汽车指拥有自主知识产权的汽车品牌，一种定义认为车型商标为中国国内自己商标（包括引进技术产品）的为国内品牌，可视为自主品牌，如广汽传祺、奇瑞汽车、比亚迪、长城汽车等，本书研究的重点则是这类汽车企业；挂国外厂标、商标的，为国外品牌，如奔驰、宝马、日产等。另一种定义认为，中国国内企业拥有完全的产品修改权、完全的品牌运营权的品牌，就可以称为自主品牌。但不一定所有的研发工作都要在本土完成，关键是拥有自主权利。目前争议最大的自主品牌来源于合资汽车企业，如上汽通用五菱汽车的宝骏、东风集团的东风启辰、一汽大众旗下的捷达等品牌，一般称为合资自主品牌，从技术掌控的角度看，这类品牌与合资品牌一样，主要由外资方掌控。之所以将自主品牌汽车概念改为中国品牌汽车，一方面是由于国有品牌汽车已经取得了长足进步，在主要汽车技术领域基本实现了突破，而在新能源汽车领域更是取得了局部领先优势。另一方面，在外资品牌的不断蚕食下，国有品牌整体新车市场份额始终无法突破50%，高端化发展之路步履维艰，品牌影响力提升迂回曲折，遭受国内消费者的重重质疑，亟须通过某种方式让国内消费者重新认识国有品牌汽车，鼓励国内消费者支持国有品牌汽车发展。正是在这种情况下，作为拥有最多汽车消费者且具有强大用户影响力的互联网平台——汽车之家于2015年3月23日发起了名为《共同宣言：自主品牌更名为中国品牌》，提出对未来中国品牌的期望：产品质量有大幅提升；掌握更多核心技术；拥有更多优秀原创设计；推出更多中高端车型；不断提升售后服务质量；问鼎亚洲，走向世界。当天就有比亚迪、广汽传祺、吉利汽车、北京汽车、长安汽车等27个国产品牌响应，支持将自主品牌汽车更名为中国品牌汽车。

三、汽车产业价值链

未来汽车企业的竞争并不仅仅局限于汽车整车、汽车零部件或者某一产业环节，而是围绕全球范围内的汽车产业价值链展开竞争，未来中国汽车企业的升级的关键也同样是围绕技术和消费的双转型推动中国品牌汽车迈向全球汽车产业价值链的高端环节。产业价值链的概念源于美国哈佛大学商学院教授迈克·波特（Michael Porter）提出的价值链的概念，任何企业的价值链都是由一系列相互联系的价值创造活动所组成，通过对这些活动进行分解、考察其本身及相互间的关系，从而可以确定企业的竞争优势。波特指出企业的价值链并非孤立存在，它还处于由供应商价值链、企业价值链、渠道价值链以及买方价值链共同构成的价值链系统中。企业的价值链是动态变化的，反映了企业的历史、战略以及实施战略的方式。在波特相关研究的基础上，国内外学者相继提出了“虚拟价值链”“价值网”“产业链”“服务链”“需求链”“供应链”“营销链”“技术链”等概念。其中，产业链主要从一个产业投入产出的角度出发，分析从原材料到中间产品再到最终产品整个生产过程中的不同环节。从表面看，产业链与价值链不同，但事实上两者并无本质不同，因为每一个产业环节都是价值创造的过程。现实中，许多专业化产业区的成长过程，就是一个传统企业内部价值链的分解过程。原来企业内部的不同价值环节不断外包，自己只从事核心价值环节，由其他专业化的生产或服务公司从事非核心价值环节，这种分工的专业化和迂回化过程尽管环节加长，但效率成倍增加。久而久之，从原材料采购到最终销售服务，所有的价值创造环节都由不同的企业独立运作，从而形成一条完整的价值链。如果这条价值链在原有企业周围形成一个相对独立的区域，就称为产业集群。如果这条价值链在本土相对完整，就称为本土（国内）价值链；如果延展到全球，就构成了全球价值链。因此，汽车产业价值链是指将汽车产品从提出概念，到产品设计、研究和开发，经过不同阶段的加工（原材料、零部件、整车制造等），制成成品交付消费者，并不断提供增值服务的动态过程，同样由设计与开发、生产、营销与销售以及消费与售后服务等基本环节组成。

四、产业链整合

产业链整合一般是指由某一节点企业为核心，通过股权投资、兼并等方式控制或管理其他节点企业，使处在同一产品不同生产阶段的企业之间的上下游共建共生并通过协同作用来提升运营效率。产业链整合按整合方式可以分为产业链水平整合（也称为横向整合）、产业链垂直整合（也称为纵向整合）、产业链混合整合。产业链垂直整合包括纵向约束和垂直合并，是对产业链的上下游进行整合。产业链水平整合主要是指横向兼并，这能够增加企业的市场份额，提高管理效率。混合整合多是指对业务经营不相关的企业进行整合。产业链整合是中国品牌汽车企业在双转型期升级的主要模式，本书提到的比亚迪、广汽集团等企业分别采用了不同的产业链整合策略实现转型升级。

五、中国品牌汽车国际化

中国品牌汽车国际化指将中国品牌汽车向国际市场推广与扩散的进程，也是中国品牌汽车被国外消费者的认识并认可的进程，同时，在这一进程中中国品牌汽车的国际影响力不断提升。中国品牌汽车国际化具体有着以下内涵：在地域上表现为中国品牌汽车自国内市场向国外市场拓展延伸的进程；而在时间上，中国品牌汽车国际化是一个相对漫长的进程，中国品牌汽车企业在国外汽车市场采用相对统一的品牌展开营销活动并着力打造全球化的汽车品牌。中国品牌汽车国际化的具体形态存在多种，如整车产品的出口贸易、国外投资建厂等。中国品牌汽车国际化水平高低的测量指标为整车出口数量、中国品牌在国际市场上的话语权、信誉度等多个方面。双转型期下中国品牌汽车国际化将是未来我国汽车企业转型升级的重点领域和方向，也是带动我国汽车产业整体迈向全球价值链中高端的主要任务。

第三节 文献综述

一、企业转型升级

企业作为市场经济的主体，针对企业转型升级的理论、机制、全球价值链、转型升级战略与路径等方面的问题受到国内外学者的广泛关注，尽管已有的绝大部分研究成果都不是以汽车企业为对象，但这些研究对于本书的主体——双转型期下的中国品牌汽车企业转型升级的研究具有重要参考价值。

（一）国外研究综述

在曼昆的《经济学原理》中马歇尔提出的企业规模经济思想可以理解为是国外研究企业转型升级的理论起源[①]。国外学者对企业转型升级研究分为转型与升级两个方面。其中，企业转型的定义方面，一部分国外学者主要从企业组织转型角度展开分析并将企业转型定义为企业组织在形式、结构和性质上发生的全方

① N. 格里高利·曼昆. 经济学原理［M］. 机械工业出版社，2003.

位变革[①]，企业组织变革是一个复杂的系统性过程，需要结合企业高层管理、部门经理、人力资源管理以及工会等部门，从企业外围并逐步转向企业核心的业务调整是实现组织转变最有效的方式[②]；Jonathan（2000）提出，当企业经营面临危险状况时就必须及时对市场做出响应，以较快速度调整和改变企业自身的发展策略，这种过程为企业转型[③]；Beck（2005）则认为企业转型可以被定义为企业对市场环境做出的响应和调整，这种过程使企业能够创造出新的能力和市场竞争力[④]。从企业升级方面看，Porter（1990）最早在有关产业集群与产业价值链的文献中将企业升级描述为生产品质更好的产品、生产技术得到提高、效率更高或者转入技术含量更高的生产经营活动，从而使企业获得更高利润调整过程[⑤]；在Porter研究的基础上，很多学者对企业升级这一问题开展更深入的研究探讨，但大体含义基本一致。尽管国外学者对于企业转型升级并无完全的定义，但基本都认为企业转型升级是一种生产技术改进、经营策略改变与组织变革的一种复杂过程。

对于企业转型升级动因的探索方面，国外学者认为可以分为内部动因和外部动因。其中，Mainga（2009）认为外部动因包括市场竞争、政府政策、环境保护、与合作企业的良好互动等[⑥]，例如，Eric（1999）认为在现代商业竞争中，大多数企业面临来自市场等多方面的压力，需要定期转型，以在激烈的市场竞争中获得有利地位[⑦]。内部动因包括生产技术创新、生产运作模式、企业文化品牌、人力资源管理等。例如，Linder（2002）等提出，企业为了实现增长，冲破

---

① Layy, A and Merry. Organizational Transformation [M]. Praeger Publisher, NY, 1986.

② Beer, Michael. Why Change Programs Don't Produce Change? [J]. Harvard Business Review. 1990, 68 (6): 158-166.

③ Jonathan, D. Corporate transformation without a cri-sis [J]. The McKinsey Quarterly, 2000 (4): 116-128.

④ Cynthia A. Lengnick-Hall and Tammy E. Beck. Adaptive Fit Versus Robust Transformation: How Organizations Respond to Environmental Change [J]. Journal of Management, 2005 (31): 738-757.

⑤ Porter, M. The competitive advantage of nations [J]. London and Basingstoke: Mac Millan, 1990.

⑥ Mainga, Wise, et al. An review of the relationship between enterprise training and technology upgrading: evidence from South African manufacturing firms [J]. The International Journal of Human Resource Management, 2009, 20 (9): 1879.

⑦ Eric K. Clemons and IL. Horn. Hann. Rosen International: Strategic Transformation of a Successful Enterprise [J]. Journal of Management Information Systems, 1999, 16 (2): 9-27.

约束或者进行更大的文化变革必须选择转型不断创新自身的竞争力掌握新的技术和知识，完成了一个转型和升级以获取竞争优势①；Winter（2000）认为进取、创新的企业文化与企业家的创新精神能加速企业的升级过程②。20 世纪 90 年代后期国外学者提出了全球价值链理论（GVC）分析方法，开始从全球性产业价值链的观察角度来看待国际分工和区域经济发展以及由此所产生的企业发展转型升级问题，这个理论为研究企业的转型升级提供了一个新方向。Schmitz 和 Humphrey（2004）认为价值链视角下，企业升级模式包括企业业务范围、产品技术程度的变化③。Rabellotti 和 Pietrobelli（2008）在分析了发展中国家不同经济部门中的中小企业在集群和价值链环境下的升级行为④，认为企业的发展升级行为与价值链治理模式和企业所在区域密切相关，不同经济区位有不同的价值链治理模式和升级方式。同时产业集群理论也开始盛行，学者们认为通过集群内的外部经济、学习、创新以及外部要素吸引力等可以促进、影响企业的转型升级。全球价值链分析法和产业集群理论的提出为学者们研究企业发展与升级提供的新的思路。

对于企业转型升级路径的选择，国外学者主要从竞争力理论、动态能力理论和全球价值链理论三个方向给出研究结果，但较多学者从全球价值链的角度出发研究了企业的转型升级路径。Amsden（1998）认为，发展中国家制造业企业要实现升级和自主创新的路径一般遵循“简单的委托代工制造→研发设计→建立自主品牌”的模式⑤。Gereffi（1999）通过总结东南亚服装纺织企业在全球价值链中的嵌入模式，也得出相似的结论⑥，提出发展中国家的代工制造企业一般会经

---

① Linder，Y. Product Diversification in International Joint Ventures：Performance Implications in an Emerging Market［J］. Strategic Management Journal，2002，23（1）：1－20.

② Winter，S G. The satisfying principle in capability learning［J］. Strategic Management Journal，2000，21（3）：981－996.

③ Humphrey and H Schmitz. Developing country firms in the world economy Governance and upgrading in global value chains［M］. Edward Elgar Publishing，2004.

④ Raymund B. and Habaradas. SME Development and Technology Upgrading in Malaysia Lessons for the Philip－pines［J］. Journal of International Business Research. 2008. 7（1）：89－115.

⑤ Amsden，A H. Asia's Next Giant：How Korea Competes in the World Economy［J］. Technology Review，1998，92（4）：46－53.

⑥ Gereffi，G. International trade and industrial upgrading in the apparel commodity chain［J］. Journal of International Economics，1999，48（1）：37－70.

历“委托组装和委托加工→自主设计和加工→自主品牌生产”的产业链条转换发展模式，从而实现企业的转型升级，在这种阶梯式的升级过程中，企业所创造并留住的价值逐渐增多，从全球价值链低端逐渐上移。然而，使用全球价值链理论分析企业发展转型升级路径时，发展中国家企业的升级经常被限制在低附加值的产业链环节。部分学者则在认为国内的产业价值链能够为企业提供更大的企业升级机会、附加值更高的产品空间及更好的经济效益。综合来看，企业转型升级发展模式主要有四种：一是生产模式转变，一般通过更好的科技手段或者通过改革当前低效的生产系统，借助更高的生产效率实现企业从粗放型发展向集约型发展转变；二是升级产品品质，通过利用更具有科技含量的生产技术与生产设备，提高产品的质量或者增加功能并加快产品更新步伐，通过提高产品的附加值来促进企业整体升级；三是企业核心功能转变，即企业业务重心转向劳动附加值更高的的产品研发设计及市场营销等方面；四是产业链条转换，企业将一个行业的专业知识应用到另一个行业中去，实现跨行业间的转型，也就是链条转换。

（二）国内研究综述

国内学者关于企业转型升级的研究已超过20年历史，国外学者的全球价值链竞争理论和产业集群理论为国内学者研究我国企业转型升级提供了良好的理论基础，在此基础上国内学者结合我国企业发展实际情况做出了大量研究。国内专家学者认为推动我国企业转型升级的原因具有多样性和复杂性。其中，王吉发等（2006）认为促使我国企业转型升级的原因同时具有外生性和内生性，刺激企业转型升级的内生性原因是我国企业资源、能力及制度长期处于欠优化状态，容易导致企业在全球化的竞争中丧失优势，而外生性原因则是受行业市场的影响、政府产业政策过于干涉等[①]。毛蕴诗等（2010）则较为全面地概括我国企业转型升级的原因，认为我国作为发展中国家，其进出口税费政策的调整、人民币汇率的变动、原材料及劳动力价格上涨、国际质量环境认证的繁琐和高新科技的技术壁垒等都是迫使我国企业转型升级的

① 王吉发，冯晋，李汉铃．企业转型的内涵研究［J］．统计与决策，2006（1）：153－157.

原因[①]。此外，程晋玲等（2007）则基于企业管理层面开展研究，认为企业管理方式的转变和倡导的企业家精神也是推动企业转型升级的重要因素[②]。

企业转型升级发展方向与路径方面的研究是国内学者讨论较为激烈的领域。其中，刘立奎（2011）认为要从企业管理上的自主创新、企业转型资金的保证和企业人力资源的配合等三个方面促进企业转型升级[③]。朱希铎（2016）提出我国制造业出现的严重产能过剩问题，需要企业坚持推进科技创新，促使企业的产品与服务向价值链微笑曲线的两端移动，企业产能过剩就能得到有效控制[④]。高佳慧（2015）通过对企业转型升级相关文献研究，总结出可以从动态能力、核心竞争力、全球价值链三个角度分析企业转型升级的方向和路径问题[⑤]，其中企业核心竞争力是最为重要和其他企业难以复制的，能够使企业在全球化竞争中获得优势。毛蕴诗等（2015）在综合多方面的研究后，将企业的转型升级路径归纳为：从简单代工到自主设计生产售后服务的升级，品牌建立层面上则以自主品牌或者自主合资品牌混合模式进入新行业、新市场等路径；具体措施层面要求企业应当加大科研经费投入，或者与研究所结成战略联盟，提升企业生产研发的能力，引进新技术，创建生态园区等[⑥]。除以上对企业转型升级的共通性认知之外，也有少部分学者秉承较为独特的观点：吴建国（2014）认为制造业企业走职业化道路是我国制造业企业转变原有的粗放型发展模式、不断提高竞争力和价值创造能力，实现转型升级的有效途径。即推进管理规范化，培养员工职业化，将企业人力资源变为人力资本，从企业员工的进步角度来解释企业转型升级[⑦]。在对企业转型升级的影响因素的探索方面，赵坤（2016）[⑧]、张志元等（2015）[⑨]、

---

① 毛蕴诗，吴瑶，邹红星．我国 OEM 企业升级的动态分析框架与实证研究［J］，学术研究，2010（1）：47－54.

② 程晋玲，徐志伟．企业家精神与企业创新［J］．企业文化．2007（5）：185－187.

③ 刘立奎．企业转型升级对策研究［J］．经济师，2011（9）：22－29.

④ 朱希铎．企业发展新机遇：创新驱动 转型升级［J］．名家专栏，2016（2）：17－19.

⑤ 高佳慧．企业转型升级研究综述［J］．商务必读，2015（1）：121－123.

⑥ 毛蕴诗，张伟涛，魏姝羽．企业转型升级：中国管理研究的前沿领域：基于 SSCI 和 CSSCI（2002～2013 年）的文献研究［J］．学术研究，2015（1）：72－82.

⑦ 吴建国．企业转型升级走职业化发展道路［J］．天津经济，2014（7）：89－95.

⑧ 赵坤．中国企业管理创新的驱动因素［J］．管理研究，2016（1）：2－5.

⑨ 张志元，李兆友．创新驱动制造业转型升级对策研究［J］．经济建设，2015（4）：41－44.

张坡（2016）[①] 等多位学者均认为，创新是企业转型升级最核心影响因素，通过创新驱动企业转型升级是《中国制造2025》战略规划的核心思想，是实现从“中国制造”到“中国创造”和“中国智造”转变的关键性举措。我国汽车制造业要积极顺应技术和消费双转型期发展新趋势，在新能源汽车、智能网联汽车等新兴领域的创新也同样是中国品牌汽车迈向全球价值链中高端的核心因素。

二、产业链垂直整合

垂直整合（vertical integration）是一种提高或降低企业对于其投入和产出分配控制水平的方法或者策略，反映了企业对其生产投入、产品或服务的分配的控制程度。波特的价值链理论模型是对垂直整合的最佳理解与应用。垂直整合意味着企业的价值链与其供应商、经销商价值链之间的整合水平。垂直整合有两种类型：后向整合（backward integration）和前向整合（forward integration）。其中，企业对于其生产投入企业或者生产环节的控制称为后向整合，传统汽车企业对汽车零部件生产制造环节的整合、新能源汽车企业对动力电池原材料生产环节的整合都可以看作是汽车产业领域的产业链后向整合。企业对其产业链下游企业或者产出分配的控制则称为前向整合，如汽车企业对下游经销商、维修企业、汽车物流、汽车金融等企业或者环节的整合，均可称为前向整合。

有关产业链垂直整合概念是在对产业链整合研究的基础上深入和发展而来的。古典经济学家亚当·斯密在有关分工的学说中最初提出产业链的思想，随后，马歇尔将分工协作思想拓展之后才真正形成产业链的真正定义。丙明杰、刘明字（2006）认为，如果产业链核心节点企业能够控制上下游企业，则可称作产业链整合。程宏伟、冯茜颖、张永海（2008）在丙明杰（2006）的研究基础上进一步深入，指出产业链整合是产业链上的核心企业及上下游企业，以资源、人才、技术等为基础，通过控股、参股关系进行产业链布局。冯伟、李颖洁（2010）提出，产业链垂直整合是指企业沿着产业链占据若干生产环节进行业务

① 张坡．新形势下企业经济管理模式的创新策略［J］．中国高新技术企业，2016（11）：152-153.

布局。在国外，“产业链”多被“生产链”“价值链”“供应链”等概念取代，关于产业链少有直接的论述，很多学者对价值链、供应链进行了研究。

（一）价值链研究

Shank 等（1992）认为价值链包括从最初的供应商到原材料再到最终产品送到用户手中的全过程，企业内部的设计、生产、销售、服务等活动构成内部价值链，企业与供应商、分销商以及顾客等构成外部价值链①。Rayport 和 Sviokla（1995）提出了虚拟价值链的概念，指出虚拟价值链的主要活动是信息的收集、组织、筛选和分配，企业通过对信息的收集、处理和利用为顾客创造无形的产品或服务②；Kaplinsky 等（2001）提出了工艺流程升级、产品升级、功能升级和链条升级四种价值链升级方式，概括了立法治理、司法治理和行政治理等三种价值链治理方式③；价值链治理模式可分为科层制、领导型、关系型、模块型和市场型，从科层制到市场型，显性协调和权力不对称的程度逐渐减弱，模块型、关系型和领导型治理模式同属网络治理模式④；Humphrey 等（2002）认为科层制价值链有利于工艺流程和产品升级，但会阻碍功能升级；市场型价值链上工艺流程和产品升级速度较慢，但功能升级的空间较大；网络型价值链升级条件最佳，但对竞争力的要求较高⑤。Krugman（1995）则对企业将各价值环节在不同地理空间进行配置的能力进行了探讨，使价值链治理模式与产业空间转移问题相结合⑥。

---

① Shank J, Gowindarajan V. Strategic Cost Management: the Value Chain Perspective [J]. Journal of Management Accounting Research, 1992 (4): 177 - 199.

② Rayport J F, Sviokla J J. Exploiting the Virtual Value Chain [J]. Harvard Business Review, 1995, 73 (6): 75 - 85.

③ Kaplinsky R, Morris M. A Handbook for Value Chain Research [R]. Prepared for the IDRC, 2001: 38 - 40, 68.

④ Gereffi G, Humphrey J, Sturgeon T J. The Governance of Global Value Chains [J]. Forthcoming in Review of International Political Economy, 2005, 12 (1): 78 - 104.

⑤ Humphrey J, Schmitz H. How Does Insertion in Global Value Chains Affect Upgrading in Industrial Cluster? [J]. Regional Studies, 2002, 36 (9): 1017 - 1027.

⑥ Krugman P. Development Geography and Economic Theory [M]. Cambridge, MA: MIT Press, 1995: 17.

（二）供应链研究

Lee 等（1995）认为供应链是一个通过链中不同企业的制造、组装、分销、零售等过程，将原材料转换成产品，再到最终用户的转移过程[①]；史蒂文斯认为供应链是通过增值过程和分销渠道控制从供应商的供应商到用户的用户的流程，它开始于供应的源点，结束于消费的终点；伊文斯认为供应链是通过前馈的信息流和反馈的物料流及信息流，将供应商、制造商、分销商、零售商，直至最终用户连成一个整体的模式；Lin 和 Shaw（1998）认为供应链是包括供应商、制造商、销售商在内，涉及物流、资金流、信息流的企业网络系统[②]；Cooper 和 Lambert（1997）认为供应链不应局限于单一企业中，应将物流通路过程中所有成员视为一体，并以生产、配送及分销等活动作为制定决策的层次[③]。供应链结构和协调机制研究大部分研究集中于供应链的"设计"和"优化"，假设供应链结构是静态和集中控制[④]。也有研究将供应链看作一个动态系统，基于系统动力学建立供应链模型，并采用系统仿真方法揭示供应链的动态性[⑤]。近年来，学术界开始采用人工智能技术研究企业行为和供应链演化的复杂性[⑥]。

（三）产业链演化整合及模式

王志宏等（2006）提出促进资源产业链发生耗散的动力机制是价值追求和消

---

① Lee H L, Billington C. The Evolution of Supply Chain Management Models and Practices at Hewlett Packard [J]. Interfaces, 1995, 25 (5): 42 – 63.

② Lin F R, Shaw M J. Reengineering the Order Fulfillment Process in Supply Chain Networks [J]. International Journal of Flexible Manufacturing Systems, 1998, 10 (3): 197 – 229.

③ Cooper M C, Lambert D M, Pagh J D. Supply Chain Management: More Than a New Name for Logistics [J]. The International Journal of Logistics Management, 1997, 8 (1): 1 – 14.

④ Gunasekaran A, Ngai E W T. Build – to – order Supply Chain Management: a Literature Review and Framework for Development [J]. Journal of Operations Management, 2005, 23 (5): 423 – 451.

⑤ Towill D R. Industrial Dynamics Modeling of Supply Chains [J]. International Journal of Physical Distribution & Logistics Management, 1996, 26 (2): 23 – 41.

⑥ Swaminathan J M, Smith S F, Sadeh N M. Modeling Supply Chain Dynamics: a Multi – agent Approach [J]. Decision Sciences, 1998, 29 (3): 607 – 632.

费需求[①]。卜庆军等（2006）认为主导企业的存在是产业链整合的前提，协调运作是整合目标，信息共享是整合基础，风险、成本和利益共担是整合结果[②]。吴金明等（2006）认为价值链、企业链、供需链和空间链的相互对接和企业内部、市场结构和行业间、政府宏观调控的过程是产业链的形成过程，产业链主要有市场交易式、纵向一体化、准市场和混合式四种表现形式[③]。陈朝隆等（2007）提出区域产业链的形成与发展受自然资源、区位条件、产业基础、地域文化、产业技术、政策与制度因素的综合影响[④]。杨蕙馨等（2007）认为产业链中分工制度安排包括企业分工、准一体化契约分工和市场分工，成本与收益的比较是决定分工制度安排选择的主要因素[⑤]。张利庠（2007）认为应该引入产业政策和国情等社会因素，注重以产业环境、顾客价值和国情因素为起点建立环境与企业能力不断联动优化的一体化产业价值链体系[⑥]。刘明宇等（2007）认为随着迂回生产链条的延长，生产分工从企业内部扩展到企业外部，生产协作由企业内部权威协调发展到企业间的分工协作，产业链是分工深化的结果[⑦]。王建军（2007）提出产业链整合的基本模式包括股权并购、战略联盟以及介于两者之间的准整合，还有参股、托管、信托、租赁等介于完全整合与有限整合之间的准整合[⑧]。孙国栋等（2008）提出，在完全信息条件下，成员企业自愿的基础上，核心企业通过调整各层企业间的合作，使产业链资源达到最有效配置，进而产业链整体收益得到优

---

① 王志宏，许可．基于耗散结构的资源型产业链演进机制研究［J］．技术经济，2006（12）：68－71．

② 卜庆军，古赞歌，孙春晓．基于企业核心竞争力的产业链整合模式研究［J］．企业经济，2006（2）：59－61．

③ 吴金明，邵昶．产业链形成机制研究——“4＋4＋4”模型［J］．中国工业经济，2006（4）：36－43．

④ 陈朝隆，陈烈．区域产业链的理论基础、形成因素与动力机制［J］．热带地理，2007，27（2）：126－131．

⑤ 杨蕙馨，纪玉俊，吕萍．产业链纵向关系与分工制度安排的选择及整合［J］．中国工业经济，2007（9）：14－22．

⑥ 张利庠．产业组织、产业链整合与产业可持续发展——基于我国饲料产业“千百十调研工程”与个案企业的分析［J］．管理世界，2007（4）：78－87．

⑦ 刘明宇，翁瑾．产业链的分工结构及其知识整合路径［J］．科学学与科学技术管理，2007（7）：92－96．

⑧ 王建军．产业链整合与企业提升竞争优势研究——以钢铁企业为例［J］．经济经纬，2007（5）：37－39．

化[①]。唐浩等（2008）认为产业链动态演进模式包括纵向生产链、配套协作链、循环生产链、供应关系链、文化价值链，演进机制表现为自组织和他组织[②]。赵红岩（2008）认为产业链的演进经历了规模经济、专业经济、模块经济和网络经济四个阶段，产业链在规模经济阶段和专业化分工阶段是纵向一体化的整合方式，在模块化及网络化阶段呈现网状特征[③]。程宏伟等（2008）认为面对资源约束强化和竞争日益激烈的环境，产业链整合必须从资源驱动型向资本与知识驱动型转变，拓展资源空间，为获得持续竞争优势提供更广泛的资源基础[④]。周彩红（2009）研究了在外商投资、国际贸易、技术创新、国际分工等因素影响下的产业价值链提升[⑤]。刘贵富（2009）认为产业链形成动因可从交易费用、战略联盟、企业资源、核心能力等理论和静态、动态等影响因素两个视角进行研究，企业加盟产业链的目的为价值创造最大化和经营风险最小化[⑥]。

（四）关于汽车产业链研究

张丽莉（2006）以通用、福特、大众、丰田为例，剖析了全球价值链形成的过程以及对各大集团的影响，并总结了我国汽车产业链整合升级可借鉴的经验[⑦]。龚建立等（2008）认为汽车制造业产业链整合的模式包括股权并购、企业拆分、设立合资企业、合作开发、建立汽车城等，整合应注意围绕产业价值链，突出企业的核心竞争力，并发挥政府的作用[⑧]。寇小玲等（2008）从全球汽车产业链的组织和利润分布入手，分析探讨了中国汽车产业嵌入全球产业链的形式和

---

① 孙国栋，王宁．粗链条产业链的优化分析［J］．科技进步与对策，2008（5）：75－77.

② 唐浩，蒋永穆．基于转变经济发展方式的产业链动态演进［J］．中国工业经济，2008（5）：14－24.

③ 赵红岩．产业链整合的演进与中国企业的发展［J］．当代财经，2008（9）：78－83.

④ 程宏伟，冯茜颖，张永海．资本与知识驱动的产业链整合研究——以攀钢钒钛产业链为例［J］．中国工业经济，2008（3）：143－151.

⑤ 周彩红．产业价值链提升路径的理论与实证研究——以长三角制造业为例［J］．中国软科学，2009（7）：163－171.

⑥ 刘贵富．产业链形成机理的理论模型［J］．河南社会科学，2009（1）：49－52.

⑦ 张丽莉．全球汽车产业价值链的分析与启示——以通用、福特、大众、丰田为例［J］．价值工程，2006（3）：47－50.

⑧ 龚建立，顾炎．我国汽车制造业产业链整合模式的研究［J］．商场现代化，2008（26）：245－246.

对策[①]。金友平（2009）在分析我国电动汽车产业链发展现状的基础上，提出了我国电动汽车产业链优化的建议[②]。庞莹等（2009）从产业链角度研究了中国汽车产业技术创新系统[③]。王怡文等（2009）在分析重庆汽车产业价值链的基础上，从全球价值链角度分析了重庆汽车产业升级问题[④]。目前有关产业链垂直整合的研究主要从产业链垂直整合的概念、动因、模式、条件以及风险几个方面进行研究。关于产业链垂直整合的动因，学者主要从交易降低交易费用、获得规模经济效应、塑造产业链核心竞争力、获得相关多元化、驱动创新的视角进行研究；有关产业链垂直整合的模式主要包括垂直整合模式的分类和从战略视角构建整合模式的研究；有关产业链垂直整合的条件主要从企业技术、资产专用性、企业所处的生产环节方面分析；有关产业链垂直整合的风险主要从资金及企业资源的角度进行研究。

三、横向整合的研究

横向整合（horizontal integration，又译为横向一体化）和纵向整合（又称纵向一体化）都是来源于新古典经济学，是获得规模经济成本优势的一条途径，还可以通过减少两家企业之间机构的重复，达到减少费用的目的，其实质是指同类企业的合并[⑤]。Dorsey（2006）将对市场体系中相同环节的合并定义为横向整合[⑥]。孙宏英（2012）认为横向整合是企业整合本行业的相关资源或与本行业企业共同开展的与企业当前业务相竞争或相补充的系列活动，目的是给客户提供全

① 寇小玲，王溥．中国汽车产业嵌入全球产业链对策的思考［J］．经济纵横，2008（11）：53－56.

② 金友平．我国电动汽车产业链的发展状况及优化路径［J］．湘潮（下半月），2009（11）：69－70.

③ 庞莹，谢众．基于产业链对中国汽车产业技术创新系统的研究［J］．中国高新技术企业，2009（2）：9－11.

④ 王怡文，吴殊．全球价值链下重庆市汽车产业升级研究［J］．重庆工商大学学报（西部论坛），2009 19（1）：73－78.

⑤ 陈金波，陶学禹．企业边界扩张的维度及有关影响因素分析［J］．华东经济管理，2006（5）：93－96.

⑥ Dorsey S G. Measuring the Impact of Integration and Diversification on Firm Value in the Food Industry［D］. America：Kansas State University，2006.

面的服务，实质是行业内部资源整合①。在实际运用中，横向整合这一概念往往与市场开拓、横向并购以及行业整合三个相近的概念混用。本书中的横向整合行为将包括上述三个概念的内涵，具体指的是：（1）企业把一种或多种产品或服务的销售和制造从原有的区域市场扩大到中国国内其他区域市场，由此可见横向整合往往与高地域多元化相联系；（2）企业通过新建和购并两种方式实现市场占有率、提高市场势力和行业集中度的行为。而所谓的"国内横向整合"是在横向整合内涵的基础上圈定了该行为的活动范围局限于本国国土范围之内。横向整合可以为企业带来协同效应或称范围经济，即实施一体化能够为企业提高效率，进而获取收益。具体而言，"1 +1 >2"是协同效应的直接效果体现。Buzzell 和 Gale（1987）更是将共享资源、营销和研发投入的外部扩散效应、企业的相似性和共享的企业形象归纳为协同效应四个方面的经济价值，由企业横向整合产生的协同效应主要包括以下几个方面②：（1）降低管理费用，相同的中高层管理费用被分摊在总量更大的产品中，即单位产品的管理费用下降了；（2）共享渠道带来了收益，如企业可以将不同的产品和服务统一到一个销售渠道销售，进而摊薄营销费用和广告费用，研发费用也与此类似，能将研发成果运用到更多相类似的产品上去，研发效果最大化，节约研发成本；（3）财务方面，横向整合能为企业带来节税利益、自由现金流量的充分利用、举债能力的提高、资本需求量的减少、融资成本的降低、每股收益的"自展"效应等好处。

企业还可以通过横向整合的行为获取或提高市场力量，增强对市场的影响力和控制力。Cai 和 Obara（2009）的研究有力支持了该观点，表明市场份额与产品销量的增加是横向整合能够为企业带来的直接经济后果。而市场份额的增加则等同于在同一行业中，公司相对于其他公司的规模得到了增加③。根据市场势力理论的观点，企业规模的扩大意味着企业的势力将会得到增强。具体而言，一体化活动可以通过运用被并企业原有的包括销售渠道、专有资产、核心人才等在内

① 孙宏英. 我国物流企业横向一体化运营模式研究［D］. 辽宁大学，2012.

② Buzzel R D, Gale B T. The PIMS principles: linking strategy to performance［M］. New York: Free Press, 1987.

③ Cai H, Obara I. Firm reputation and horizontal integration. The R and Journal of Economics. 2009（2）: 340 – 363.

的资源，克服进入新行业可能会遭遇的障碍与风险，从而以低成本和低风险的方式实现企业扩张，并且通过减少竞争者数量进一步稳固与增强自身在竞争环境中的优势地位，获取持续的竞争优势。Knapp（1990）对美国航空业 1986 年的 9 个并购事件的研究也支持该观点，认为并购可以获得市场支配力，从而可以提高价格，提高利润[①]。Peteraf（1993）根据资源基础观，市场失效会导致构成企业核心竞争力的资源无法以市场交易的方式进行转移，而横向并购能成为高效率企业通过扩大规模效应来实现市场份额扩大的方式，并能达到淘汰低效企业的效果，进而提高整个行业的集中度[②]。近年来，我国学者针对我国企业横向整合行为也展开了研究，有些学者的研究与上述西方主流观点保持一致，例如，刘万里（2002）的研究指出企业的兼并收购能带来协同效应（包括经营协同效应、财务协同效应）、市场份额效应、企业低成本扩张效应等经济效应[③]。陈传刚（2007）[④]和杨元庆（2010）的研究均指出企业通过横向整合这一行为既可以提高行业集中度又可以提高其对行业以及市场的控制力。此外，有些学者在基于我国市场分割性背景下研究企业横向整合行为，发现横向整合还可以为我国企业带来以下与西方发达国家企业不同的经济效益：第一，获取市场准入和当地市场的合法性。蓝海林等（2010）以中国市场特征为研究背景，指出在一些市场化程度较低尤其是存在市场分割性特征的地区，中国企业在购买原材料或销售产品上会受到当地政府的干预，当遭遇上述情况，企业常常需要采用新建或者购并的进入方式获得销售上的合法性，从而不受地方保护与区域竞争所限。第二，有利于企业获取特殊资源。处于转型期的中国，各地方政府都积极招揽发展势头较好的企业到当地发展，以谋求推动当地经济的快速发展以及增加就业供给等，而用以吸引企业的最常用方式是给予某些特定资源。因此，可将获取特殊资源看作是中国企业实施横向整合的一大战略目的，而这些特殊资源主要包括：地方政府的优惠政策、特许

---

① Knapp W. Event Analysis of Air Carrier Mergers and Acquisitions [J]. The Review of Economic and Statistics, 1990, 72 (4): 703 - 707.

② Peteraf. The Cornerstones of Competitive Advantage: A Resource - based View [J]. Strategic Management Journal, 1993, 14 (14): 179 - 191.

③ 刘万里. 企业兼并与收购行为的动机与效应分析 [J]. 武汉理工大学学报, 2002, 15 (3): 21 - 25.

④ 陈传刚. 企业并购动因理论综述 [J]. 北方经济, 2007 (4): 62 - 63.

准入价格、优惠的土地等。第三，获取、增强与竞争对手多点竞争的能力。自加入世贸组织后，我国国内市场与国外市场的界限日渐模糊，跨国企业将我国市场看成国际市场不可或缺的一块，在与跨国企业在国内市场的互动中，我国企业感到自己的竞争劣势，于是开始寻求弥补劣势、提高动态互动的能力。蓝海林（2000）的研究提出横向整合这一战略行为能有效提升企业与竞争者的多点竞争能力，具体体现在对竞争对手自身优势发挥的抑制和在竞争中竞合能力的控制与提升上①。

四、产业融合发展

国外学者对于产业融合的研讨，起源于数字信息技术所产生的产业相互交错现象而开展的。产业融合的理论是美国学者 Rosenberg（1963）最早提到的，当时是以一种简单的假设提出的②。Greenstein（1997）指出产业融合是在经济发展过程中产生的，为了能够适应产业化成长，出现的收缩或者边界消失的经济情况③。Raghuram（2000）从“数字技术”角度入手对产业融合的理论与内涵实施分析④。国内也有不少学者对产业融合进行了研究。岭言（2001）提出“产业融合是传统产业根据高科技技术而演变的一个或多个产业之间的相互渗透过程，其最终的结果是不同产业之间组成一个整体”⑤。吴少平（2002）认为产业融合是出现在整个的产业布局中，属性相同或者相似的产业部门在维持自身发展的同时又能维持和相关联产业之间高度调节的过程⑥。

（1）产业融合的动因。国内外许多学者从不同的角度对产业融合的开展原

---

① 蓝海林．多点竞争战略［J］．企业管理，2000（7）：28－30.

② Rosenberg N. Technological change in the machine tool industry［J］. The Journal of Economic History, 1963（23）.

③ Greenstein S, Khanna T. Competing in the age of digital convergence［J］. Boston, 1997：201－226.

④ Raghuram Karajan, Luigi Zingales. The tyranny of inequality［J］. Journal of Public Economics, 2000（176）：521－558.

⑤ 岭言．“产业融合发展”——美国新经济的活力之源［J］．工厂管理，2001（3）：25－26.

⑥ 吴少平．产业创新升级与产业融合发展之路径［J］．首都经济贸易大学学报，2002（2）：13－16.

因展开了研讨。国外学者有两种关键说法：一种认为产业融合的活力源于技术因素，如波特（1985）提出促进产业融合的关键因素是技术相互结合或技术改变发展推出的传统产业边界产生的变化，用户爱好或市场需要、模块化也被当作是产业融合呈现的活力因素①。Andergassen（2003）认为产业融合的关键点是活力创新②。Bore's 和 Saurian（2003）认为技术改革和市场环境是信息产业相互结合的关键点③。孟添等（2007）认为产业融合的动力主要来自经济管理状况和技术改革的松散融合，技术改革为产业融合供应了技术上的需求且经济管理方式的改进给产业融合供应了所需要的必然条件④。于刃刚等（2003）也认为技术改进革新是推进产业融合的重要原因，技术改进革新为不包含相互结合条件的产业制造出符合的条件，造成产业之间的联系更加贴近，推进产业之间的相互结合⑤。陈柳钦（2007）却认为产业之间的联系是推进产业融合的根本因素，产业融合的主关键动力归结在产业对最好效果状态的追赶⑥。

（2）产业融合过程。Stieglitz（2002）借用相关联概念组建产业动态演变过程的构造体系，然后把这种方法合理地运用在计算机行业上，揭露出不同种类的产业在相互结合过程中展现出不同的效果⑦。张磊（2001）认为产业融合应该分为两种模式：一种是互补性融合，另一种是替代性融合⑧。周振华（2004）认为产业融合主要体现在运营时互动的融合、产业间的融合以及产品相互之间的融合等三个方面⑨。厉无畏提出产业融合体现在三种过程，包括产业向另一种产业的

---

① Porter M E. Competitive strategy: Techniques for analyzing industries and Competitors' [C]. New York: The Free Press, 1985.

② Rainer Andergassen, Franco Narii'Io, Massimo Ricottilli. Innovation Waves [C]. Self - organized Criticality and Technological Convergence, March 27, 2003.

③ C Bore's, C Saurina, R Torres. Technologicalconvergence: a strategic perspective [J]. Technovation, 2003, 123: 1 - 13.

④ 孟添，张恒龙．产业融合：广播电视产业发展的新动力［J］．经济师，2007（4）：65 - 66.

⑤ 于刃刚，李玉红．论技术创新与产业融合［J］．生产力研究，2003（6）：175 - 177.

⑥ 陈柳钦．产业融合的发展动因、演进方式及其效应分析［J］．西华大学学报（哲学社会科学版），2007（4）：69 - 73.

⑦ Stieglitz N. Industry dynamics and types of market convergence [C]. Paper to be presented at the DRUID Summer Conference on "Industrial Dynamics of the New and Old Economy - who is embracing whom" Copenhagen Elsinore. 2002: 1 - 6.

⑧ 张磊．产业融合与互联网管制［M］．上海：上海财经大学出版社，2001.

⑨ 周振华．产业融合与新型工业化道路［J］．天津社会科学，2004（3）：70 - 76.

渗透、不同的产业之间的重新组合、相同的产业之间的扩展①。

（3）产业融合意义。技术的进步特别是信息技术的广泛应用，促使产业之间的融合比以往任何时候都显得更加普遍和不可避免，产业融合已经成为汽车产业双转型期下汽车企业抢占新领域的重要途径。植草益（2001）认为产业融合是具有相同属性的产业类型间，通过技术变革和人为降低壁垒等手段，促进不同企业之间的竞争与合作②。何立胜（2003）则认为经济社会的可持续发展离不开产业之间的融合，促使产业价值链可以不断整合优化，使企业之间通过兼并重组形成新的竞争力③；李晓丹（2003）提出了产业融合是产业自身发展和组织革新的重要驱动力④；柳旭波（2006）提出了产业结构的不断完善离不开产业之间的相互融合，而政府的产业政策需要不断根据市场进行持续的改进⑤；李碧珍（2007）认为不同产业之间可以通过融合进行优势互补，可以有效避免各自为战的消极竞争⑥。

（4）产业融合方式。①高新技术的渗透融合。即高新技术及其相关产业向其他产业渗透、融合，并形成新的产业，例如生物芯片、纳米电子、三网融合（即计算机、通信和媒体的融合）；信息技术产业以及农业高新技术化、生物和信息技术对传统工业的改造（如机械仿生、光机电一体化、机械电子）、电子商务、网络型金融机构等。又如发生在20世纪90年代后信息和生物技术对传统工业的渗透融合，产生了如机械电子、航空电子、生物电子等类型的新型产业。还如电子网络技术向传统商业、运输业渗透而产生的电子商务与物流业等新型产业；高新技术向汽车制造业的渗透将产生光机电一体化的新产业等。高新技术向传统产业不断渗透，成为提升和引领高新技术产业发展的关键性因素，高新技术及产业发展有利于提升传统产业的发展水平，加速了传统产业的高技术化。主要体现在：促进传统产业的高附加值化，促进传统产业推出新品种和新的产业，促进传统产业装备现代化。据

① 厉无畏．产业融合与产业创新［J］．上海管理科学，2002（4）：4－6.
② 植草益．信息通讯业的产业融合［J］．中国工业经济，2001（2）：24－27.
③ 何立胜．产业融合与产业竞争力［J］．河南社会科学，2005（3）：13－15.
④ 李晓丹．产业融合与产业发展［J］．中南财经政法大学学报，2003（1）：54－57.
⑤ 柳旭波．产业融合对产业结构理论的新发展［J］．长白学刊，2006（2）：61－63.
⑥ 李碧珍．产业融合：林业产业化转换的路径选择［J］．林业经济，2007（11）：59－62.

分析，近年来 IT 产业对美国经济的贡献率超过 35%，1999 年 IT 使全美国制造业劳动生产力增长了 6.4%。目前，信息技术正在以前所未有的广度和深度渗透到制造业的各个环节中，使制造业的产品和生产过程，以至于管理方式发生了深刻的甚至是革命性的变化。②产业间的延伸融合。即通过产业间的互补和延伸，实现产业间的融合，往往发生在高科技产业的产业链自然延伸的部分。这类融合通过赋予原有产业新的附加功能和更强的竞争力，形成融合型的产业新体系。这种融合更多地表现为服务业向第一产业和第二产业的延伸和渗透，如第三产业中相关的服务业正加速向第二产业的生产前期研究、生产中期设计和生产后期的信息反馈过程展开全方位的渗透，金融、法律、管理、培训、研发、设计、客户服务、技术创新、贮存、运输、批发、广告等服务在第二产业中的比重和作用日趋加大，相互之间融合成不分彼此的新型产业体系，如现代农业生产服务体系、工业中服务比例上升、工业旅游、农业旅游等。③产业内部的重组融合。重组融合主要发生在具有紧密联系的产业或同一产业内部不同行业之间，是指原本各自独立的产品或服务在同一标准元件束或集合下通过重组完全结为一体的整合过程。通过重组型融合而产生的产品或服务往往是不同于原有产品或服务的新型产品或服务。例如，第一产业内部的种植业、养殖业、畜牧业等子产业之间，可以生物技术融合为基础，通过生物链重新整合，形成生态农业等新型产业形态。在信息技术高度发展的今天，重组融合更多地表现为以信息技术为纽带的、产业链的上下游产业的重组融合，融合后生产的新产品表现出数字化、智能化和网络化的发展趋势，如模糊智能洗衣机、绿色家电的出现就是重组融合的重要成果。

五、集成创新

集成创新是利用各种信息技术、管理技术与工具等，对各个创新要素和创新内容进行选择、集成和优化，形成优势互补的有机整体的动态创新过程。集成创新强调灵活性，重视质量和产品多样化[①]。创新一词最先由熊彼特（Schumpeter）

---

① 百度百科，https：//baike. baidu. com/item 集成创新/7105036.

在 1912 年出版的《经济发展理论》中提出，将创新解释为在生产体系中进行新产品和新技术引入、新市场的开辟、原材料新供应来源的控制以及新工业组织的实现①。而集成在社会中存在于各个领域，李文博等（2004）从管理学的角度分析认为集成的过程就是将各要素进行合理化的联结，也就是在集成过程中各要素需要经过不断选择、优化，相互之间以最合理的形式进行组合，形成一个具有互补特性、灵活式的有机体②。集成创新概念的提出源于西方学者开展的综合性创新研究，该研究促进了创新管理集成化理论的发展③，随后集成创新思想及应用得到广泛推广。真正被学术界所认可的集成创新思想的首次来源是 Iansiti 在 1995 年提出的“技术集成”的理念④，由此促使学术界对集成创新的研究不断深入。Staudenmay - er 和 Tang（1998）从组织资源的意义研究角度指出，集成创新所包含的不只是技术集成或者是单一要素的集成，而是企业中各要素之间的集成⑤。菲利普（2001）则从组织结构的角度指出，在当今企业应进行柔性化管理，使企业对环境的变化能快速回应，此后集成创新更容易实现⑥。Erat 等（2008）从产品开发的视角指出，产品开发的概念过程源于集成创新，并影响着企业的创新绩效⑦。

然而，集成创新作为战略指导实践问题，在国家“十五”规划中被明确提出。目前，集成创新概念已引起我国学者的广泛关注。朱孔来（2008）提出集成创新是为实现企业创新目的，组织采取系统化思想并利用各种方式和工具，将各创新主体的创新要素进行综合选择和匹配，形成一种具有创造性和功能倍增性的

---

① 熊皮特．经济发展理论［M］．商务印书馆，1991.

② 李文博，郑文哲．企业集成创新的动因、内涵及层面研究［J］．科学学与科学技术管理，2004（9）：41 -46.

③ Nancy Staudenmayer, Michael A. Cusumano alternative designs for product component intergration［R］. Massachuselts Institute of Technology（MIT）：Working Paper of Sloan School of Management, 1998.

④ Iansiti M. Technology integration：managing technological evolution in a complex environment［J］. Research Policy, 1995（4）：521 -542.

⑤ Tang H K. An integration model of innovation in organization［J］. Technovation, 1998（5）：297 -309.

⑥ ［美］菲利普·科特勒著．国家营销：创建国家财富的战略方法［M］．余利军译，北京：华夏出版社，2001.

⑦ Erat S, Kavadias S. Sequential testing of product designs：implications for learning［J］. Management Science, 2008, 54（5）：956 -996.

有机性整体的实践过程①。魏江等（2014）通过对企业聚集发展的研究，提出企业集成创新的关键是通过协调式学习产生新的知识本体，形成一种有效的利益共享和良性竞争机制，增强企业的创新动力②。从根本上讲，企业集成创新是在技术集成的基础之上实现延伸，它是企业各要素之间的融合。这种融合可以把企业创新生命周期不同阶段的竞争性资源进行整合，从而为企业获得新的创新方式，是企业创新绩效提升的有效途径。知识经济时代，集成创新成为企业创新活动开展的一个重要范式。张华胜等（2002）提出最初仅仅作为企业内部各部门、各流程之间的创新结合，但目前集成创新更多的是指企业与其他各组织间以网络化的联系对资源进行有效整合的过程③。耿子扬等（2011）则对集成创新的构成进行分析，提出集成创新可以分为狭义和广义两个层次④。陆兴发（2012）从本质上指出，集成创新首先是对掌握各集成要素的主体进行整合⑤。马家喜等（2014）认为“产学研结合”概念及区域创新合作等思想就是集成创新的实践性运用⑥。此外，李文等（2015）指出日益更新迭代的信息技术和管理技术也为集成创新提供了强力支撑，集成创新过程中要素之间的发展与联系是集成创新的核心⑦。除了从集成创新的概念及内涵上做出的评价，不少相关领域的学者对集成创新的研究也从理念研究走向了实践研究。王国红等（2012）认为企业要想实现创新发展，需要走出自身的制约，谋求与其他企业、组织和群体的合作⑧。张贵等（2015）则认为在组织系统环境下，企业在各种集成要素的相互促进及相互制约下，进行一系列整合行为，进而使参与主

---

① 朱孔来．关于集成创新内涵特点及推进模式的思考［J］．现代经济探讨，2008，3（6）：41-45.

② 魏江，刘锦，杜静．自主性技术创新的知识整合过程机理研究［J］．科研管理，2014，26（4）：15-21.

③ 张华胜，薛澜．技术创新管理新范式：集成创新［J］．中国软科学，2002，2（12）：6-22.

④ 耿子扬，汪贤裕，黄梅萍．集成创新中基于技术转移的低成本合作契约研究［J］．科学学与科学技术管理，2011（5）：55-59.

⑤ 陆兴发．企业集成创新能力的核心要素分析［J］．科学管理研究，2012（5）：31-34.

⑥ 马家喜，金新元．一种以企业为主导的“产学研”集成创新模式：基于合作关系与控制权视角的建模分析［J］．科学学研究，2014，7（1）：130-134.

⑦ 李文，刘良灿，张同建．新产品开发导向下知识转化对集成创新微观促进机理解析［J］．科技进步与对策，2015（10）：129-132.

⑧ 王国红，邢蕊，唐丽艳．区域产业集成创新系统的协同演化研究［J］．科学学与科学技术管理，2012，2（33）：56-60.

体及要素资源实现协同发展[①]。因此，在企业集成创新行为发生时，一系列的管理行为有很大的影响作用。

（一）集成创新模式的主要形式

①技术集成创新，按照市场需求开发新产品，将有关的技术单元组织集成创新，使新产品快速进入市场。②服务集成创新，让处于同行业或同一供应链中的企业进入大市场，把物流、资金流、信息流等组织集成服务，以提高市场的经营效率。③资源集成创新，将不同企业的优势资源进行整合，以达到互惠互利的目的，如拥有足够资金的企业与拥有好项目并有经营能力的企业的合作。④平台集成创新，将供应商、客户、合作商等不同功能的组织平台集成为一个有机组织体，使其整体效率得到极大提高。总体而言，在集成创新过程中要解决好三个关键问题：一是系统集成，集成创新不是简单的叠加过程，而是系统化的集成过程；二是协同集成，协同是集成的要素问题，通过信息化网络应用实现协同运作；三是人才集成，集成创新最为关键的是要有能担当集成创新大任的人才。

（二）集成创新模式的特点

①用户至上。强调用户在创新活动中的参与和互动，是企业集成创新发展战略的重要特征。企业的集成创新需要与用户密切联系，需要用户来参与相互交流。一些研究表明，企业主要是把从用户（尤其是领先用户）II 里所得到的需求信息反馈，作为产品创新的基本依据。企业的新产品开发项目成功与否有众多的关键因素，除了企业的人、财、物和项目设计过程的各个环节，最终的最重要的决定因素是用户。因此他们也是产品开发项目中必须考虑的重要成员。这是因为用户的要求决定了产品的设计，如希望达到的功能、足够好的质量、合理的价格和可接受的交货期等。集成创新强调的是企业产品开发环境与市场用户信息之间的相互匹配。②多元化。集成创新要求不同类型的创新资源和能力相互激发和协同作用，在本质上是创新要素的交叉和融合。传统的技术创新主要特征是产品或

---

① 张贵，周立群．产业集成化：产业组织结构演进新趋势［J］．中国工业经济，2015，6（7）：36－42.

工艺的创新，而在集成创新模式过程中，技术创新逐渐被提升到战略高度，并涉及组织结构、企业文化、人力资源等方面的协同创新。集成创新内容呈多元化，涵盖技术、知识、资源、能力、文化等方面，并要求各要素间协同作用。③能动性。创新主体多元化是集成创新的重要特征之一。随着产品和技术复杂性程度的不同，掌握企业创新内容所涉知识、能力和资源的创新主体呈现多元化，涉及范围包括个体、团队、企业职能部门、企业（含企业的竞争对手和合作伙伴）、其他相关组织和用户等。因此，集成创新要求各创新主体能积极思考、有效沟通和协作创新，创造协同效益。集成创新关键在于集成创新过程包含集成主体积极能动的优选行为过程，其特点是经过有目的、有计划的比较选择，各集成创新主体既能够发挥各自最大优势，相互之间又能够实现优势互补。④网络化。经济全球化的条件下，市场需求的不确定性日益增加，企业研发的技术难度和创新过程的复杂性大大增强，单个创新主体（个体、团队、职能部门、企业）很难独自完成越来越复杂的创新活动。在技术发展迅速、用户需求变化多样的环境中，要完成资源密集型的复杂任务，建立企业与企业间的网络联系，采取合作的形式整合资源，是企业间优势互补、降低风险的重要途径。集成创新已经从创新的线性过程走向网络化过程。

对于中国品牌汽车企业而言，汽车产业技术转型期下企业开展集成创新活动的核心是围绕新能源汽车及智能汽车新兴领域对传统汽车技术、新一代信息技术、人工智能等技术和资源进行整合并创新。企业应从封闭、单一式的内部创新体系向开放、一体化的创新体系转变，从以资源的引进和知识的学习为主，向资源的集成和自主创新方式的转变。张莉（2012）就企业集成创新的构成主体进行了界定，指出在企业的集成创新过程中应包括创新行为发生的主体要素（即集成创新行为的参与主体）、功能要素（即组织进行的技术创新、理念创新及组织创新等）以及环境要素（即相应的制度支持等）①。谈镇（2010）则提出，集成创新是企业自主创新模式的一种，是在对企业生命周期不同阶段特征进行深入分析基础上选择的一种创新方式②。郭亮（2015）认为企业更应该选择基于产学研结

---

① 张莉等．集成创新的组织间技术效率研究［J］．科学管理研究，2012，3（30）：9－12.

② 谈镇．基于企业生命周期理论的自主创新模式选择［J］．唯实，2010（7）：50－53.

合基础上的集成创新行为，结合企业创新活动的性质选择集成创新的各行为主体和要素资源①。

六、模仿创新模式

模仿创新是一种“模仿—学习—吸收—再创新”的过程，以观察、引进购买、反求破译、产业协作等方式学习率先创新者先进思想、技术及制度体系，并根据市场特点和创新主体自身的需要，对技术和制度进行改进完善，从而提高创新主体技术水平和竞争能力的一种渐进的创新活动②。模仿创新是后进国家或者企业发展的必由之路，中国品牌汽车特别是民营汽车品牌基本靠模仿创新模式起家，即使当今强大的日本汽车产业同样是靠模仿起步并实现超越和领先。模仿创新不同于一般模仿的最重要的特性在于其不是简单地复制原有的技术和制度，通过吸收再创造出的新技术是类似于或超出于原有创新技术水平的，而不是同一种或同一水平的技术再现，并且这种改进也可以申请技术专利。

模仿创新可在宏微观两个层面进行。宏观层面上，后发国家通过对技术和制度两个方面的模仿创新实现产业追赶式发展；微观层面上，企业通过模仿创新方式增强自身创新能力和竞争力。引起这两种模仿创新的路径主要有三种：一是通过技术转移和技术引进，这其中一部分来源于本土企业对跨国公司带来的先进技术吸收、模仿和改善；二是通过人力资本流动，先进跨国企业技术和管理人员流动降低了学习成本；三是通过模仿者的主动模仿学习，这种行为主要来源于模仿创新主体对利润最大化的内在追求。

（一）模仿创新的特点

模仿创新主体在发展中具有跟随性、开拓性和针对性等特点，把握好模仿创新的特性有利于模仿创新主体制订有效的发展战略，提高发展的速度和质量。

① 郭亮．面向集成创新的企业技术集成能力作用机理及演化提升研究［D］．哈尔滨工业大学，2015：37－59．

② 迟庆萱．基于模仿创新理论的中国新能源汽车产业发展研究［D］．山东大学，2017．

①跟随性。首先，在技术方面，模仿创新主体不会主动率先开发新的产品或技术，他们在观察率先创新者所研发的新产品或技术后，选择所需产品或技术进行跟随性发展。其次，在市场层面，模仿创新主体一般不主动开辟新市场，而是充分分析已有市场中存在的风险和潜在的获利空间，采用跟随的方式伺机而动，有效降低不确定性带来的市场风险。模仿创新具有跟随性主要有两个原因：第一，模仿创新主体自身资金、技术、信息资源和发展经验等不足以支持其进行高风险、高投入的率先创新和市场开发；第二，模仿创新主体利用跟随性优势来规避市场和政策风险、节约投资成本、加快研发和生产节奏，以实现利润的最大化。②开拓性。模仿创新的开拓性表现在其“吸收—再创新”的过程之中，也是它区别于一般模仿的最本质特点。它是一种创新活动，其目的不是完成模仿，而是通过模仿的方式形成自身创新力，实现创新发展。在技术研发方面，模仿创新主体同样有 R&D 活动，并且随其程度的不断加深，R&D 投入比例逐渐增大，他们对率先创新技术的改进和再开发可以申请不同程度的知识产权保护。在市场推进方面，模仿创新主体一般不会正面抢占率先创新者开辟的市场，而是通过提供差异化的产品和服务，来满足多样化市场需求，激发潜在需求，引导消费者形成额外需求，改变已有市场结构，开拓更深更广的市场空间。③针对性。模仿创新主体通常不会进行盲目的全面模仿，而是在分析自身发展状况之后有针对性地选择模仿对象、内容和方法。针对性会能降低模仿创新成本。在技术和产品研发中，模仿创新主体可以将有限的资金和精力有针对性地投入学习或破译未知的关键技术和改进产品等活动中。在企业的整体运作中，模仿创新者利用跟随性优势有效减少前期技术研发阶段和后期开发新市场阶段的风险资本投入，将资金和精力更多投入工艺改进、质量控制、成本控制和生产管理等方面，提高资源配置有效性。在产业整体的创新发展中，模仿创新的针对性能够防止产业全盘模仿而失去自我，有利于形成真正符合自身发展需要的创新能力。

（二）模仿创新的意义

模仿创新是实现产业创新发展的重要方式，它有许多积极意义。模仿创新使产业或企业具有后发优势，能有效地降低研发和生产成本，提供更加丰富的市场渠道，并且可以减少产业或企业在政府监管和政策方面的不确定性，最终帮助模仿创新主体实现快速的赶超式发展。①降低产业研发、生产和管理成本。在研发和生产过程中，模仿创新企业选择适当的技术进行跟随，利用经济的研发方式和日益开放的市场条件形成替代性的廉价技术，从而以较低的生产成本进行生产，相应地降低了产品定价，扩大了销售额度，刺激低端市场的消费需求，获得可观的规模效应和利润收入。在企业管理和产业统筹发展方面，模仿创新主体学习借鉴率先创新主体的管理制度、产业政策和发展战略安排，降低了管理成本，同时对高新技术研发人员需求较少也降低了企业劳动力雇佣成本。②提供更丰富的渠道。模仿创新主体通过对各种不同渠道的效率进行甄别之后选择合理的渠道进行发展，形成了显著的渠道优势，主要体现在市场信息、供应链、销售、宣传、服务外包以及政策管理等方面。模仿创新企业通过渠道优势发展出新的商业模式并进军新的市场领域，产业通过渠道优势统筹整合社会创新资源，在信息经济的时代关键的渠道资源优势能够为模仿创新主体的创新活动提供充分的支持。③发展速度较快。跟随性和针对性等特点使模仿创新较之率先创新有速度优势。跟随性的模仿创新缩短了企业在研发阶段所需的时间，降低了市场和政策的风险，加之丰富的渠道资源，企业可以快速地把握市场机会，有针对性地对消费者需求做出敏捷反应。在产业发展方面，模仿创新的方式能够使企业快速整合创新资源，凝结成自身所需的创新力，提高产业竞争力，缩短发展差距，以速度优势实现赶超式发展。

第二章

我国汽车产业技术转型期的特点及趋势

受我国传统燃油汽车产业整体竞争力落后的影响，在传统燃油汽车零部件领域同样由于核心技术掌握不足，难有大发展和超越跨国汽车企业的机会，而跨国汽车企业普遍在传统燃油汽车领域进行了深度布局和耕耘，在产业链和供应链上有绝对的主导权和话语权，中国汽车产业只有凭借强大的汽车消费市场主动推动汽车技术转型才有可能获得汽车产业在新一轮发展中的话语权。随着新能源汽车、智能汽车及网联汽车等新兴领域的崛起，中国品牌汽车企业将迎来难得的弯道超车的发展机遇。总体上看，我国通过实施密集的产业刺激政策，重点围绕新能源汽车、智能网联汽车、汽车电子等领域推动汽车技术转型，促使国内外汽车产业逐渐进入技术转型期。尽管未来汽车产业新兴领域的竞争仍将非常激烈，但将为中国品牌汽车在技术转型期提供迈向全球汽车产业价值链中高端的历史性机遇。

第一节

新能源汽车领域

为了应对日益突出的燃油供求矛盾和环境污染问题，世界各国纷纷加快部署并将发展新能源汽车作为国家战略，出台各种政策加快推进技术研发和产业化，促使全球新能源汽车市场呈现高速增长趋势，与增速不断放缓的传统燃油车市场形成鲜明对比。纵观全球，以美国、欧洲、日本为首的发达地区也在争相发展、研究这个炙手可热的产业，各国都凭借本国的经济基础，市场条件迅速发展，并形成了产业化，推广到世界市场。尽管发达国家凭借发展时间早、基础雄厚、精英人才数量多等优势条件，技术逐渐成熟，但市场接受程度提升缓慢，而我国新能源汽车整体发展速度领跑全球，体现在如众多产业政策的制定实施、新能源汽车产销规模连续多年全球第一、中国品牌整车企业发展较快并培育出具有全球竞争力的企业、配套设施建设不断加速完善等方面。

一、总体上呈现较快发展趋势

在可持续发展的需求下，社会必然要寻求更低碳高效的新能源方式。中国作为世界最大的二氧化碳排放国和世界第二大石油消费国，几乎一半的石油需求要通过进口解决，而汽车恰恰是石油消耗大户。基于节能减排的考虑，中国将发展新能源汽车列为国家战略。此外，发展新能源汽车还有实现汽车强国梦的产业意义。在这个新的领域，解去了传统内燃发动机等束缚，中国有望和老牌汽车强国站在同一条起跑线上。《中国制造 2025》指出，新能源汽车是未来 30 年大力推动突破发展的十大重点领域之一。早在 20 世纪 90 年代初，国内就开始有与新能源汽车相关的科研计划在执行。2001 年启动电动车重大科技专项，我国以燃料电池、混合动力和纯电动车为“三纵”，多能源动力总成控制、驱动电机和动力蓄电池为“三横”，形成了“三纵三横”的新能源汽车开发格局。随着 2007 年《新能源汽车生产准入管理规则》的出台，正式把新能源汽车划为一个独立的类别来规范生产，也由此从科研进入投产阶段。

从 2010 年左右才有汽车企业开始较大规模量产新能源汽车，2014 年开始有私人购买新能源汽车，由此也开启新能源汽车元年。2015 年进入新能源汽车产业高速增长年，当年 11 月，新能源汽车产销量占比首次突破 1%，我国也在这一年成为全球最大的新能源汽车市场。到 2016 年全球新能源汽车累计销量突破 100 万辆大关，而到 2018 年全球新能源汽车累计销量已经超过 400 万辆，新一代的节能环保汽车正在全球范围内掀起一场汽车技术革命，我国将发展新能源汽车作为实现汽车工业弯道超车的国家级战略。经过国家及各级地方政府在新能源汽车领域密集产业政策的大力扶持，在比亚迪、北汽新能源、上汽新能源、吉利汽车、广汽乘用车等龙头企业的合力推动下，我国新能源汽车整车及零部件领域有了显著进步，成为全球新能源汽车产业的“领头羊”。我国新能源汽车销量由2011年的0.82万辆增长到2018年的125.6万辆，年均增速高达105.2%，其中2014年和2015年的增幅均超过了300%，与国内整体汽车市场持续下滑的趋势形成鲜明对比，我国新能源汽车份额由2011年的0.04%增长到2018年的4.47%（见表2－1）。

表2－1　2011～2018年我国新能源汽车产销量情况　单位：万辆，%

年份	新能源汽车销量	增速	汽车总销量	增速	新能源汽车占比
2011	0.82	—	1850.51	2.46	0.04
2012	1.28	56.77	1930.64	4.33	0.07
2013	1.76	37.6	2198.41	13.87	0.08
2014	7.48	324.79	2349.19	6.86	0.32
2015	33.11	342.86	2459.8	4.71	1.35
2016	50.7	53	2802.82	13.65	1.80
2017	77.7	53.3	2887.9	3.04	2.70
2018	125.6	61.7	2808.1	－2.8	4.47

资料来源：中国乘用车联合会。

龙头企业培育取得显著进展。目前总部位于深圳的比亚迪新能源汽车销量已经连续四年位居全球第一，比亚迪基本掌握了所有新能源汽车关键零部件的技术并在某些领域实现了领先，实现了汽车核心部件的高度集成化并在此基础上不断创新突破，逐步形成了全球性竞争力。宁德时代借助汽车产业技术转型的新机遇，快速发展成为全球最大规模的汽车动力电池生产企业之一，2018年以23.4GWh的汽车动力电池装机量连续两年位居全球第一，市场占比达22.64%（排名第二至第五的分别为松下、比亚迪、LG化学、远景能源，电池装机量分别为20.7GWh、11.4GWh、7.4GWh和3.8GWh）。

总体上看，在我国新能源汽车发展的数十年里，应用领域、车型、技术及市场等也在不断发生变化。主要呈现以下五大趋势：一是从商用车到乘用车，新能源汽车新车型上市步伐不断加快。新能源汽车最早以商用车领域的客车产品为主，主要应用在城市公共交通领域。随着私人消费市场的兴起，新能源汽车产品开发重心逐渐转向乘用车领域，新产品也层出不穷。相比五年前只有少数几款车可以选择，现在一年上市的新车已有数十款，品类日益丰富，覆盖从微型到中大型轿车，还有 SUV、MPV 等，普通品牌和豪华品牌均上市了新能源汽车产品。二是受宏观产业政策影响，我国实施了以纯电动为主的新能源汽车产业政策，纯电动成为我国新能源汽车消费市场的主体。以 2018 年为例，我国纯电动乘用车销量 78.8 万辆、商用车销量达到 19.6 万辆，纯电动汽车占全部新能源汽车销量的比重达到 78.3%。插电式混合动力车型随着产品类型丰富，越来越得到消费者的选择，到 2018 年插电式混合动力车型销量达到 26.5 万辆，总体上保持较快发展趋势。而燃料电池车型产品也从试验室研发阶段迈入商业化推广阶段，主要侧重于商用车领域，这与我国宏观产业政策导向一致，2018 年我国燃料电池汽车产销均完成 1527 辆，包括 1418 辆燃料电池客车以及 109 辆燃料电池货车。三是新能源汽车平台从原有燃油车改装到专用平台。最早一批新能源汽车大多数是在燃油车平台上改款而来，随着新能源汽车市场规模的不断扩大，越来越多的车企实施新能源汽车平台化战略，与在传统车平台上开发新能源汽车受到种种限制不同，在全新平台开发的新能源产品将更具竞争力，也更强调贴合用户需求。四是新能源汽车产品性价比大幅提升。从车辆性能来看，无论是续航还是整车质感都有了明显的提升。2013 年，一款续航仅 150 公里的小型纯电动车补贴后售价约 14 万元，到 2018 年同级别的纯电动车续航翻一倍，但售价已降到 8 万元左右。根据目前车企发布的车型来看，无论是来自传统车企的比亚迪 E5，还是新造车势力的威马 EX5 都将续航超 400 公里的产品价格拉到 10 万元左右。随着电池能量密度提升，整车将进一步轻量化、低风阻化，未来一两年主流纯电动车型续航将提升至 500 公里以上，能极大缓解用户的里程焦虑并提高用户的接受度。五是与智能网联技术的结合更紧密。由于电动车由电池、电机及电控“三电”系统主导，更容易被操控，新能源汽车被认为是自动驾驶最佳载体。随着智能网联技术的推进，越来越多的车型搭载自动驾驶技术。目前各大互联网巨头都找到了与其合作车企，如长城牵手百度、上汽牵手阿里、长安牵手腾讯等，其中上汽与阿里合作的斑马系统已经运用在上汽多款新能源车型中。未来智能大屏、联网互动、自动泊车等或将成为每一款新能源汽车型标配。

二、产业政策驱动特征明显

我国是推动全球新能源汽车产业大规模发展的主要国家，通过密集的产业政策围绕技术研发、补贴应用推广、建设充电设施等领域培育发展并不断壮大我国新能源汽车产业规模。自 2007 年开始，国家便投入上千亿元来发展新能源汽车，随即相关一系列的发展体系逐一建立完善起来，如发展规划、财政补贴、研发投入等。早期新能源汽车销量增长主要靠政府补贴推动。针对公共服务领域的购车进行补贴，可以大幅度降低消费者在购车时的支出，鼓励消费者在购车时选择新能源汽车而不是传统燃油汽车。目前对新能源汽车的发展来说，国家已经形成了相关政策的补贴体系，有效地推动了其产业的进步和发展。由于大规模发展新能源汽车产业缺乏有效的国际经验，使我国早期的新能源汽车补贴政策也存在漏洞，很多企业为了牟取暴利，盲目生产大量质量不高的新能源汽车，导致供大于求、产品剩余并且堆积。2015 年年底，补贴金额相比于其他车型过高的中巴客车销量大幅度增长。2016 年，政府及其相关部门开展大范围“骗补”审查，审查发现部分企业存在“骗补”和“谋补”行为。2016 年年底，四部委改变新能源汽车补贴形式，增加技术门槛、减少补贴金额，并设置逐年退坡机制。我国新能源汽车企业过于依赖补贴政策，但补贴并不是长久之计，只是缓兵之计，所以说鼓励新能源汽车产业发展应依靠多种政策工具。

总体上看，产业政策成为我国新能源汽车发展的最大驱动力。我国在短时间内夺下并坐稳全球新能源汽车产销第一大国的位置，最大驱动力在于国家出台了密集的宏观产业支持政策。为顺应汽车产业技术转型期发展新趋势并逐渐掌握产业新一轮发展话语权，我国建立了完善的从顶层设计到落地推进的整套政策体系。其中，早期推动力量主要为财政补贴。早在 2009 年，我国开始对指定范围内的新能源汽车给予购置补贴，在 2009 年发布的《汽车产业调整和振兴规划》中提及：启动国家节能和新能源汽车示范工程，由中央财政安排资金给予补贴；同年财政部发布《关于开展节能和新能源汽车示范推广试点工作的通知》，明确对试点城市公共服务领域购置新能源汽车给予补助，由此拉开了新能源汽车补贴时代的序幕（见表2-2）。

表2-2　我国主要的新能源汽车产业政策

年份	政策内容
2009	2009年1月新能源汽车示范推广试点工作正式启动
	2009年3月实施新能源汽车战略
	2009年6月新能源汽车准入管理规则
2010	10月将新能源汽车产业列为战略性新兴产业之一
2012	6月出台节能与新能源汽车产业发展规划
	7月明确新能源汽车产业发展路线图
2013	9月继续开展新能源汽车推广应用工作
2014	1月进一步做好新能源汽车推广应用
	8月出台新能源汽车免征购置税政策
	11月出台充电设施建设奖励政策
2015	4月发布《2016~2020年推广应用财政支持政策的通知》
	5月新能源汽车车船税优惠政策
	6月新建纯电动乘用车企业管理规定
2016	12月2017年补贴政策调整
2017	1月新能源汽车企业及产品准入管理规定
	4月发布汽车产业中长期发展规划
	6月外商投资产业指导目录
	8月全国范围逐步推广新能源汽车专用号牌
	9月乘用车企业平均燃料消耗量与新能源汽车积分并行管理办法
	12月发布关于免征新能源汽车车辆购置税的公告
2018	2月关于调整完善新能源汽车推广应用财政补贴政策的通知
	4月出台取消新能源汽车外资股比限制

资料来源：根据相关产业政策整理。

早期新能源汽车政策侧重于城市公交、公务车、出租车等公共交通领域，此后随着补贴政策的不断调整，逐步向全国、向私人领域延伸；试点城市也从一开始的25个发展至88个，再推广到全国；操作层面则是从早期单一的关注续航，到提出更为细化的技术要求，特别是乘用车领域，从“普惠制”进入“扶优扶强”新导向阶段。以2018年新能源汽车补贴为例，并不是所有车型补贴都会下降，续航长、电池能量密度高、百公里耗电量低的车型所得到的财政补贴金额会明显提升（见表2－3）。

表2－3　　2013～2018年新能源汽车补贴变化　　单位：万元

纯电动乘用车续航里程	2013年	2014年	2015年	2016年	2017年	2018年	2019年
100≤R<150	3.5	2.825	3.15	0	0	0	0
100≤R<150	3.5	2.825	3.15	2.5	2	0	0
150≤R<200	5	4.75	4.5	4.5	3.6	1.5	0
200≤R<250	5	4.75	4.5	3.6	3.6	2.4	0
250≤R<300	6	5.7	5.4	4.4	4.4	3.4	1.8
300≤R<400	6	5.7	5.4	5.5	4.4	4.5	1.8
R≥400	6	5.7	5.4	5.5	4.4	5	2.5

资料来源：根据相关产业政策整理。

新能源汽车在消费层面的打开还得益于免购置税政策的发布。2014年，财政部等发布《关于免征新能源汽车车辆购置税的公告》，提出自2014年9月至2017年年底，对新能源汽车免征车辆购置税。为进一步发展新能源汽车，财政部等又发布《关于免征新能源汽车车辆购置税的公告》明确，自2018年1月1日至2020年12月31日，对购置的新能源汽车继续免征车辆购置税。伴随而来的还有限行限购地区新能源汽车不限制、不摇号等政策的推出，进一步加大了新能源汽车在私人领域的推广。

按照国家规划，2020年新能源补贴政策将完全取消。为了避免新能源汽车发展出现断层。2017年9月28日，《乘用车企业平均燃料消耗量与新能源汽车积分并行管理办法》正式发布，从2018年4月1日开始正式实施，对车企油耗水平以及新能源汽车产量都提出了严格的要求。根据政策规定，针对燃料消耗量负积分未抵偿的企业，将会受到暂停高油耗产品申报、暂停高油耗产品生产等处罚；新能源汽车积分未抵偿的企业，则会受到高油耗产品暂停生产等处罚。在双积分政策的横扫之下，几乎所有车企都加快向了新能源转型的步伐。数十年来，尽管政策不断调整，但不变的是对新能源汽车的支持力度。随着新能源汽车专用号牌启动、双积分政策发布等一系列措施，新能源汽车政策逐步从直接补贴进一步向更稳定、更便利的使用层面过渡。

三、企业新能源领域布局加速

随着我国将新能源汽车产业列入《中国制造 2015》并作为汽车产业未来发展的重点领域，吸引越来越多的企业和资本进入新能源汽车领域，一方面吸引更多高端资源集聚新能源汽车产业领域，有利于促进产业升级；另一方面则导致新能源汽车产业容易出现"一窝蜂"现象，产业政策的频繁变更容易导致资源配置失效。"双积分"① 政策的推出加速了我国汽车企业向新能源汽车领域迈进的步伐，2017 年 9 月工信部宣布国家已启动研究制订传统能源汽车禁售时间表的消息，则直接打破了现有新能源汽车行业格局。随着双积分和禁售时间表制定等消息陆续传出，越来越多的资本、企业进入新能源汽车领域。目前国内布局新能源汽车企业主要分为以下几类：由传统汽车开拓组建的开拓新能源汽车企业、传统车企高管或技术人员成立的新兴新能源汽车企业、新能源汽车产业链前后端企业、低速电动车企业升级为新能源汽车企业及海外资本创立的新能源汽车企业。截至 2018 年底，已有超过 50 家新能源造车新势力企业（见图 2 - 1）。

（一）由传统汽车开拓组建的开拓新能源汽车企业

凭借在传统燃油汽车领域的成功经验、零部件供应链及销售网络等优势，这些作为国内最早进入新能源汽车领域的企业发展新能源汽车相对比较稳健和成功，以比亚迪、吉利、北汽、奇瑞等中国品牌最为典型，特别是从电池行业转行到汽车领域的比亚迪汽车，由于布局早，积极响应汽车技术转型期新趋势，已连续四年成为全球最大的新能源汽车生产企业，逐渐培育了世界级影响力。为了能

---

① 双积分：乘用车平均燃料消耗量积分和企业新能源汽车积分。即油耗积分（CAFC）和新能源汽车积分（NEV），要求传统汽车企业降低油耗，同时要求企业提高新能源汽车的产销。国家从 2013 年就开始执行乘用车企业油耗管理，新能源积分则是最新提出来的，两者虽然是"双轨制"，但新能源汽车跟油耗积分有两项挂钩：一是在油耗积分核算时，就可以把新能源汽车的利好因素计算进去，产量越高，越能拉低油耗。二是如果企业产生油耗负积分，可以用本企业的新能源汽车正积分或者购买其他企业的新能源正积分抵偿。

图 2-1　国内主要新能源造车新势力示意图

够更加专注于新能源领域，北汽、奇瑞、广汽等传统汽车企业还专门成立独立公司申请资质，从事新能源汽车的研发生产。由于布局时间较早，比亚迪、北汽新能源等已经积累了一定的市场规模，其中比亚迪到 2018 年的新能源汽车产销规模突破 20 万辆并已经连续四年蝉联全球新能源汽车销量冠军，而北汽新能源汽车的产销规模也突破了 10 万辆。而布局较晚者如长安、长城、一汽、广汽等则面临较大的“双积分”压力，不过这些企业也在快速寻求转变，特别是民营新能源汽车零部件企业——宁德时代的快速崛起，为中国品牌汽车生产新能源汽车提供了强大支撑。在后发力的企业中，长安汽车的转变最为明显，2017 年大力投放新能源车型，销量近 3 万辆，同比增幅近 5 倍，成功摆脱了作为“油耗负分大户”的困境。另一个“双积分”压力较大的长城汽车则选择联合方式加强新能源布局，前后牵手河北御捷、宝马等车企。

（二）传统车企高管或技术人员成立的新兴新能源汽车企业

总体上看，这类新能源汽车企业重点及亮点在于新能源汽车智能化及资本运作，尽管创始人对传统造车流程熟悉并具备较好的互联网思维，但大多缺乏新能源汽车生产及销售资质，同时没有成规模的销售网络和零部件供应链，导致这些企业到 2018 年的产销规模也非常小（见表 2-4），大部分企业还无法实现新能源汽车量产。如威马汽车、云度新能源、小鹏汽车等均为传统车企高管或者技术人员再创业，这些企业熟悉汽车全产业链制造流程；或如前途汽车、长江汽车等，为汽车相关企业转型而成，在零部件等制作设计上成熟度较高；或如蔚来汽车、车和家等，创始人具有成功的互联网创业经历或者担任过大公司高管，这些新兴企业更贴近用户、注重体验。2018 年，只有蔚来汽车的新能源汽车交付量超过 1 万辆，达到 11379 辆而且只量产了一款车型——蔚来 ES8，由江淮汽车代工生产，作为造车新势力，蔚来汽车的大部分融资用于销售网络及充电服务配套建设；另外，威马汽车交付了 3850 辆新能源汽车，电咖和小鹏汽车分别交付了 2897 辆和 232 辆。

表 2－4　　　　部分新能源新兴造车进展概况

新造车企	成立时间	首款量产车型	交付时间	售价（万元）	生产方式	融资规模
蔚来	2015 年 5 月	纯电动 SUV：ES8	2018 年 4 月	44.8～54.8	代工＋自建	累计超 146 亿元
威马	2015 年 12 月	EX5	2018 年	16.65～29.88	自建工厂	累计接近 200 亿元
车和家	2015 年 7 月	插电混动 SUV	2019 年	25～40	自建工厂	累计超 57.55 亿元
拜腾汽车	2016 年 3 月	豪华中型 SUV	2019 年	≥30	自建工厂	A 轮融资 2.4 亿美元，B 轮获一汽战略支持
小鹏	2014 年	小鹏 G3	2018 年	—	代工＋自建	累计超 50 亿元
奇点	2014 年 12 月	中大型 SUV	2018 年底	20～30	代工＋自建	A 轮 6 亿美金
零跑	2017 年 1 月	纯电动轿跑	2019 年上半年	20	自建工厂	Pre－A 轮过亿元
爱驰	2017 年 2 月	紧凑型纯电动 SUV	2019 年	20～30	自建工厂	累计融资 70 亿元
电咖	2015 年	EV10	2018 年	13.38～14.18	代工＋自建	天使轮过亿元
游侠	2014 年	纯电动轿车	2019 年	—	自建工厂	累计融资 62.2 亿元

资料来源：根据企业公布资料整理。

（三）新能源汽车产业链前后端企业

这类新能源汽车企业的创业主体本身就是汽车零部件供应商或者经销商集团、进出口贸易公司等，在新能源汽车产业介入融合程度及销售网络方面具有优势。这类新能源汽车企业典型代表包括 KARMA 汽车（万向集团）、汉能新能源汽车、国能新能源、国机智骏、零跑汽车、速达汽车等。总体上看，相对于第二类新能源造车新势力企业，这类新能源汽车企业具有销售渠道、零部件支持及融资等方面的优势，未来即使在新能源汽车整车领域不成功，仍然可以继续从事新能源汽车零部件的研发与生产制造。

（四）低速电动车企业升级为新能源汽车企业

这类新能源汽车企业具有制造低速电动车的产业基础，受国家新能源汽车产业补贴政策影响以及顺应产业发展新趋势，这些企业顺势进入高速电动车领域，在造车经验、技术人员储备及销售渠道等方面具有相对优势。典型代表包括御捷汽车、雷丁汽车、知豆汽车、陆地方舟，这类企业的新能源汽车产品主要局限于特殊产品或者特殊应用场景，竞争力相对较弱而且受产业政策影响非常明显。如知豆新能源汽车主打小型车，性能指标一般，随着补贴政策的力度减弱及门槛提高，有直接退出市场的风险。

除了以上四类新能源造车新兴企业外，还有主要依托海外资本建立的新能源汽车企业以及地方政府扶持的新能源汽车企业。如一些闲散海外资金紧跟国内新能源汽车产业发展新趋势组建新能源汽车企业，但这类企业对新能汽车造车技术、供应链、销售网络等方面均没有一定基础，具有一定的盲目性，这类新能源汽车企业的典型代表有艾康尼克、正道汽车等。

四、新能源汽车配套设施建设不断完善

为促进新能源汽车产业发展，各地政府积极制订本地的新能源汽车推广应用方案，推广应用新能源汽车专用号牌。据公安部统计数据显示，我国新能源汽车产业自 2009 年起步，发展至 2018 年，新能源汽车保有量达到 261 万辆，占全球市场保有量 55% 以上。特别是上海，至 2018 年已累计推广新能源汽车 23.98 万辆，占全国新能源汽车推广总量的 9.2%，率先成为新能源汽车推广应用总量超 20 万辆的城市，2018 年北京的纯电动汽车注册量达到 72090 辆，新能源汽车推广总量继续保持国内乃至全球领先水平。按照公安部统一安排，新能源汽车专用

号牌 2018 年全国普及使用。在政府和市场双轮驱动下，新能源汽车推广应用已进入以私人消费为主的可持续发展轨道。

充电基础设施持续推进。新能源汽车要发展必须有足够的充电桩来保障。2015 年 9 月国务院出台《关于加快电动汽车充电基础设施建设的指导意见》，首次明确充电桩行业的政策方向，此后推动充电桩在办公区、居民区及公共区域建设的政策纷纷出台，2018 年也相继下发相关文件，例如，6 月国务院出台的《打造蓝天保卫战三年行动计划》，11 月中央部委出台的《提升新能源汽车充电保障能力行动计划》，对公务用车、公共交通及冲击技术水平等方面设了很多限制。随后多个省区市出台电动汽车充电规划或补贴方案，来促进电动汽车充电桩的发展，加速新能源汽车的推广应用。

从公共充电基础设施情况看，2018 年，全国公共类充电桩总计达到 30 万个，其中交流充电桩 19 万个、直流充电桩 11 万个、交直流一体充电桩 0.05 万个。与 2017 年相比，新增公共类充电桩 8.6 万个。月均新增公共类充电桩约 7154 个，与 2017 年月均新增公共类充电桩 6054 个相比，增速提高 18.2%。从各省区市公共类充电桩数量看，差距较大。保有量居前三位分别是北京、上海和广东，分别达到 41644 个、39303 个和 35928 个，上海超越广东，位居第二。2018 年，上海完成新建公共充电桩 1.05 万个，至 2018 年底，累计建成各类充电桩达到 21.06 万个，其中，专用充电桩数量为 3.26 万个、公共充电桩数量为 3.62 万个、私人充电桩数量为 14.18 万个，据上海市电力公司统计，上海本市累计完成私人用户装表接电数达到 84128 户。新能源汽车车桩比进一步提升，上海本市提升至 1.12∶1，有效应对快速增长的新能源汽车充电服务需求。而排在后面的青海、宁夏、新疆分别只有 396 个、202 个和 152 个，而西藏仅有 17 个。可以看出，北京、上海、广东等加速发展地区建设的公共充电基础设施占比达 76.5%；示范推广地区和积极促进地区共占 23.5%（见图 2－2）。

从运营情况看，国内公共充电基础设施规模较大的运营商共有 13 家，目前主要由特来电、国网公司、星星充电、上汽安悦和中国普天五家运营商运营，集中度比较高。截至 2018 年底，在 30 万台公共充电基础设施中，特来电运营 12.1

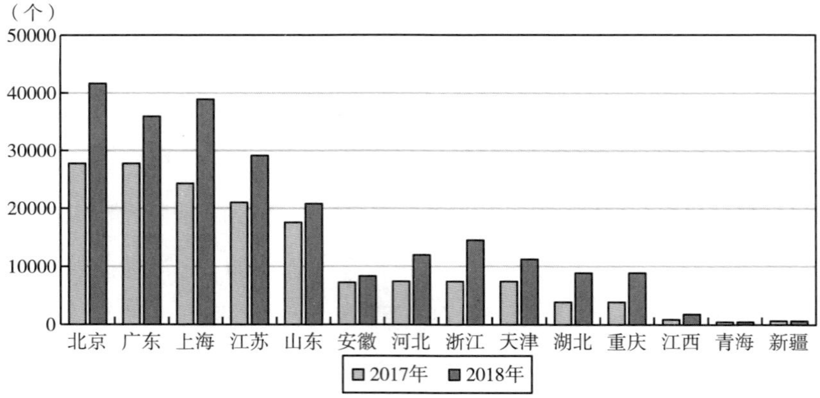

图 2-2 省级行政区域拥有的公共类充电桩数量

资料来源：中国充电联盟数据整理。

万台，占总量的 40.3%；国网运营 5.7 万台，占总量的 19%；星星充电运营 5.5 万台，占总量的 18.3%；上汽安悦运营 1.5 万台，占总量的 5%；中国普天运营 1.4 万台，占总量的 4.7%。这五家运营商保有量总和占总量的 87.3%，其余运营商只占总量的 12.7%。

第二节 汽车电子领域

汽车电子的发展已经超过 50 年，技术创新层出不穷，更新周期不断缩短，正朝着集成化、网络化、智能化的方向发展，是推动我国汽车产业技术转型的主要领域，近年汽车行业领域超过 90% 的创新都与汽车电子系统相关。汽车电子占整车成本的比例为 20% ~30%，高档车甚至达到 50% ~60%，其中车载信息系统、车载娱乐与安全系统、车载导航系统、车载通信系统和上网设备等逐渐成为汽车的主流配置产品。从全球来看，汽车电子产业发展整体上是一个由高端车型向低端车型渗透，由发达地区向发展中国家地区逐步渗透的进程。全球汽车电子占整车价值比例将由 2012 年的 25% 上升到 2020 年的 50%，带动汽车电子市场规模倍增。

一、汽车电子产业特征及分类

（一）汽车电子行业定义及产业链特征

汽车电子产业是汽车产业和信息电子产业融合后而形成的新兴产业，因此具有汽车工业和信息电子产品的双重特性。汽车电子零部件主要包括底盘电子、车身电子、车载电子、汽车动力电子等部分，在汽车产业链的组成中占有非常重要的地位。作为信息电子产业链重要的组成，汽车电子产业涉及信息电子技术半导体、电子元器件、传感器、通信和软件等，越来越广泛地应用于现代汽车产品中。汽车产品最终是面向消费者的，分为整车市场和售后服务两个部分，完整的产业链由电子元器件供应商、电子产品制造商、整车制造商、综合销售服务提供商和消费者等环节组成。

从纵向关联来看，位于产业链上游的为电子元器件供应商，能够为汽车电子产品制造商提供各类电子元器件、芯片、传感器、软件等电子信息产品。位于中上游的为汽车电子产品制造商，专门为整车厂提供配套服务，为整车厂定制生产各种汽车电子产品。位于中下游的为整车制造商，采购汽车电子产品，并且决定汽车电子产业的发展和需求。位于下游的为汽车销售商和售后服务商，能够提供各种综合服务为汽车消费者并且满足消费者维修、车内电子装置更换的需求。从横向关联上看，汽车电子产业的快速发展也促进了关联产业的发展，如冶金、橡胶、机械和石化等传统制造业，同时也加快信息电子产业、网络通信、物联网、大数据及人工智能等关联产业的快速发展。

（二）汽车电子行业分类

从车载汽车电子用途来看，汽车电子可以分为动力控制系统、安全控制系统、通信娱乐系统与车身电子系统等四大类：①动力控制系统。其主要指基于汽车发动机、变速箱等动力系统的传感器、控制系统等，这类汽车电子发展时间较长，随着纯电动汽车的普及，将逐渐被电机及电控系统取代。②安全控制系统。其分为主动安全系统与被动安全系统，主动安全控制系统是以提高汽车的主动安全性能为主要目标的控制系统，被动安全控制系统是使车辆在事故发生时大幅减低碰撞强度的控制系统。主动安全系统包括汽车安全驾驶辅助系统、防抱死制动系统 ABS、制动辅助系统 BAS、驱动防滑装置 ASR、电子制动辅助系统 EBA、电子稳定程序 ESP、车辆偏离警告系统、碰撞规避系统、胎压监测系统 TPMS、自动驾驶公路系统等，随着自动驾驶汽车的发展，这类汽车电子将迎来大规模发展；被动安全系统包括安全气囊、预警式安全带等。③通信娱乐系统。包括车载信息系统（运用计算机、卫星定位、通信、控制等技术来提供安全、环保及舒适性功能和服务的汽车电子设备）、车载音响、车载电视、车载导航（GPS）等。④车身电子系统。包括转向控制、仪表仪盘、空调控制系统、汽车防盗系统、中控锁等。

（三）汽车电子行业特点

随着智能网联汽车的快速发展，促使汽车企业将越来越多电子信息技术设备装备到整车中，而电子信息技术行业未来新增长点在于智能汽车产业的发展，体现了汽车产业对关联产业的强大辐射带动效应。总体上看，汽车电子行业呈现以下几个特点：

（1）重视安全、环保和节能。汽车电子的应用是解决安全、环保、节能的主要技术手段，例如，在节能方面，世界主要汽车生产国开始研究和应用电子模块控制的混合动力轿车、氢燃料电池混合动力轿车及纯电动轿车等。

（2）传感器性能不断提高、数量不断增加。由于汽车电子控制系统的多样化，使其所需要的传感器种类、数量不断增加，并不断研制出新型、高精度、高可靠性、低成本和智能化的传感器。在性能上，具有较强的抵抗外部电磁干扰的能力，保证传感器信号的质量不受影响，在特别严酷的使用条件下能保持较高的精度；在结构上，具有结构紧凑、安装方便的优点，从而免受机械特性的影响。

（3）车用微处理器不断升级换代。随着汽车电子占整车比重不断提高，MCU（微控制单元）在汽车领域的应用将超过家电和通信领域使用的数量，成为世界上最大的 MCU 应用领域。

（4）数据总线技术应用日益普及。大量数据的快速交换、高可靠性及廉价性是对汽车电子网络系统的要求。汽车内部网络的构成主要依靠总线传输技术，其优点为：减少线束的数量和线束的容积，可提高电子系统的可靠性和可维护性；采用通用传感器达到数据共享的目的；通过系统软件实现系统功能的变化，以改善系统的灵活性等。

（5）智能汽车及智能交通系统开始应用。以卫星通信、移动通信、计算机技术为依托进行车载电子产品的开发和应用，实现计算机、通信和消费类电子产品“3C”整合，如车辆定位、自主导航、无线通信、语音识别、出行信息通报、电子防撞产品、车路通信以及多媒体车载终端等。

（6）新技术在汽车电子产品中不断得到应用。光纤在汽车信号传输中的应用、新的控制理论和方法的大量应用、蓝牙技术等都是汽车电子技术的发展趋势。

二、汽车电子行业发展方向和趋势

（一）汽车电子行业发展方向

（1）安全系统电子技术。汽车技术发展的大趋势之一要求电子技术在汽车安全领域里的应用，这也是我国汽车业关键零部件能否进入欧美市场的关键所在。汽车用户认为安全性比性能、娱乐、节能等指标更重要。最新安全法规的制定也推动安全技术的发展，欧美对 ABS/ESC 和 TPMS 都有强制安装要求，最近欧洲正在制定安装防追尾系统的要求。车载技术使驾驶员存在分心的可能，电话、导航甚至电影、上网等功能增加了分心导致事故的概率。因此，汽车安全技术提升需求明确。

汽车安全系统电子技术的种类概括起来，主要是主动安全和被动安全。主动安全是能够预防事故发生的技术，而被动安全是用于事故发生后为驾驶者和乘客提供的保护，避免或降低伤亡程度的技术。除了传统的设计更安全的车身和结构来提高汽车被动安全保护外，现代汽车的安全性主要通过电子技术来实现。最重要的安全性系统是通过底盘系统的电子化来实现的，电子技术在底盘系统的应用首先反映在主动安全领域，电子技术提供了最重要的技术保障。

（2）主动安全电子技术。其主要包括防抱死制动系统（ABS）、牵引力控制和汽车稳定性控制系统（ESC）、轮胎气压监测和报警系统（TPMS）等。其中，驾驶员辅助系统，如碰撞报警和防撞避免系统、车道保持系统、盲点预警系统、车尾监视系统；汽车碰撞避免系统：电动助力转向系统（EPS），用于车道保持和碰撞避免；车身电子安全系统：自适应前照灯系统（AFS）、汽车电子灯光控制系统、汽车夜视系统；线控技术：线控制动、线控转向等。目前，全球最重要的主动安全技术是ABS/ESC，主要被德国博世掌握并拥有非常高的市场份额，国内的比亚迪等少部分企业也掌握了ESC的核心技术，但成本和质量与博世还有不少差距；而ESC更是核心所在，该系统的普及推广和市场前景高于EPS和ACC等。值得一提的是，ESC也是一体式汽车底盘控制系统的核心和集成基础，系统的集成都是围绕ESC来实现的。

（3）被动安全电子技术，主要包括电控/智能自动收紧安全带、电控/智能安全气囊、主动头部保护系统、侧翻乘客保护系统、事故安全助手等。

（4）车载电子系统技术。主要包括：①智能导航/智能交通系统（ITS）。通过车载终端的定位及通信系统收集车辆和道路信息，智能交通系统可以实现目标监控、调度及道路交通信息服务、车辆辅助导航等。ITS的开发将与电子、卫星定位、通信等多个学科相结合。从全球定位卫星和智能交通网络获取沿路天气、前方道路车流量、交通事故、交通堵塞等各种情况，根据驾驶员提供的目标资料，向其提供距离最短并能绕过拥堵区域的最佳行驶路线。②车载信息系统（Telematics，车联网）。实现汽车与外界的网络连接，提供如车载电话、GPS导航、实时交通信息、多媒体娱乐、Car2Car通信等。车联网通常也包括与安全相关的功能，如遥控门锁、防盗报警、远程故障诊断及其他紧急事故发生时的必要装置。在这里，汽车相当于一台移动的网络终端，与ITS连接，共享信息。③自动汽车空调控制。根据设置在车内外的温度传感器输出的信息，由ECU中的微机计算出经过空调热交换后进入车内应该达到的出风温度；自动将车内温度保持在设定的温度值范围，是车内温度、湿度始终处于最佳值，为驾驶员和乘客提供一个舒适的乘车环境。

（二）汽车电子发展趋势

随着汽车上的电子控制单元越来越多，传感器和线束数量快速增长，汽车电子系统与驾驶员、乘客的交互也越来越多，触摸屏、声控等新技术也逐渐融入汽车电子领域。总体上看，未来汽车电子将超智能化、网络化、集成化方向发展。

（1）智能化。信息输入输出：汽车电子在快速发展的过程中，传感技术、计算机技术、网络技术在汽车上得到了广泛的应用，现代汽车技术正朝着更加主动智能化趋势的方向发展，以达到“人、车、环境”的智能协调。传感技术和网络技术在智能化中具有至关重要的作用。控制系统的智能化特点是系统能够主动协助驾驶员采取必要的动作，体现在系统必须具有三个方面的特征，即：具有实时感知、判断决策、操控执行的能力。

系统的“感知”能力是通过各种传感器和网络提供的环境信息得到的；电控单元通过算法软件，对传感器信号进行处理，对驾驶员的动作意图进行分析判断、对系统自身状态和周边环境状态进行分析，最终做出适当的判断，发出必要的控制指令，执行机构根据控制器的指令采取动作，协助驾驶员操控或自主操控汽车。实际上，目前正在开发的具有高度反应性的驾驶员辅助系统等都具有相当高的智能化程度。

（2）网络化。总线信息共享：随着越来越多的电子系统在汽车上的应用，汽车电子技术功能的日益强大和系统的日益复杂化，车载电子设备间的数据通信共享和各个系统间的功能协调变得越来越重要。数据的快速交换、高可靠性及低成本是对汽车电子网络系统的要求。利用总线技术将汽车中各种电控单元、智能传感器、智能仪表等联接起来，从而构成汽车内部局域网，并通过协议进行相互通信，实现各系统间的信息等资源的共享。在系统中，各子处理机独立运行，控制改善汽车某一方面的性能，同时也为其他电子装置提供数据服务。汽车网络总线技术得到了很大的发展，并正在快速推广应用。汽车总线技术使汽车形成一个网络。

（3）集成化。跨系统一体化：电控系统本身是一个机电一体的集成系统，包括传感器、执行器、ECU，但单一的机电一体系统已经满足不了汽车技术发展的需要和市场的要求，这里所讲的一体化集成，更重要的是系统和系统之间的一体化集成，这是当前汽车电子技术发展的重要趋势。集成控制系统通过总线进行网络通信，通过传感器和系统之间的信息共享，控制器对各子系统进行协调和优化，使车辆的整体系统性能水平达到最佳，保证车辆行驶的安全性，改进汽车的操纵性，优化汽车的稳定性，提高舒适性、燃油经济性等。除系统性能的加强外，一体化集成可以达到降低系统总体成本或提高汽车价值的目的。当前最典型的两个集成领域在底盘一体化集成和动力传动系统的集成，如碰撞避免系统ACC，ESC&EPS系统的集成。该系统在应用防撞雷达和ACC功能的基础上发展起来，系统集成影像系统技术，识别行车道，也可以在汽车两侧装有雷达或其他类型的传感器，用以探测本身车辆与两边邻近行车道上车辆/物体的距离。根据需要和道路状况，系统通过与ESC系统的集成，能够实现高强度的紧急制动能力，实现防撞。随着汽车的大量应用，人们对汽车的安全性和舒适性要求越来越高，解决这些问题，在很大程度上依赖于电子技术。近十几年来汽车工业的技术进步在很大程度上是应用电子技术，特别是应用计算机（微处理机）和集成电路的结果。电子技术的应用已经改变了汽车的面貌，成为影响汽车发展的核心技术。

第三节 智能汽车领域

智能汽车（也被称为智能网联汽车、自动驾驶汽车、无人驾驶汽车等）指通过搭载先进传感器、控制器、执行器等装置，运用信息通信、互联网、大数据、云计算、人工智能等新技术，具有部分或完全自动驾驶功能的汽车。广义的智能汽车技术是以信息技术和通信技术为背景，由系列车载监控设备和道路监测设备实时探测汽车周围环境，通过移动互联网和卫星定位将汽车、道路监测设备和运用监控中心等进行联网，从而降低交通事故发生率，提升汽车行驶的安全性、舒适性和快捷性，形成一种保障安全、提高效率、改善环境、节约能源的综合技术系统。

一、汽车智能技术的发展阶段

目前，对智能汽车技术的发展阶段标准尚无统一的划分，常用的智能汽车技术阶段标准划分主要有美国汽车工程师学会（SAE）的 L1 ~ L5 分级和美国高速公路安全管理局（NHTSA）的 4 级划分（见表 2 – 5）。

表 2 – 5　　智能汽车分级

<table>
<tr><th>SAE</th><th>功能定义</th><th>NHTSA</th><th>功能定义</th></tr>
<tr><td>L1 辅助驾驶</td><td>驾驶系统只能进行车道保持或加减速操作，其他驾驶操作仍由人完成，一般可在车道内实现自动驾驶</td><td>DA 具有特定功能的自动驾驶</td><td>汽车具有一个或多个特殊自动控制功能，例如电子稳定性控制（ESC）、自动紧急制动（AEB）等，车辆通过控制制动来帮助驾驶员重新掌控车辆或是更快速的停车</td></tr>
<tr><td>L2 部分自动驾驶</td><td>驾驶系统能够进行方向控制和加减速等多项操作，其他驾驶操作仍由人完成，一般可实现换道行驶、环岛绕行、拥堵跟车等自动驾驶</td><td>PA 具有复合功能的自动驾驶</td><td>汽车具有将至少两个原始控制功能融合在一起实现的系统，完全不需要驾驶员对这些功能进行控制，但驾驶员需要一直对系统进行监视并准备在紧急情况时接管系统</td></tr>
<tr><td>L3 有条件自动驾驶</td><td>驾驶系统能够完成生产厂商设计工况下的所有操作，驾驶员根据驾驶系统请求还需要提供适当的干预，一般可在高速公路实现自动驾驶</td><td>HA 具有限制条件的无人驾驶</td><td>汽车能够在某个特定的交通环境下让驾驶员完全不用控制汽车，而且可以自动检测环境的变化以判断是否返回驾驶员驾驶模式，驾驶员无须一直对系统进行监视</td></tr>
<tr><td>L4 高度自动驾驶</td><td>驾驶系统能够完成生产厂商设计工况下的所有操作，特定环境下驾驶系统会向驾驶员提出请求，驾驶员可以不予响应，驾驶系统仍能实现安全操作，一般可在高速公路、市区道路实现自动驾驶</td><td rowspan="2">FA 全工况无人驾驶</td><td rowspan="2">系统完全自动控制车辆，全程检测交通环境，能够实现所有的驾驶目标，乘员只需提供目的地或者输入导航信息，在任何时候都不需要乘员对车辆进行操控</td></tr>
<tr><td>L5 完全自动驾驶</td><td>智能汽车可在所有道路环境下实现自动驾驶，完全替代人驾驶</td></tr>
</table>

资料来源：吴东盛，陈青，陈芷衡. 智能汽车未来的发展趋势［J］. 发展改革理论与实践，2018（3）：19 – 22，18.

从表 2 – 5 种可以发现，在两种分级中，前三个等级均是中低级自动化驾驶，驾驶系统只能在符合特定条件的环境下实现特定的自动驾驶功能，第 3 级别之后的等级才能进行所有环境下的自动驾驶。两者均是以第 3 阶段为分水岭，在前三个阶段划分中，主要是由驾驶员负责对环境进行检测、驾驶系统辅助进行环境检测，驾驶操作以驾驶员和驾驶系统结合的方式实现，特别是在第 1 阶段、第 2 阶段当中，更倾向于驾驶员发挥主要作用，但在第 3 阶段中，则开始更多侧重于驾驶系统的作用，倾向以驾驶系统为主导。之后的第 4 阶段、第 5 阶段则是以驾驶系统负责进行驾驶环境检测和驾驶操作，所需驾驶员的干预不大甚至无须驾驶员干预。

《中国制造 2025》中也提出了 DA、PA、HA、FA 共计四个级别的智能汽车分级。其中最低级为 DA 级，即驾驶辅助阶段，包括一项或多项局部自动化功能，如现在汽车上配备的 ESC、ACC、AEBS 等设备，具有能够基于网络进行智能信息提醒的功能；第 2 级为 PA 级，即部分自动驾驶阶段，包括汽车能在驾驶员短时间转移注意力的情况下保持对汽车的控制，在汽车失去控制 10 秒以上后对驾驶员进行提醒，能够为驾驶员提供基于联网的智能信息引导等功能；第 3 级为 HA 级，即高度自动驾驶，包括汽车可在高速公路和市内进行自动驾驶，遇到特殊情况能有足够的时间将控制权交给驾驶员，并且能够为驾驶员提供基于联网的智能控制信息的功能；最高级为 FA 级，即完全自主驾驶，驾驶员可以完全将驾驶权交给汽车，汽车能在所依托的工况环境下进行自动驾驶。

二、智能汽车的支撑体系

（一）技术支撑体系

智能汽车系统应具备综合周围环境感知、工况规划决策、驾驶控制执行等功能，涉及技术包括计算机技术、现代传感技术、信息融合技术、通信人工智能技术及自动控制技术等。由于涉及的领域广，为确保智能汽车技术的良性发展，因而需要制订相关的技术标准起规范和支持作用。

在国际上，针对智能汽车技术进行技术标准规范的组织主要有 ISO 中的道路车辆技术委员会及智能运输系统技术委员会。其中，两者共同负责制订车辆与道路交通设施的通信和信息共享领域的技术标准；道路车辆技术委员会负责对智能汽车中装置对信息采集、处理、决策和行为等方面的车辆技术标准研究制定；智能运输系统技术委员会则是负责对道路交通设施中信息传递和交通管理信息化领域技术标准的制定。美国针对智能汽车发布了《自动驾驶汽车政策指南》，对自动驾驶汽车生产、测试、运营等多方面进行了技术规范。欧洲则是梳理GEAR2030 政策标准。德国则是建立了自动驾驶汽车的标准检测步骤，对智能汽车的模拟方针、实车测试、功能安全等方面进行评价。

在国内，目前对智能汽车进行标准化的组织主要有“全国智能运输系统标准化技术委员会”“车载信息服务产业应用联盟”“智能网联汽车产业技术创新战略联盟”“泛在网技术工作委员会”等。国家发改委制定但未发布的《智能汽车创新发展战略》将成为我国智能汽车产业发展的国家级战略规划，也将制定出更全面系统的智能汽车技术标准。

（二）产业政策支撑体系

自《中国制造 2025》颁布以来，智能汽车产业受到了各界的关注，产学研各界纷纷进行深入的研究，为确保智能汽车产业的良好、正常发展，国家出台了系列的相关法规标准，如《合作式智能交通系统车用通信系统应用层及应用数据交互标准》《智能网联汽车公共道路适应性验证管理规范（试行）》《新一代人工智能发展规划》《国家车联网产业标准体系建设指南（智能网联汽车）（2017 年）（征求意见稿）》《近期拟开展的智能网联汽车标准制定计划》《智能网联汽车体系表》《智能网联汽车信息安全白皮书》《汽车产业中长期发展规划》等。此外，《中国智能网联汽车产业发展总体推进方案》《智能网联汽车使用公共道路测试的规范》等文件也在研究之中，随着各种法律法规的发布，智能汽车产业的政策体系将会更完善，智能汽车产业发展更规范。

三、智能汽车的产业现状

（一）国外智能汽车产业发展现状

21 世纪初，为了在汽车产业领域加强技术储备并取得持续竞争力，许多国家及汽车企业对智能汽车技术投入了大量的资金及资源。大量传统汽车厂商积极制订智能汽车发展战略，有明确的战略目标和完备的战略细节，如日本的车企多数采用循序渐进的方法，通过不断增加汽车中智能设备的数量和功能，从而过渡到自动驾驶的阶段。除传统汽车厂商积极研究智能汽车技术外，其他 IT 企业和互联网车企也对此表现出极大的兴趣，如谷歌、特斯拉、微软、苹果、百度、腾讯等。这些企业对智能汽车具有更明确且激进的目标而且也取得了一定的成效，如谷歌和特斯拉，两者均研发出了具备一定自动驾驶能力的智能汽车，但这些智能汽车在自动驾驶时发生过不同程度的事故。总体而言，智能汽车技术的发展还是一个漫长的过程，在技术及政策法规方面均需要长时间的研究并取得突破。

（二）国内发展现状

随着中国品牌汽车逐渐崛起，同时借助我国发达的信息产业，促使我国智能汽车发展取得积极进展。上汽乘用车、长安、北汽等传统车企纷纷制订智能汽车发展规划（见表 2－6），致力于将智能汽车作为提高自身全球价值链环节的重要甚至关键手段。除了传统汽车企业外，不少与智能汽车技术相关的企业也开始进入智能汽车产业，开始积极布局量产其企业品牌的首款智能汽车，通过普及智能汽车大力发展共享出行新型服务业。多数新进的企业首款车型量产的时间选择在 2018～2019 年。从 2018 年开始，市面上将会陆续出现各种品牌的智能程度较低级别的智能汽车。例如，广汽集团对外与已成立自动驾驶实验室的腾讯公司签订合作协议，在车联网服务、智能驾驶、云平台等领域开展业务合作，并在 2019 年上海车展正式发布了 L3 级别智能汽车——广汽新能源 AionLX。比亚迪则发展以新能源汽车为载体的智能汽车技术，还针对现有的燃油车体系进行“智战略”，“智战略”包括智能车联、智能驾驶、智能安全三个方面，比亚迪为燃油车体系用户提供了综合智能驾驶的解决方案。

表 2－6　部分汽车企业的智能汽车发展规划

企业	规划
长安汽车	将于 2018 年实现自动紧急制动系统，2019 年搭载全自动泊车系统，2020 年搭载高速公路自动驾驶系统
上汽集团	与互联网企业合作进行无人驾驶功能的开发。计划在五年内实现结构化和部分非结构化道路的自动驾驶功能，在十年内实现全环境下的自动驾驶功能

续表

企业	规划
长城汽车	以智能驾驶辅助系统、车联网为切入点，研发具有车联网技术、主动夜视、自适应巡航、自动泊车、智能识别和智能娱乐等功能的智能汽车，提升汽车产品的智能化水平
中国一汽	到 2018 年将发布红旗品牌互联智能乘用车和解放品牌互联智能商用车，具备单任务短时智能托管、D－Partner2.0 的车辆智能服务功能；2020 年将发布高速公路代驾产品及深度感知和城市智能技术，具备多任务长时间托管和智慧城市解决方案提供功能；2025 年最终实现智能商业服务平台运营，高度自动驾驶技术整车产品渗透率达 50% 以上
东风汽车	预计到 2025 年，达到 4 级自动驾驶等级水平，能够实现全道路自动驾驶，并根据地图信息自动泊车
北汽集团	在智能驾驶方面，2018～2019 年实现量产 L2 级别自动驾驶汽车；2020～2025 年实现量产 L3 以及 L4 级别的自动驾驶汽车；2025 年以后逐步实现 L5 级别自动驾驶汽车的研发和推出。在智能网联和智能座舱方面，北汽计划打造车联网生态圈，实现节能减排、车辆的远程控制升级以及提供更加智能舒适健康的乘坐环境等
百度	Apollo 计划提供车辆平台、硬件平台、软件平台、云端数据服务等软硬件和服务的解决方案。还将开放环境感知、路径规划、车辆控制、车载操作系统等功能的代码或能力，提供开发测试工具
知行（和谐汽车）	将在南京建设互联网＋智能电动车投资 FMC 智能电动汽车产业园。规划占地 1600 英亩，分两期建设，一期 2017 年开工，2019 年投产，二期建成后可实现每年 30 万辆的规划产能
阿里巴巴、上汽集团	已量产荣威 RX5，2017 年 8 月的 SUV 销量排行榜中，荣威 RX5 以 2.08 万辆的销量排名第六
蔚来汽车	纯电动 SUVNIOES8 是蔚来首款量产车，将于 2018 年在国内上市。蔚来也在布局自动驾驶，并获得了美国加州的自动驾驶车辆通行权
游侠汽车	游侠汽车与湖州市吴兴区政府签署了合作协议，启动游侠汽车超级工厂、新能源产业基金、智能汽车小镇等合作项目
威马汽车	威马汽车透露其首款量产车于 2018 年实现量产下线，该车型目前已经完成累计 200 万公里的测试
中兴通讯	中兴智能汽车总部基地于 2018 年 6 月正式投产。项目一期目标年生产新能源汽车 1 万辆，新能源商用车 2 万辆
小鹏汽车	其生产基地落户广东肇庆高新区，占地 3000 亩，总投资 100 亿元，不过该基地到 2019 年才能建厂。其首款量产车将由海马汽车代工生产

资料来源：VehicleTrend 车势中文网。

（三）我国智能汽车产业面临问题

智能汽车作为新兴产业，虽然具有广阔的发展空间和潜力，但我国要想在智能汽车领域上抢占地位并以此为我国汽车产业迈向全球价值链中高端的重要手段，还有许多问题需要积极跟进解决，尤其是政策支持方面。例如，①我国研究起步晚，产业化实施少，核心技术落后于先进水平国家；②智能汽车技术标准体系滞后，缺乏全局性政策和完善的标准体系；③基础设施滞后，缺少配套道路等基础设施；④企业制订战略或目标的过程不科学。制订战略或目标与市场需求、自身条件、所处环境等脱节，战略目标与实际运营过程脱节；⑤国内企业专利布局重视程度较弱，国内企业缺乏和国外竞争对手相抗衡的技术和专利，若无法避开国外竞争对手的专利布局和解决方案，容易受制于他人并造成企业竞争力薄弱。

第四节 小结

新能源汽车、汽车电子、智能汽车等新兴领域的快速崛起使汽车行业进入技术转型期，全球汽车产业将进入重新洗牌的全新发展阶段，中国品牌汽车企业将迎来难得的弯道超车发展机遇。从总体上看，汽车产业技术转型期的主要特点包括集成性创新成为主要创新方式、新兴领域发展速度较快、竞争焦点已从单一的汽车产品转为产业链的整合能力、资本强势进入但不是主要推动力等几个方面，中国汽车及关联企业掌握的核心技术逐渐增多但仍然主要被外资企业掌控。我国已通过实施密集的产业刺激政策，重点围绕新能源汽车和智能网联汽车推动汽车产业的技术转型，到 2018 年成效显著：已培育出全球比亚迪、宁德时代等一流的新能源汽车企业，配套设施建设领跑全球。但随着汽车产业新兴领域的发展逐渐明朗，合资企业也将不断加快新兴领域的布局，尽管未来汽车产业新兴领域的竞争仍将非常激烈，但将为中国品牌汽车在技术转型期提供了迈向全球汽车产业价值链中高端的历史性机遇。

第三章

我国汽车产业消费转型趋势及特点

自2009年跃居为全球最大汽车市场以来，到2018年我国已经连续10年保持第一，我国汽车市场已经逐渐成为全球汽车市场的风向标，引领全球汽车消费逐渐进入转型期。总体上看，我国汽车产业出现新的消费特点和趋势：轿车不再是汽车消费主力，SUV、MPV等传统燃油车型细分市场快速扩张；新能源汽车市场呈现高速增长趋势，纯电动汽车在公共交通领域增长较快，插电式混动动力车型在私人市场增长；共享出行、物流配送成为汽车消费的新兴领域。本章重点分析国内汽车产业进入消费转型期的宏观新趋势，针对省级层面的汽车消费特点及区域差异展开深入分析，同时采用面板数据模型分析2002~2017年影响我国汽车销量的因素。

第一节 我国汽车市场消费新趋势及特点

一、连续10年成为全球最大市场，未来将呈现低速甚至负增长态势

2018年我国汽车产销分别达到2780.92万辆、2808.06万辆，同比分别下降4.16%和2.76%，虽然连续十年蝉联全球第一，但却出现自1990年以来首次负增长。2009年我国以1379.1万辆的汽车销量跃居全球第一大汽车市场，到2018年新车市场规模已翻一番，年均增速达到8.2%，大幅度领先于全球汽车市场增幅。随着国家整体经济增长放缓、限牌限行城市数量越来越多、养车

成本不断上升、共享交通出行方式越来越多样化等多重因素影响，新车消费受到抑制，未来一段时期我国汽车消费市场将继续保持低速甚至负增长态势（见图3－1）。

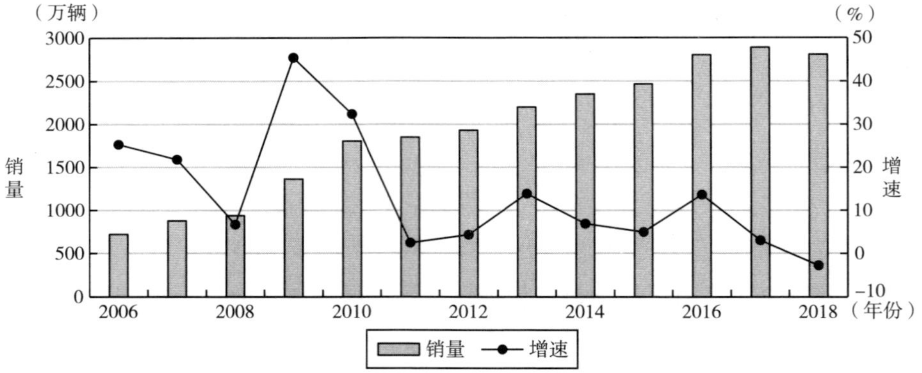

图3－1　2006～2018年我国汽车销量及增速情况

资料来源：中国汽车工业协会。

二、新能源汽车市场快速增长，中国品牌成为主力

受国家强有力的产业政策刺激，近几年我国新能源汽车市场快速增长，快速增长态势有望保持到“十三五”期末，中国品牌新能源企业成为市场主力军。到2018年我国新能源汽车产销规模突破100万辆，占全球新能源汽车销量的比重超过50%，中国品牌成为主力而且以中小型纯电动车为主力车型。自2014年以来，我国新能源汽车市场保持高速增长态势，2018年我国新能源汽车产销分别达到127万辆和125.6万辆，为2014年的16.8倍，年均增速高达102.5%。比亚迪连续4年成为全球新能源汽车销量冠军，近6年间的年均增速高达109.7%；北汽新能源、上汽乘用车、奇瑞汽车、吉利汽车等中国品牌新能源企业也呈现较快发展趋势（见表3－1）。

三、汽车市场竞争日趋白热化，车型更新换代不断提速

我国已经连续10年成为全球最大市场，有120多个汽车品牌（其中，中国

表 3-1 2012~2018 年我国主要新能源汽车企业销量及增速 单位：辆，%

年份	2012	2013	2014	2015	2016	2017	2018	年均增速
比亚迪	2709	2549	18471	58869	100178	108956	230129	109.7
北汽新能源	186	1335	5549	17060	46420	104520	156147	207.1
上汽乘用车	238	406	2896	11123	20017	44236	96989	172.3
奇瑞汽车	3055	6039	9847	14147	20963	34166	65653	66.7
吉利汽车	—	2619	8564	26554	49218	67350	61307	87.9

资料来源：搜狐汽车网。

品牌约 80 个）在国内市场竞争，为了抢占增速不断放缓的汽车市场份额，各大汽车企业不断加快车型更新换代速度，基本上主流企业的主力车型几乎每年都进行更新换代，合资企业还不断加快新车型的导入。像大众的迈腾、帕萨特，本田的雅阁、凌派，丰田凯美瑞、卡罗拉，吉利的帝豪、远景等热销车型几乎每年都要进行升级或者更新换代。

四、以轿车为主的汽车消费结构被改变，SUV 成为新消费主流

一直以来轿车都是我国汽车消费的主力，然而空间较大、通过性好、自主品牌大力推广 SUV 产品等特点使我国 SUV 市场快速增长，2009 年 SUV 年销量仅为 50.8 万辆，市场占比仅为 6.2%，到 2018 年 SUV 年销量已猛增到 999.5 万辆，市场占比增长至 35.6%，与轿车销量的差距仅为 153 万辆（见图 3-2）。大部分自主品牌企业都以 SUV 产品为主，如长城哈弗、广汽传祺、上汽荣威等均以 SUV 产品为核心。

五、汽车进口长期高于出口量，汽车出口以中低端产品为主

旺盛的高端汽车需求、国内豪华汽车产量低且种类少使我国汽车进口长期高于进车出口量，其中汽车进口以高端豪华品牌为主、汽车出口以中低端自主品牌为主，平行进口汽车呈现较快增长趋势。自 2011 年以来，我国进口汽车连续 8

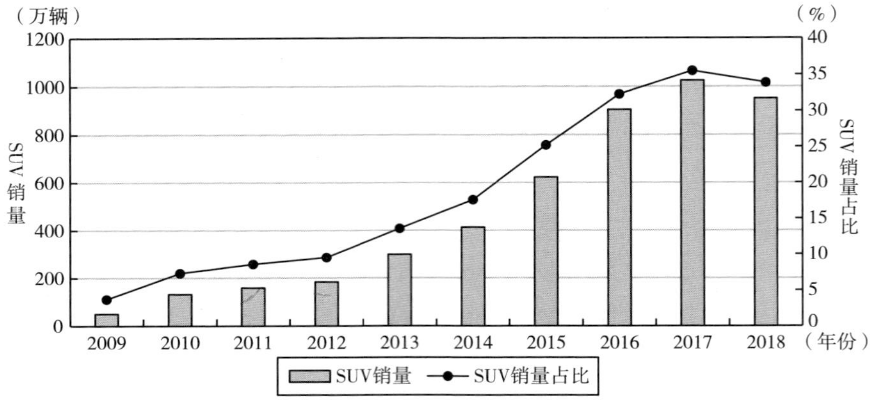

图3－2　2009～2018年我国SUV销量及市场份额变化

资料来源：中国汽车工业协会。

年均达到百万辆规模，到2018年达到110.84万辆，年均增速仅为1.4%，各年增幅波动较大；而汽车出口量则达115万辆，年均增速达到4.9%（见图3－3）；平行进口汽车由2014年的10.9万辆快速增长到13.9万辆，受中美贸易摩擦影响导致波动性较为明显。我国出口汽车平均价格为每辆8.6万元，不足10万元/辆，以中小排量汽油小轿车为主，与大排量、豪华汽车为主的汽车进口结构形成鲜明对比。

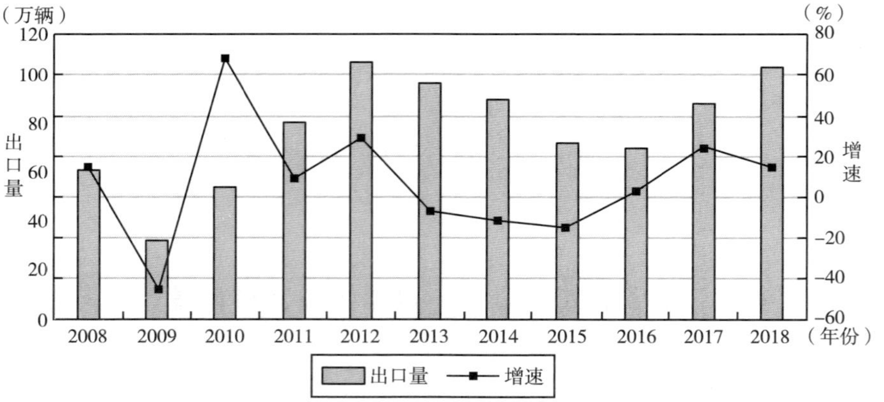

图3－3　2008～2018年我国汽车出口情况

资料来源：《中国汽车工业年鉴》《中国统计年鉴》。

六、普通汽车市场以中系、德系和日系为主，豪华汽车市场结构稳定

从汽车消费的品牌结构看，普通汽车主要以中国品牌、德系及日系车为主，而豪华汽车则常年以奔驰、奥迪及宝马为主，总体上豪华品牌三个梯队特征明显。从汽车消费市场占比情况看，性价比较高的自主品牌汽车长期占据市场第一，市场份额在40%左右但一直未超越50%，年销量超百万辆规模的自主品牌仅有吉利和宝骏品牌（见图3-4）。2018年自主品牌乘用车总销量为997.99万辆，市场份额为42.09%，其次分别为德系、日系、美系、韩系和法系，市场份额分别为21.43%、18.75%、10.45%、4.98%和1.29%。到2018年，豪华品牌第一梯队的奥迪、奔驰及宝马三者的年销量均超过60万辆；第二梯队包括凯迪拉克、雷克萨斯、沃尔沃和捷豹路虎，年销量均超过10万辆；第三梯队则包括保时捷、林肯、英菲尼迪、讴歌等品牌。

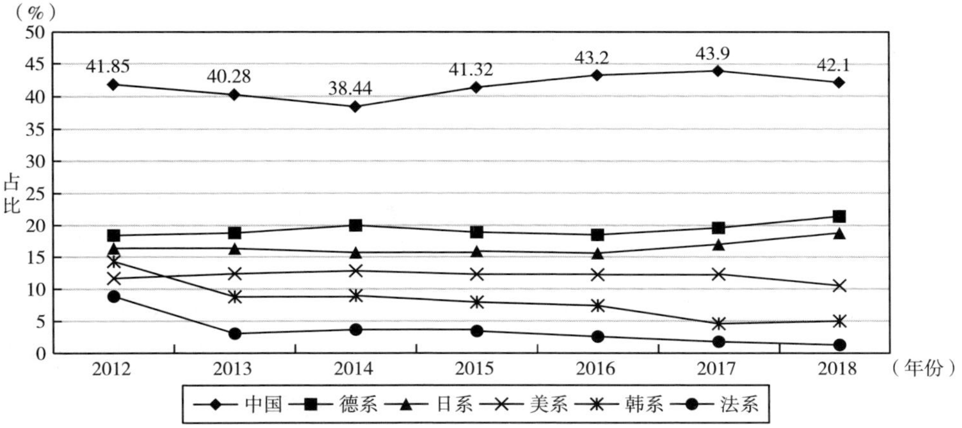

图3-4 2012~2018年国内各系汽车市场份额变化

七、二手车市场逐渐成熟，整体保持快速增长趋势

受二手车“限迁”政策在全国范围内不断放开、网上交易普及、汽车信贷消费政策支持及汽车保有量庞大等多方面因素影响，我国二手车市场呈现高速发展态势。我国二手车交易量由2010年的334万辆增长到2018年的1382万辆，年

均增速达到 17.32%，远高于同期新车销量增速（见图 3－5）。二手车交易额由 2013 年的 2916.5 亿元增长到 2018 年的 8603.6 亿元，年均增速高达 24.2%。根据中国汽车流通协会 2019 年度公告数据显示，我国二手车交易均价已由 2010 年的 4.62 万元增长到 6.22 万元，二手车市场产品结构不断升级。

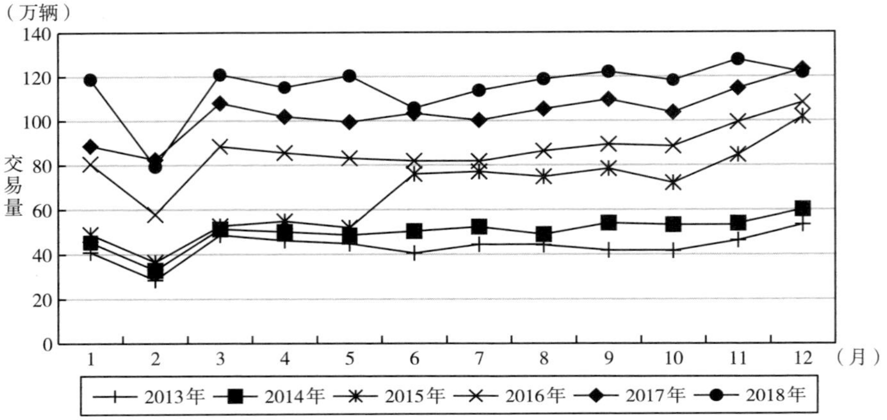

图 3－5　2013～2018 年我国二手车月度交易量

资料来源：中国汽车流通协会。

第二节

国内汽车市场区域变化特点及趋势

我国自 2009 年以来连续 10 年成为全球第一大新车市场，到 2018 年出现 28 年汽车产销首次下滑，尽管这是暂时态势，由于国内汽车消费市场具有明显区域不均衡，过去我国汽车消费主要集中于东部地区，特别是沿海经济发达省份，未来国内汽车消费潜力来自两个方面，东部地区的更新换代及升级消费、中西部汽车市场开拓。因此需要从时间、空间、结构等多个视角去分析我国自加入世贸组织（WTO）以来（2002～2017 年）国内汽车消费的区域特征与差异。为深入和全面地分析我国汽车①消费的空间分布和时间变化特征，本节通过三个维度进行

① 本章节纳入统计的汽车包括民用载客汽车（微型客车、小型客车、中型客车、大型客车）和民用载货汽车（微型货车、轻型货车、中型货车、重型货车）。

解构：一是空间维度，通过采取全国总体、重点区域、重点省市等不同空间尺度的观测研究，可以观测我国汽车消费的总体布局与局部特征；二是时间维度，通过系统梳理2002～2017年连续时间序列的汽车消费数据，从纵向上完整地呈现了16年间我国及重点区域汽车消费演变过程，使研究更为连续性、更显动态性；三是行业维度，对我国汽车总体消费和不同类型（载货、载客）汽车进行分类研究，分门别类地展现分析不同类型汽车消费的空间布局和时间变化特征。

一、我国汽车消费区域特点及趋势

（一）总体消费概况

随着中国经济社会持续快速发展，汽车保有量保持快速增长，截至2017年底，全国汽车保有量2.17亿辆，其中新注册登记汽车2800余万辆，均创历史新高。2002～2017年我国汽车消费总量从2002年的337.19万辆，增长到2008年的741.03万辆；2009年为冲抵全球金融危机对汽车消费的影响，我国出台了“汽车下乡”等系列振兴国内汽车行业政策，相关政策取得了明显效果，2009年我国汽车消费出现爆发式增长，突破千万级大关，汽车消费总量达到1245.97万辆，同比2008年增长68.2%；到2013年，突破两千万级大关，我国汽车消费达到2030.96万辆，随后增长到2017年的2800.4万辆。2002～2017年我国汽车消费年均增长速度达15.16%，载客汽车消费增速明显快于载货汽车消费增速，其中，载客汽车消费年均增长速度高达17.2%，载货汽车消费年均增长速度仅为7.85%（见表3－2和图3－6）。

表3－2　　2002～2017年我国汽车消费变化情况一览表　　单位：万辆

年份	汽车消费总量	载客汽车	载货汽车
2002	337.19	229.43	99.37
2003	433.76	316.09	107.57
2004	451.17	333.21	102.96
2005	528.62	415.78	102.42
2006	573.03	467.90	92.54

续表

年份	汽车消费总量	载客汽车	载货汽车
2007	605.88	498.66	91.29
2008	741.03	605.50	112.81
2009	1245.97	1024.84	214.84
2010	1528.84	1254.68	263.77
2011	1624.25	1369.45	244.25
2012	1772.49	1524.89	238.63
2013	2030.96	1752.27	269.00
2014	2205.22	1936.67	254.22
2015	2331.75	2120.27	204.32
2016	2724.46	2464.84	250.73
2017	2800.40	2480.23	308.77
年均增速（%）	15.16	17.2	7.85

资料来源：国家数据中心，http：//data.stats.gov.cn/.

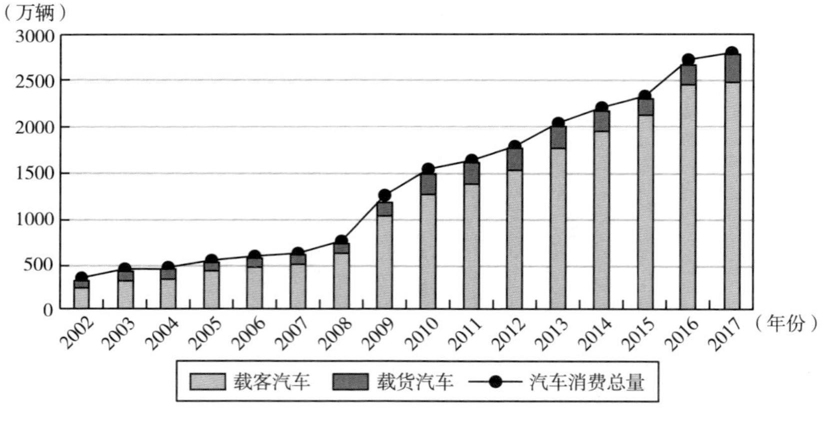

图 3-6　2002～2017 年我国各类汽车消费总体变化情况

资料来源：国家数据中心，http：//data.stats.gov.cn/.

从 2002～2017 年我国汽车消费分类来看，载客汽车消费占比持续上升，从 2002 年的 70% 提高到 2017 年的 89%；载货汽车消费占比持续下降，从 2002 年的 30% 下降到 2017 年的 11%。2002 年载客与载货汽车消费占比结构为 70∶30，到 2017 年载客与载货汽车消费占比结构为 89∶11。这也说明载客汽车增速明显快于载货汽车消费增速（见图 3－7）。

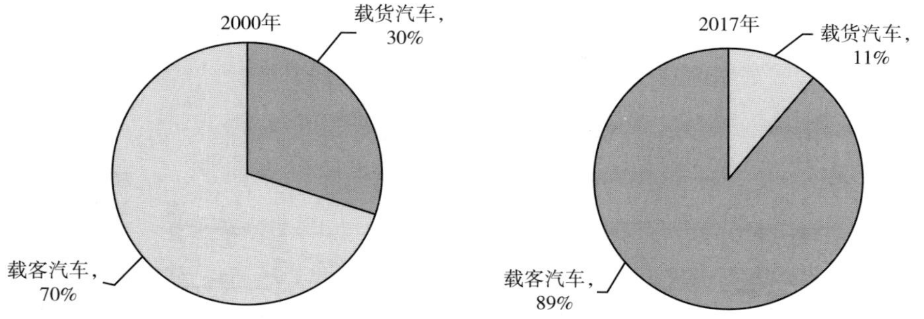

图 3－7　2002 年和 2017 年载客与载货汽车消费占比情况

（二）七大重点区域汽车消费分布格局

1. 区域总体格局

从 2002～2017 年我国重点区域的汽车消费变化情况来看，16 年间大部分区域汽车销量都有不同程度的增长，其中，汽车消费年均增速最快的是华中地区，年均增速达 18.78%，依次为西北（17.46%）、西南（17.24%）、东北（16.04%）、华南（15.78%）、华东（15.72%）、华北（9.42%）；汽车消费绝对数量增长最大的是华东地区，从 2002 年的 104.24 万辆增长到 2017 年的 931.72 万辆，增长了 827.48 万辆（见表 3－3 和图 3－8）。

表 3－3　　2002～2017 年我国主要区域汽车消费情况　　单位：万辆

区域	2002 年	2005 年	2008 年	2011 年	2014 年	2017 年
华东	104.24	170.43	255.56	556.59	751.82	931.72
华中	31.09	45.50	74.40	168.83	300.29	410.75
华南	39.58	68.75	88.36	181.05	260.48	356.51
西南	32.75	52.95	85.34	186.35	283.12	355.82
华北	89.86	122.77	137.9	236.07	286.53	346.55
东北	23.75	47.48	66.72	175.09	168.72	221.20
西北	15.92	20.74	32.75	120.27	154.26	177.85

资料来源：国家数据中心，http：//data. stats. gov. cn/.

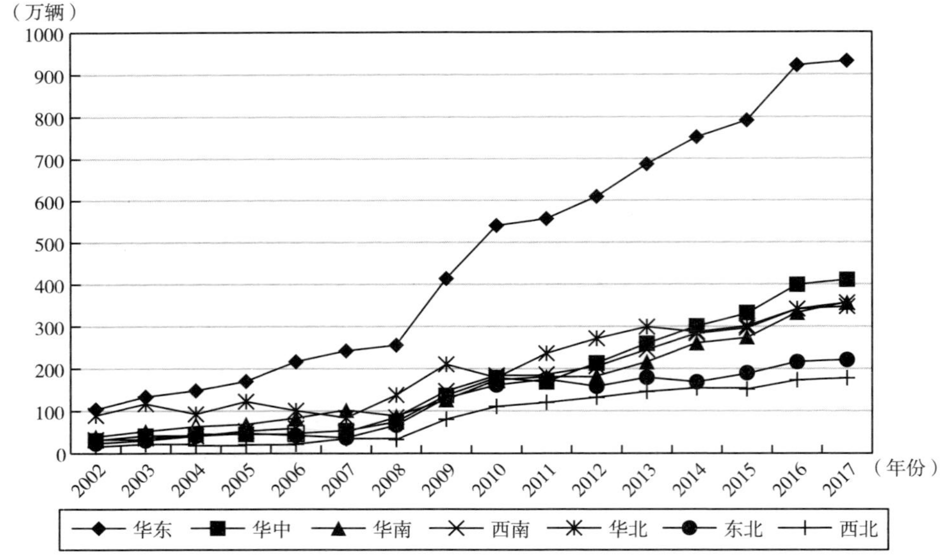

图 3-8　2002～2017 年我国主要区域汽车消费情况

资料来源：国家数据中心，http：//data. stats. gov. cn/.

从 2017 年、2002 年我国重点区域的汽车消费规模和市场份额来看，2017 年汽车消费规模最大的是华东地区 931.72 万辆，在全国汽车消费的市场份额占比达 33%，汽车消费规模从大到小的地区依次为华中 410.75 万辆、华南 356.51 万辆、西南 355.82 万辆、华北 346.55 万辆、东北 221.2 万辆、西北 177.85 万辆；2002 年汽车消费规模从大到小的地区依次为华东 104.24 万辆、华北 89.86 万辆、华南 39.58 万辆、西南 32.75 万辆、华中 31.09 万辆、东北 23.75 万辆、西北 15.92 万辆。汽车消费市场份额及其排名变化最为明显的是，华北地区 2002 年排名第 2（市场份额 26%），到 2017 年排名第 5（市场份额 12%）；华中地区 2002 年排名第 5（市场份额 9%），到 2017 年排名第 2（市场份额 15%）；其他地区汽车消费排名没有明显变化，市场份额仅有小幅波动（见图 3-9）。

从 2002～2017 年我国七大重点区域的汽车分类消费变化来看，16 年间载客汽车消费与载货汽车消费均快速增长，但是客车消费明显快于汽车消费，进而导致客货车消费比大幅提升。2002 年，大部分地区客货车消费比相差不大，

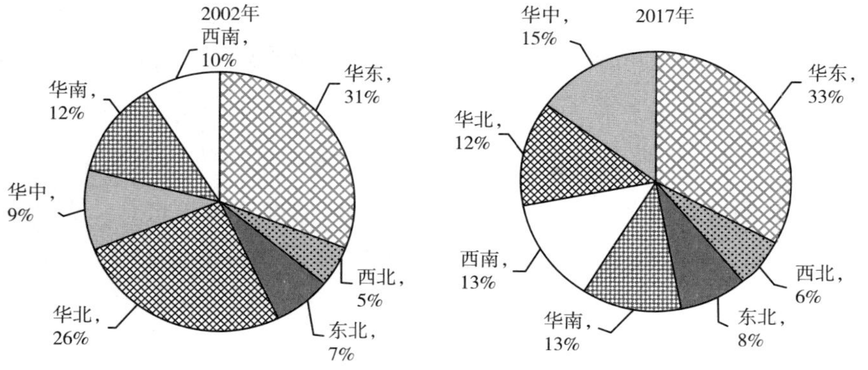

图 3－9　2002 年和 2017 年我国主要区域的汽车消费市场份额对比

客货消费比位于 1.8∶1～2.7∶1；2017 年，各地区客货消费比提升到 5.9∶1～8.8∶1，而各地区间仍然相差不大（见表 3－4）。2017 年，客货车消费比最大的是华中地区 8.76∶1，从大到小依次为华南地区（8.74∶1）、华东地区（8.51∶1）、东北地区（7.96∶1）、西南地区（7.70∶1）、华北地区（7.23∶1）、西北地区（5.92∶1）。

表 3－4　2002～2017 年我国七大重点区域的汽车分类消费情况　单位：万辆

区域	2017 年载客汽车	2017 年载货汽车	2017 年客货消费比	2002 年客货消费比
华北	302.72	41.87	7.23∶1	2.45∶1
东北	195.82	24.61	7.96∶1	2.15∶1
华东	830.55	97.57	8.51∶1	2.35∶1
华中	367.16	41.9	8.76∶1	2.05∶1
华南	318.89	36.5	8.74∶1	2.66∶1
西南	313.76	40.75	7.70∶1	2.06∶1
西北	151.33	25.57	5.92∶1	1.87∶1

资料来源：国家数据中心，http：//data.stats.gov.cn/.

2. 华北地区

从 2002～2017 年我国华北地区的主要省市汽车消费变化情况来看，4 个省市汽车消费都有不同程度的增长，华北地区的年均增速为 9.42%，其中，汽车消费年均增速最快的是山西，年均增速达 14.78%，其次为天津（11.43%）、河北

(9.11%)、北京(6.08%);汽车消费绝对数量增长最大的是河北,从2002年的48.96万辆增长到2017年的181.12万辆,增长了142.16万辆,汽车消费绝对数量增长最小的是天津,仅增长了23.39万辆。另外,北京为缓解城市交通拥堵问题,于2011年开始控制新增汽车上牌数量,致使北京汽车消费从2010年的86.95万辆“腰斩”至2011年的40.07万辆,随后维持缓慢增长速度。天津汽车消费在2013年达到峰值42.17万辆,在2014年大幅跌落至23.54万辆,随后也维持较为缓慢的增长态势(见表3-5和图3-10)。

表3-5　2002~2017年我国华北地区各省市汽车消费情况　单位:万辆

省市	2002年	2005年	2008年	2011年	2014年	2017年	增速(%)
北京	25.83	34.22	46.84	40.07	50.33	62.6	6.08
天津	5.75	12.13	18.42	32.68	23.54	29.14	11.43
河北	48.96	58.54	39.77	111.69	154.24	181.12	9.11
山西	9.32	17.88	32.87	51.63	58.42	73.69	14.78
合计	89.86	122.77	137.9	236.07	286.53	346.55	9.42

资料来源:国家数据中心,http://data.stats.gov.cn/.

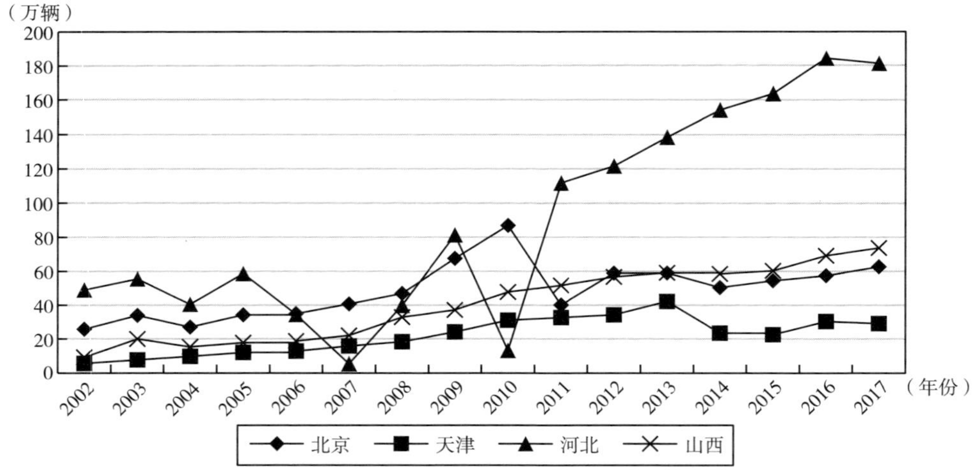

图3-10　2002~2017年我国华北地区各省市汽车消费情况

资料来源:国家数据中心,http://data.stats.gov.cn/.

从 2017 年、2002 年华北地区各省市的汽车消费规模和市场份额来看，2017 年汽车消费规模最大的是河北 181.12 万辆，在华北地区汽车消费的市场份额占比高达 52%，其次为山西 73.69 万辆（21%）、北京 62.6 万辆（18%）、天津 29.14 万辆（9%）；而对比来看，2002 年汽车消费规模从大到小依次为河北 48.96 万辆（55%）、北京 25.83 万辆（29%）、山西 9.32 万辆（10%）、天津 5.75 万辆（6%）。汽车消费市场份额及其排名变化最为明显的是，北京 2002 年排名第 2（市场份额 29%），到 2017 年排名下降至第 3（市场份额 18%）；山西 2002 年排名第 3（市场份额 10%），到 2017 年排名上升至第 2（市场份额 21%）；河北市场份额略有下降，天津市市场份额略有上升，但两个省市的汽车消费排名没有明显变化（见图 3－11）。

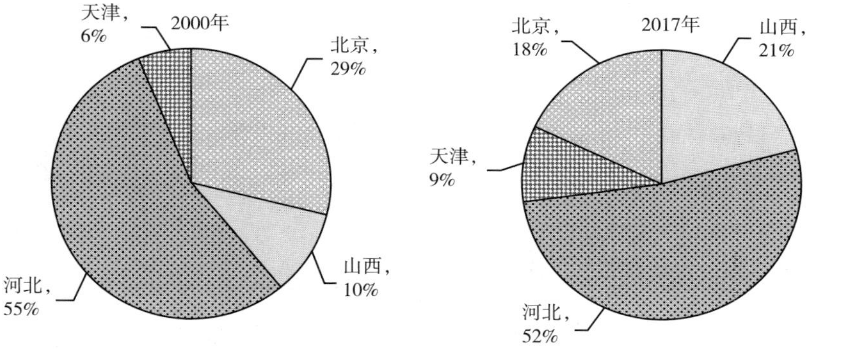

图 3－11　2002 年和 2017 年我国华北地区各省市汽车消费市场份额对比

3. 东北地区

从 2002～2017 年我国东北地区的主要省区汽车消费变化情况来看，4 个省区的汽车消费都保持了高速的增长，东北地区的年均增速为 16.04%，其中，汽车消费年均增速最快的是内蒙古，年均增速达 17.15%，其次为吉林（16.22%）、黑龙江（16.15%）、辽宁（15.17%）；汽车消费绝对数量增长最大的是辽宁，从 2002 年的 8.89 万辆增长到 2017 年的 73.94 万辆，增长了 65.05 万辆，汽车消费绝对数量增长最小的是吉林，增长了 39.44 万辆。总体来说，东北地区 4 个省区的汽车消费表现为“基数小、增速快”，2002 年 4 个省区的汽车消费规模均小于 10 万辆，尽管 2002～2017 年年均增速均大于 15%，尤其是 2008 年后，东北地区各省区汽车消费均实现快速增长，但2017年东北地区4个省区的消费规模均未达到百万辆大关（见表3-6和图3-12）。

表3-6　2002~2017年我国东北地区各省区汽车消费　单位：万辆

省区	2002年	2005年	2008年	2011年	2014年	2017年	增速（%）
内蒙古	4.97	11.30	21.45	46.36	40.45	53.41	17.15
辽宁	8.89	17.97	18.65	60.99	50.17	73.94	15.17
吉林	4.62	9.09	8.52	31.02	38.79	44.06	16.22
黑龙江	5.27	9.12	18.10	36.72	39.31	49.79	16.15
合计	23.75	47.48	66.72	175.09	168.72	221.2	16.04

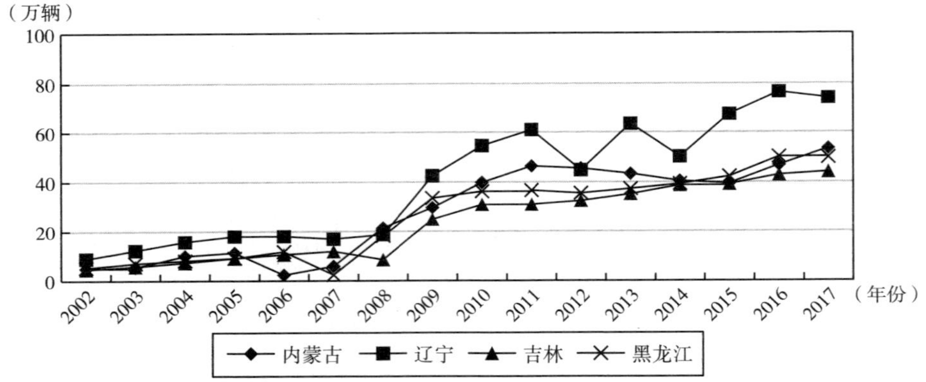

图3-12　2002~2017年我国东北地区各省区汽车消费情况

资料来源：国家数据中心，http：//data. stats. gov. cn/.

从2017年、2002年东北地区各省区的汽车消费规模和市场份额来看，各省区份额比较均衡，且变化也不大。2017年汽车消费规模最大的是辽宁73.94万辆，在东北地区汽车消费的市场份额占比为33%，其次为内蒙古53.41万辆（24%）、黑龙江49.79万辆（23%）、吉林44.06万辆（20%）；而对比来看，2002年汽车消费规模从大到小依次为辽宁8.89万辆（37%）、黑龙江5.27万辆（22%）、内蒙古4.97万辆（21%）、吉林4.62万辆（20%）。东北地区4个省区的汽车消费市场份额及其排名均没有明显变化，辽宁市场份额略有下降，黑龙江、内蒙古的市场份额略有上升，吉林的市场份额维持不变（见图3－13）。

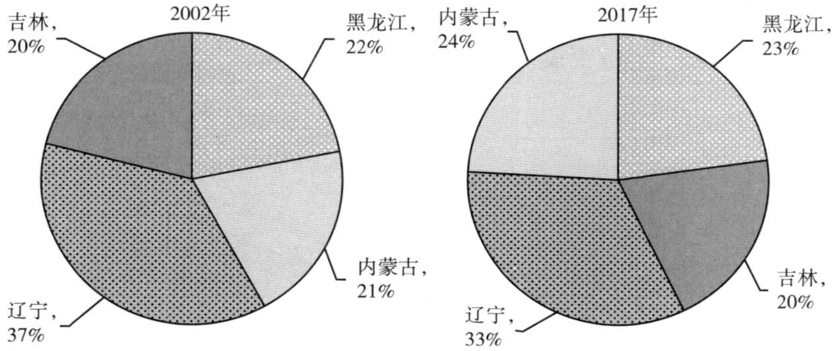

图3－13　2002年和2017年我国东北地区各省区汽车消费市场份额对比

4. 华东地区

从2002～2017年我国华东地区的主要省市汽车消费变化情况来看，7个省市汽车消费均保持了高速增长，7省市年均增速均大于11%，华东地区的年均增速为15.72%，其中，汽车消费年均增速最快的是安徽，年均增速高达21.15%，排在第2位的江西年均增速也达到20.01%，其次为江苏（17.6%）、福建（15.82%）、山东（14.97%）、浙江（12.98%）、上海（11.11%）；汽车消费绝对数量增长最大的是江苏，从2002年的19.19万辆增长到2017年的218.36万辆，

表3－7　2002～2017年我国华东地区各省市汽车消费　单位：万辆

省市	2002年	2005年	2008年	2011年	2014年	2017年	增速（%）
上海	11.05	16.97	18.60	31.11	37.20	53.68	11.11
江苏	19.19	38.16	56.18	131.12	177.53	218.36	17.60
浙江	27.27	40.28	53.28	124.49	147.49	170.14	12.98
安徽	6.81	11.60	22.05	51.91	76.47	121.07	21.15
福建	8.35	13.30	21.69	43.96	60.85	75.59	15.82
江西	5.06	7.66	13.95	34.30	50.99	78.06	20.01
山东	26.51	42.46	69.81	139.7	201.29	214.82	14.97
合计	104.24	170.43	255.56	556.59	751.82	931.72	15.72

资料来源：国家数据中心，http：//data.stats.gov.cn/.

增长了199.17万辆，汽车消费绝对数量增长最小的是上海市，仅增长了42.63万辆。为冲抵2008年全球金融危机对汽车消费的影响，我国出台了“汽车下乡”等系列振兴国内汽车行业政策，2009年华东地区汽车消费出现爆发式增长，2009年突破400万辆级大关，2010年突破500万辆级大关（见表3－7和图3－14）。

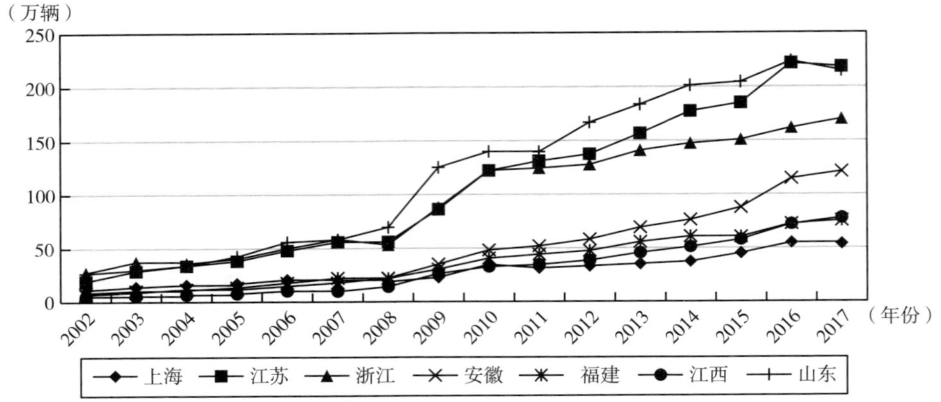

图3－14　2002～2017年我国华东地区各省市汽车消费情况

资料来源：国家数据中心，http：//data. stats. gov. cn/.

从2017年、2002年华东地区各省市的汽车消费规模和市场份额来看，2017年汽车消费规模最大的是江苏218.36万辆，在华东地区汽车消费的市场份额占比高达24%，其次为山东214.82万辆（23%）、浙江170.14万辆（18%）、安徽121.07万辆（13%）、江西78.06万辆（8%）、福建75.59万辆（8%）、上海53.68万辆（6%）；而对比来看，2002年汽车消费规模从大到小依次为浙江27.27万辆（26%）、山东26.51万辆（25%）、江苏19.19万辆（18%）、上海11.05万辆（11%）、福建8.35万辆（8%）、安徽6.81万辆（7%）、江西5.06万辆（5%）。汽车消费市场份额及其排名变化明显的是，浙江2002年排名第1（市场份额26%），到2017年排名下降至第3（市场份额18%）；上海2002年排名第4（市场份额11%），到2017年排名下降至第7（市场份额6%）；安徽2002年排名第6（市场份额7%），到2017年排名上升至第4（市场份额13%）；江苏2002年排名第3（市场份额18%），到2017年排名上升至第1（市场份额24%）；山东、江西、福建等3个省份的汽车消费排名没有明显变化（见图3－15）。

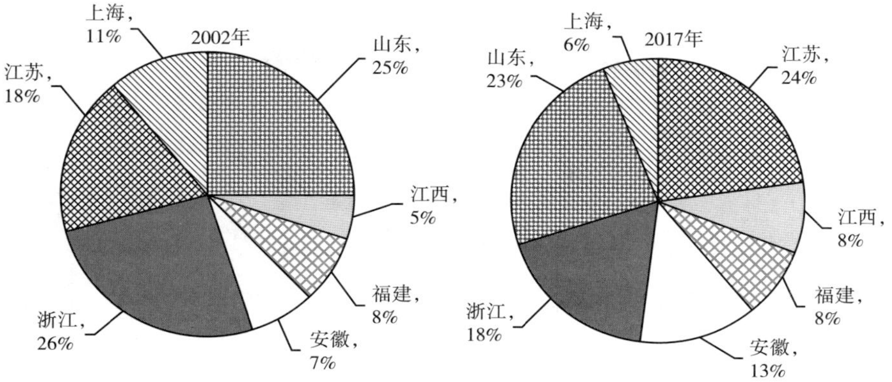

图 3－15 2002 年和 2017 年我国华东地区各省市汽车消费市场份额对比

资料来源：国家数据中心，http：//data. stats. gov. cn/.

5. 华中地区

从 2002～2017 年我国华中地区的主要省市汽车消费变化情况来看，3 个省份汽车消费均实现了高速增长，3 个省份年均增速均大于 18%，且增速的差距很小，华中地区的年均增速为 18.78%，其中，汽车消费年均增速最快的是湖南，年均增速达 19.62%，其次为湖北（19.27%）、河南（18.1%）；汽车消费绝对数量增长最大的是河南，从 2002 年的 16.06 万辆增长到 2017 年的 194.78 万辆，增长了 178.72 万辆，湖南、湖北汽车消费绝对数量增长均为 100 万辆左右。总体来看，华中地区各省份的汽车消费均保持了极为良好的增长态势，2009 年汽车消费突破 100 万辆级大关，2012 年突破 200 万辆级大关，到 2017 年突破 400 万辆级大关（见表 3－8 和图 3－16）。

表 3－8 2002～2017 年我国华中地区各省份汽车消费 单位：万辆

省份	2002 年	2005 年	2008 年	2011 年	2014 年	2017 年	增速（%）
河南	16.06	25.25	38.56	80.15	146.84	194.78	18.10
湖北	7.63	11.59	22.78	38.88	77.44	107.24	19.27
湖南	7.40	8.66	13.06	49.8	76.01	108.73	19.62
合计	31.09	45.50	74.40	168.83	300.29	410.75	18.78

从 2017 年、2002 年华中地区各省市的汽车消费规模和市场份额来看，2017 年汽车消费规模最大的是河南 194.78 万辆，在华中地区汽车消费的市场份额占

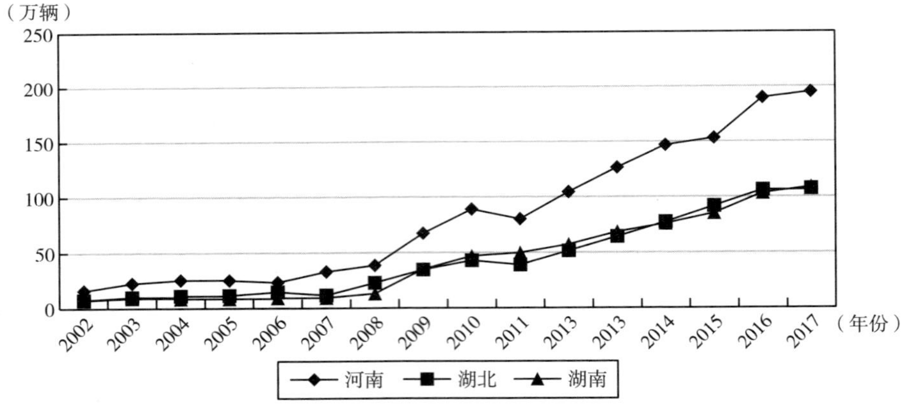

图 3-16　2002~2017 年我国华中地区各省份汽车消费情况

资料来源：国家数据中心，http：//data. stats. gov. cn/.

比高达 47%，其次为湖南 108.73 万辆（27%）、湖北 107.24 万辆（26%）；而对比来看，2002 年汽车消费规模从大到小依次为河南 16.06 万辆（52%）、湖南、湖北两个省的市场份额几乎相当，均为 24%。华中地区各省的汽车消费市场份额及其排名没有明显变化，河南市场份额略有下降，湖南、湖北的市场份额略有上升（见图 3-17）。

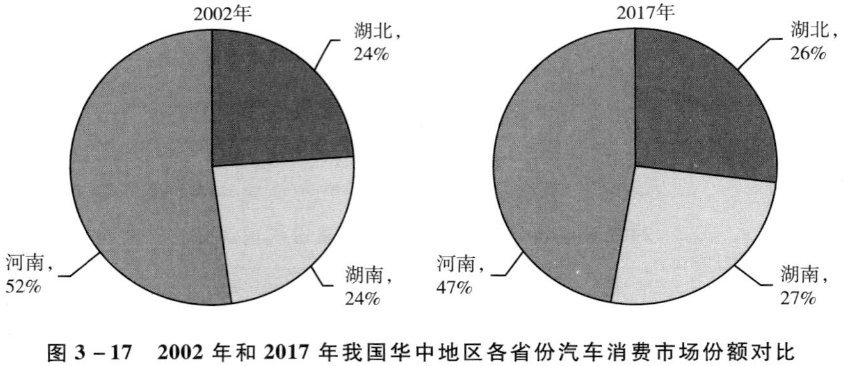

图 3-17　2002 年和 2017 年我国华中地区各省份汽车消费市场份额对比

资料来源：国家数据中心，http：//data. stats. gov. cn/.

6. 华南地区

从 2002~2017 年我国华南地区的主要省区汽车消费变化情况来看，华南 3 省汽车消费均实现了高速增长，3 个省份年均增速均大于 14%，华南地区的年均增速为 15.78%，其中，汽车消费年均增速最快的是广西，年均增速达 20.69%，其次为海南（18.87%）、广东（14.71%）；汽车消费绝对数量增长最大的是广东，从 2002 年的 33.86 万辆增长到 2017 年的 265.41 万辆，增长了 232.55 万辆，汽车消费绝对数量增长最小的是海南，仅增长了 17.8 万辆。总体来说，华南地区 3 个省区的汽车消费表现出一定的"基数小、增速快；规模大、速度较快"，如海南 2002 年汽车消费规模仅为 1.44 万辆，16 年后到 2017 年翻了 16 倍左右；广东 2002 年汽车消费规模达到 33.86 万辆，16 年后到 2017 年翻了 8 倍左右（见表 3－9 和图 3－18）。

表 3－9　　2002～2017 年我国华南地区各省区汽车消费　　单位：万辆

省区	2002 年	2005 年	2008 年	2011 年	2014 年	2017 年	增速（%）
广东	33.86	57.26	78.15	137.45	200.3	265.41	14.71
广西	4.28	9.35	5.77	34.83	48.4	71.86	20.69
海南	1.44	2.14	4.44	8.77	11.78	19.24	18.87
合计	39.58	68.75	88.36	181.05	260.48	356.51	15.78

资料来源：国家数据中心，http：//data. stats. gov. cn/.

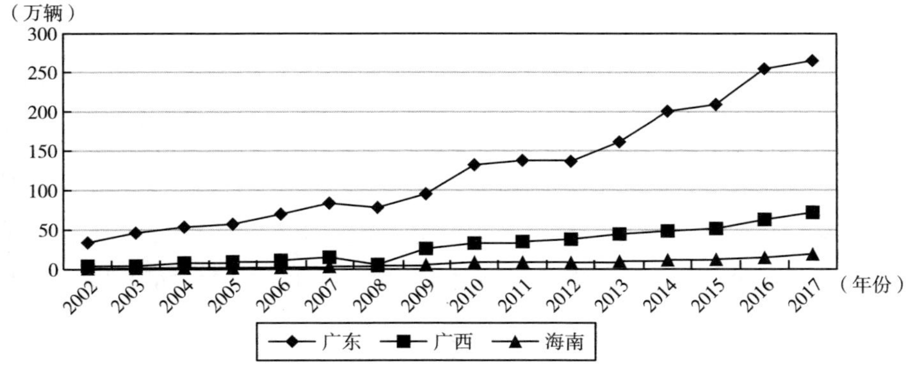

图 3－18　2002～2017 年我国华南地区各省区汽车消费情况

资料来源：国家数据中心，http：//data. stats. gov. cn/.

从 2017 年、2002 年华南地区各省区的汽车消费规模和市场份额来看，2017 年汽车消费规模最大的是广东 265.41 万辆，在华南地区汽车消费的市场份额占比高达 75%，其次为广西 71.86 万辆（20%）、海南 19.24 万辆（5%）；而对比来看，2002 年汽车消费规模从大到小依次为广东 33.86 万辆（85%）、广西 4.28 万辆（11%）、海南 1.44 万辆（4%）。2002～2017 年华南地区各省区的汽车消费排名没有变化，仅仅市场份额有所变化，其中广东市场份额略有下降，但仍然是华南地区汽车消费的“绝对主力”，广西、海南的市场份额略有上升（见图 3－19）。

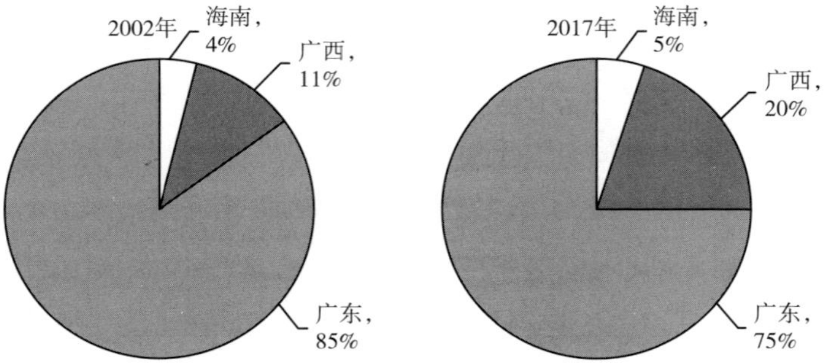

图 3－19　2002 年和 2017 年我国华南地区各省份汽车消费市场份额对比

资料来源：国家数据中心，http://data.stats.gov.cn/.

7. 西南地区

从 2002～2017 年我国西南地区的主要省区市汽车消费变化情况来看，5 个省区市汽车消费均实现了高速增长，5 省区市年均增速均大于 14%，西南地区的年均增速为 17.24%，其中，汽车消费年均增速最快的是贵州，实现超高速增长，年均增速达 22.35%，其次为重庆（16.59%）、云南（16.43%）、四川（16.26%）、西藏（14.15%）；汽车消费绝对数量增长最大的是四川，从 2002 年的 14.53 万辆增长到 2017 年的 139.29 万辆，增长了 124.76 万辆，然而在 2007 年汽车消费曾出现“断头式”的萎缩（从 2006 年的 25.76 万辆到 2007 年的 5.69 万辆），汽车消费绝对数量增长最小的是西藏，仅增长了 4.52 万辆。总体来说，西南地区 5 个省区市的汽车消费表现出一定的“基数相差较大，增速表现不一”，如贵州 2002 年汽车消费规模为 3.58 万辆，但增速最快（22.35%），经过 16 年后到 2017 年翻了 20 倍左右；西藏 2002 年汽车消费规模仅仅为 0.72 万辆，但增速最慢（14.15%），经过 16 年后到 2017 年仅翻了 7 倍左右（见表 3－10 和图 3－20）。

表 3-10　2002~2017 年我国西南地区各省区市汽车消费（万辆）情况

省区市	2002 年	2005 年	2008 年	2011 年	2014 年	2017 年	增速（%）
重庆	5.51	8.84	16.26	30.53	53.22	55.12	16.59
四川	14.53	20.39	32.27	77.69	112.76	139.29	16.26
贵州	3.58	7.34	12.55	27.43	47.35	73.76	22.35
云南	8.41	14.94	22.97	48.54	65.45	82.41	16.43
西藏	0.72	1.44	1.29	2.16	4.34	5.24	14.15
合计	32.75	52.95	85.34	186.35	283.12	355.82	17.24

资料来源：国家数据中心，http：//data. stats. gov. cn/.

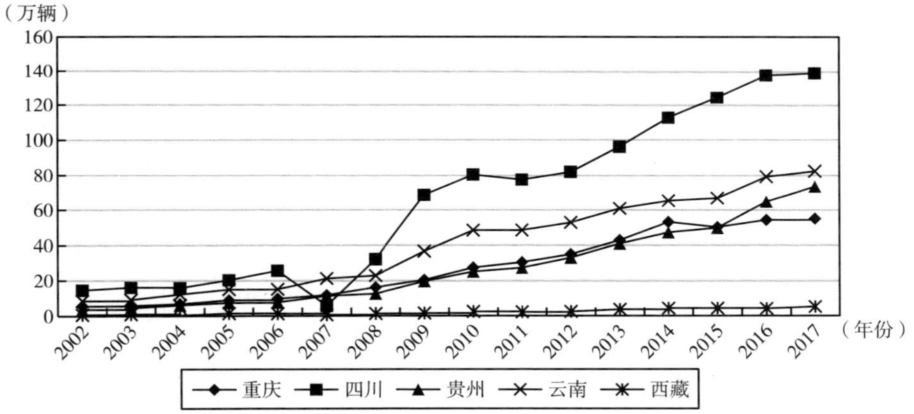

图 3-20　2002~2017 年我国西南地区各省区市汽车消费（万辆）情况

资料来源：国家数据中心，http：//data. stats. gov. cn/.

从 2017 年、2002 年西南地区各省区市的汽车消费规模和市场份额来看，2017 年汽车消费规模最大的是四川 139.29 万辆，在西南地区汽车消费的市场份额超过 1/3，占比为 39%，其次为云南 82.41 万辆（23%）、贵州 73.76 万辆（21%）、重庆 55.12 万辆（16%）、西藏 5.24 万辆（1%）；而对比来看，2002 年汽车消费规模从大到小依次为四川 14.53 万辆（44%）、云南 8.41 万辆（26%）、重庆 5.51 万辆（17%）、贵州 3.58 万辆（11%）、西藏 0.72 万辆（2%）。汽车消费市场份额排名略微有所变化，第三、第四名的重庆市与贵州省互换了位次；市场份额变化最为明显的是，贵州从 2002 年市场份额 11% 增长到 2017 年 21%；其他 3 个省区的汽车消费市场份额及其排名没有明显变化（见图 3-21）。

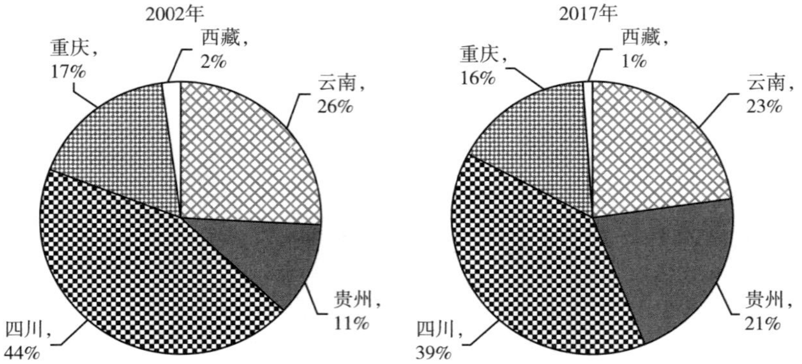

图3－21　2002年和2017年我国西南地区各省区市汽车消费市场份额对比

资料来源：国家数据中心，http：//data. stats. gov. cn/.

8. 西北地区

从2002～2017年我国西北地区的主要省区汽车消费变化情况来看，西北五省区汽车消费均实现了高速增长，5个省区的年均增速均大于15%，西北地区的年均增速为17.46%，其中，汽车消费年均增速最快的是陕西，年均增速高达19.1%，其次为宁夏（18.34%）、甘肃（18.11%）、新疆（15.09%）、青海（15.03%）；汽车消费绝对数量增长最大的是陕西，从2002年的5.4万辆增长到2017年的74.35万辆，增长了68.95万辆，汽车消费绝对数量增长最小的是青海，仅增长了10.83万辆；而引人注意的是，新疆在2007～2009年汽车消费曾出现"断头式萎缩、报复式增长"，从2007年的9.57万辆，急剧下降到2008年的0.72万辆，直线上升到2009年的17.02万辆。总体来说，西北五省区2002年汽车消费规模均小于6万辆，西北地区各省区汽车消费表现出一定的"基数小，增速快"特征（见表3－11和图3－22）。

从2017年、2002年西北地区各省区的汽车消费规模和市场份额来看，2017年汽车消费规模最大的是陕西74.35万辆，在西北地区汽车消费的市场份额超过四成，占比为42%，其次为新疆39.45万辆（22%）、甘肃35.84万辆（20%）、宁夏15.87万辆（9%）、青海12.34万辆（7%）；而对比来看，2002年汽车消费规模从大到小依次为陕西5.4万辆（34%）、新疆4.79万辆（30%）、甘肃2.95万辆（19%）、青海1.51万辆（9%）、宁夏1.27万辆（8%）。汽车消费市

表 3-11　　2002～2017 年我国西北地区各省区汽车消费　　单位：万辆

省区	2002 年	2005 年	2008 年	2011 年	2014 年	2017 年	增速（%）
陕西	5.40	6.83	21.18	49.60	63.75	74.35	19.10
甘肃	2.95	4.09	6.18	20.52	31.30	35.84	18.11
青海	1.51	0.73	0.22	8.51	11.64	12.34	15.03
宁夏	1.27	2.67	4.45	11.56	13.20	15.87	18.34
新疆	4.79	6.42	0.72	30.08	34.37	39.45	15.09
合计	15.92	20.74	32.75	120.27	154.26	177.85	17.46

资料来源：国家数据中心，http：//data. stats. gov. cn/.

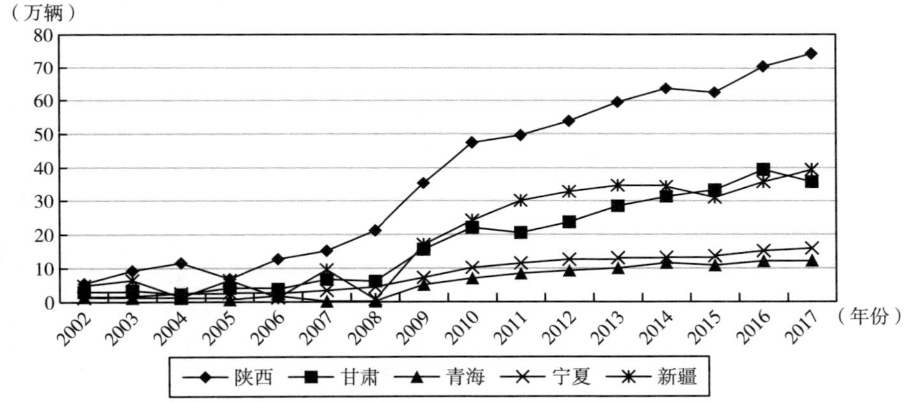

图 3-22　2002～2017 年我国西北地区各省区汽车消费情况

资料来源：国家数据中心，http：//data. stats. gov. cn/.

场份额排名略微有所变化，第四、第五名的宁夏与青海互换了位次；市场份额变化最为明显的是，陕西从 2002 年市场份额 34% 增长到 2017 年 42%，新疆从 2002 年市场份额 30% 下降到 2017 年 22%（见图 3-23）。

（三）十大重点省市汽车消费情况

从 2002 年、2017 年我国汽车消费最大的十个重点省市来看。2017 年，排名前十的省市汽车消费规模均大于 100 万辆，消费规模大于 200 万辆的省市仅有 3 个，分别是华南地区的广东（265.41 万辆）、华东地区的江苏（218.36 万辆）、华东地区的山东（214.82 万辆），而这三个省均是东南部沿海经济发达省份；在

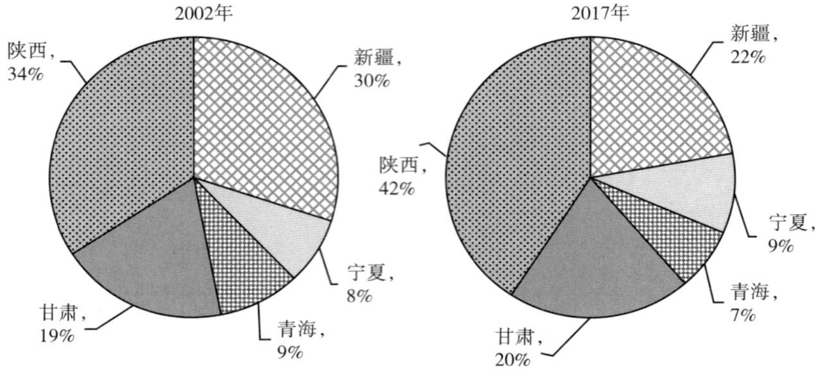

图 3-23　2002 年和 2017 年我国西北地区各省区汽车消费市场份额对比

资料来源：国家数据中心，http://data.stats.gov.cn/.

10 个汽车消费大于 100 万辆的省市中，有 9 个省份汽车消费的年均增速大于 10%，排名最后的三个省份年均增速却是最快（见表 3-12）。2002 年，汽车消费规模排名前十的省市中，有 9 个省市汽车消费规模均大于 100 万辆，前 3 名分别是华北地区的河北（48.96 万辆）、华南地区的广东（33.86 万辆）、华东地区的浙江（27.27 万辆）。

表 3-12　2002 年和 2017 年我国汽车消费规模排名前十的省市　　单位：万辆

排名	地区	区域	2017 年	排名	地区	区域	2002 年
1	广东	华南	265.41	1	河北	华北	48.96
2	江苏	华东	218.36	2	广东	华南	33.86
3	山东	华东	214.82	3	浙江	华东	27.27
4	河南	华中	194.78	4	山东	华东	26.51
5	河北	华北	181.12	5	北京	华北	25.83
6	浙江	华东	170.14	6	江苏	华东	19.19
7	四川	西南	139.29	7	河南	华中	16.06
8	安徽	华东	121.07	8	四川	西南	14.53
9	湖南	华中	108.73	9	上海	华东	11.05
10	湖北	华中	107.24	10	山西	华北	9.32

资料来源：国家数据中心，http://data.stats.gov.cn/.

从2002～2017年我国重点省区市的汽车消费增速来看，全部31个省区市汽车消费增速均为正值，年均增速最大的是贵州（22.35%），年均增速最小的是北京（6.08%）；有22个省区市汽车消费的年均增速超过15%，且有4个省区的汽车消费年均增速超过20%，分别是贵州、安徽、广西、江西；有9个省市汽车消费的年均增速小于15%，仅有2个省市的汽车消费年均增速低于10%，均是位于华北地区的河北（9.11%）、北京（6.08%）；汽车消费增速最快的10个省区中，2002年汽车消费规模均小于8万辆，且有9个位于中西部地区，在一定程度上说明中西部地区经济发展基础薄弱，汽车消费能力不强，但是市场空间巨大，汽车消费正处于高速发展的轨道。在2017年汽车消费大于100万辆的10个省区中，排名最后的三个省份年均增速却是最快，第8名华东地区的安徽121.07万辆，年均增速最高达21.15%；第9名华中地区的湖南108.73万辆，年均增速19.62%；第10名华中地区的湖北107.24万辆，年均增速19.27%。这表明我国各省（市）汽车消费具有明显的"基数小、高速增长；基数大、中高速增长"的发展特点（见表3－13）。

表3－13　2002～2017年我国汽车消费增速最快的十个省区　单位：万辆

地区	经济区域	地理区划	2002年	2017年	增速（%）
贵州	西部	西南	3.58	73.76	22.35
安徽	中部	华东	6.81	121.07	21.15
广西	西部	华南	4.28	71.86	20.69
江西	中部	华东	5.06	78.06	20.01
湖南	中部	华中	7.40	108.73	19.62
湖北	中部	华中	7.63	107.24	19.27
陕西	西部	西北	5.40	74.35	19.10
海南	东部	华南	1.44	19.24	18.87
宁夏	西部	西北	1.27	15.87	18.34
甘肃	西部	西北	2.95	35.84	18.11

资料来源：国家数据中心，http：//data.stats.gov.cn/.

二、我国载客汽车消费区域特点及趋势

（一）客车总体消费概况

2002～2017年我国载客汽车消费总量从2002年的229.43万辆，增长到2008年的605.50万辆；2009年为冲抵全球金融危机对汽车消费的影响，我国出台了“汽车下乡”等系列振兴国内汽车行业政策，相关政策取得了明显效果，2009年我国载客汽车消费出现爆发式增长，突破千万级大关，载客汽车消费总量达到1024.84万辆，同比2008年增长69.3%；到2015年，突破两千万级大关，我国载客汽车消费达到2120.27万辆，随后增长到2017年的2480.23万辆。2002～2017年我国载客汽车消费年均增长速度达17.2%。

尤为值得关注的是，只有小型客车的年均增速超过客车整体增速，小型客车年均增速高达20.52%。而中型客车、微型客车消费出现明显下降，微型客车消费从2002年的56.1万辆，随后经过两次波浪式下降，到2017年为7.69万辆，2002～2017年年均增长速度为－12.41%；中型客车消费从2002年的14.52万辆，随后逐步下降到2017年的4.68万辆，2002～2017年年均增长速度为－7.27%。大型客车消费缓慢增长，从2002年的9.68万辆，随后逐步增加至2017年的17.14万辆，2002～2017年年均增长速度为3.88%（见表3－14和图3－24）。

表3－14　2002～2017年我国载客汽车消费变化情况　单位：万辆

年份	客车	大型客车	中型客车	小型客车	微型客车
2002	229.43	9.68	14.52	149.13	56.10
2003	316.09	10.05	15.72	242.20	48.12
2004	333.21	9.64	13.84	284.15	25.60
2005	415.78	9.95	10.53	371.22	24.03
2006	467.90	9.54	8.32	438.24	11.81
2007	498.66	9.08	7.22	475.94	6.46
2008	605.50	10.92	6.12	576.37	12.01

续表

年份	客车	大型客车	中型客车	小型客车	微型客车
2009	1024.84	11.49	6.96	979.48	26.96
2010	1254.68	14.85	7.66	1208.65	23.58
2011	1369.45	16.31	7.66	1324.46	21.01
2012	1524.89	16.38	7.12	1487.58	13.85
2013	1752.27	16.9	8.12	1717.38	9.89
2014	1936.67	15.16	7.97	1905.06	8.48
2015	2120.27	19.10	6.71	2086.21	8.29
2016	2464.84	19.49	5.98	2433.86	5.48
2017	2480.23	17.14	4.68	2450.72	7.69
年均增速（%）	17.2	3.88	-7.27	20.52	-12.41

资料来源：国家数据中心，http：//data. stats. gov. cn/.

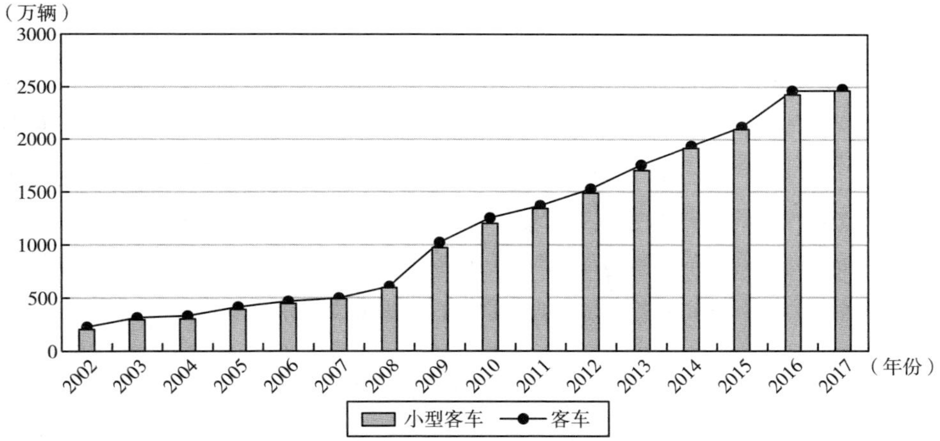

图 3－24 2002～2017 年我国各类载客汽车消费的变化情况

资料来源：国家数据中心，http：//data. stats. gov. cn/.

从 2002～2017 年我国载客汽车分类消费结构来看，小型载客汽车消费占比持续上升，从 2002 年的 65% 大幅提高到 2017 年的 99%；大型、中型、微型载客汽车消费占比持续下降，这三类客车合计从 2002 年的 25% 下降到 2017 年的 1%。这说明，随着经济发展水平、人均可支配收入的不断提高，道路交通网络的不断完善，居民消费结构的不断升级，小型载客汽车消费占据客车消费的绝大多数，成为客车消费的“绝对主力”（见图 3－25）。

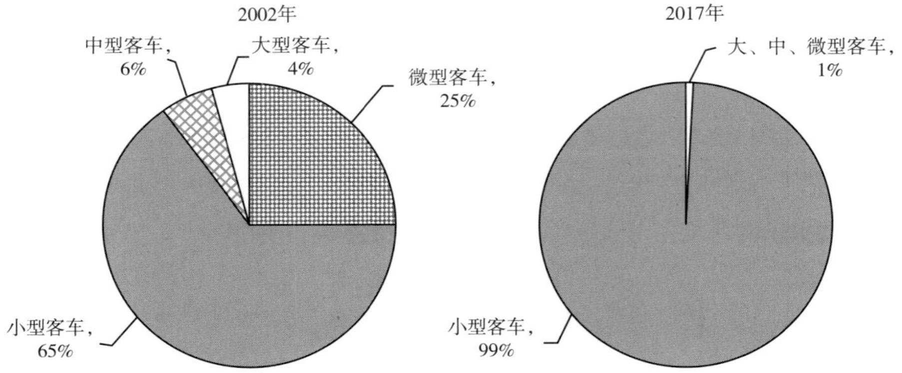

图 3－25　2002 年、2017 年各类载客汽车消费占比变化情况

资料来源：国家数据中心，http：//data. stats. gov. cn/.

（二）七大重点区域客车消费分布格局

1. 区域总体格局

从 2002～2017 年我国重点区域的载客汽车消费变化情况来看，16 年间大部分区域载客汽车销量均实现了较高速度增长，其中，载客汽车消费年均增速最快的是华中地区，年均增速高达 21. 18%，依次为西北（19. 79%）、西南（19. 45%）、东北（18. 37%）、华东（17. 80%）、华南（17. 56%）、华北（11. 15%）；载客汽车消费绝对数量增长最大的是华东地区，从 2002 年的 71. 16 万辆增长到 2017 年的 830. 55 万辆，增长了 759. 39 万辆（见表 3－15 和图 3－26）。

表 3－15　　2002～2017 年我国主要区域载客汽车消费　　单位：万辆

区域	2002 年	2005 年	2008 年	2011 年	2014 年	2017 年	年均增速（%）
华北	62. 03	97. 85	115. 37	200. 01	249. 45	302. 72	11. 15
东北	15. 61	36. 95	51. 66	143. 49	150. 06	195. 82	18. 37
华东	71. 16	139. 37	216. 45	483. 25	666. 06	830. 55	17. 80
华中	20. 59	34. 15	58. 19	140. 72	263. 29	367. 16	21. 18
华南	28. 15	55. 19	75. 92	154. 99	228. 66	318. 89	17. 56
西南	21. 81	37. 56	63. 04	153. 10	249. 40	313. 76	19. 45
西北	10. 08	14. 71	24. 87	93. 89	129. 75	151. 33	19. 79
合计	229. 43	415. 78	605. 5	1369. 45	1936. 67	2480. 23	17. 20

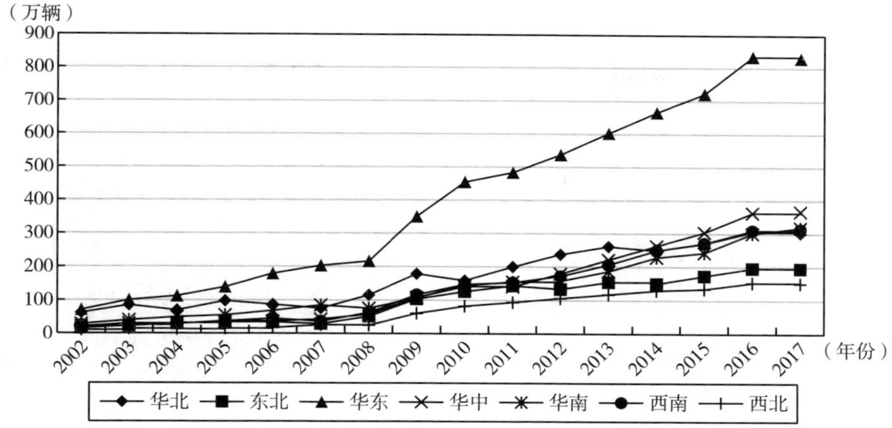

图 3－26 2002～2017 年我国主要区域载客汽车消费变化情况

资料来源：国家数据中心，http：//data. stats. gov. cn/.

从 2017 年、2002 年我国重点区域的载客汽车消费规模和市场份额来看，2017 年载客汽车消费规模最大的是华东地区 830. 55 万辆，在全国载客汽车消费的市场份额占比达 33%，载客汽车消费市场份额从大到小的地区依次为华中（15%）、华南（13%）、西南（13%）、华北（12%）、东北（8%）、西北（6%）；2002 年载客汽车消费市场份额从大到小的地区依次为华东（31%）、华北（27%）、华南（12%）、西南（10%）、华中（9%）、东北（7%）、西北（4%）。载客汽车消费市场份额及其排名变化最为明显的是，华北地区 2002 年排名第 2（市场份额 27%），下降到 2017 年排名第 5（市场份额 12%）；华中地区 2002 年排名第 5（市场份额 9%），到 2017 年排名第 2（市场份额 15%）；其他地区载客汽车消费排名没有明显变化，市场份额仅有小幅波动（见图 3－27）。

从客车消费的“绝对主力”——小型客车来看，2002～2017 年各地区小型客车在客车消费中的占比明显提高。2002 年，各地区小型客车在客车消费中的占比为 50%～70%，其中占比最高的是华南地区（75. 24%）和华北地区（71. 24%），占比最低的是华中地区（52. 89%）和西南地区（57. 73%）；2017 年，各地区小型客车在客车消费中的占比均超过 98%，其中占比最高的是西南地区（99. 18%）（见表 3－16）。

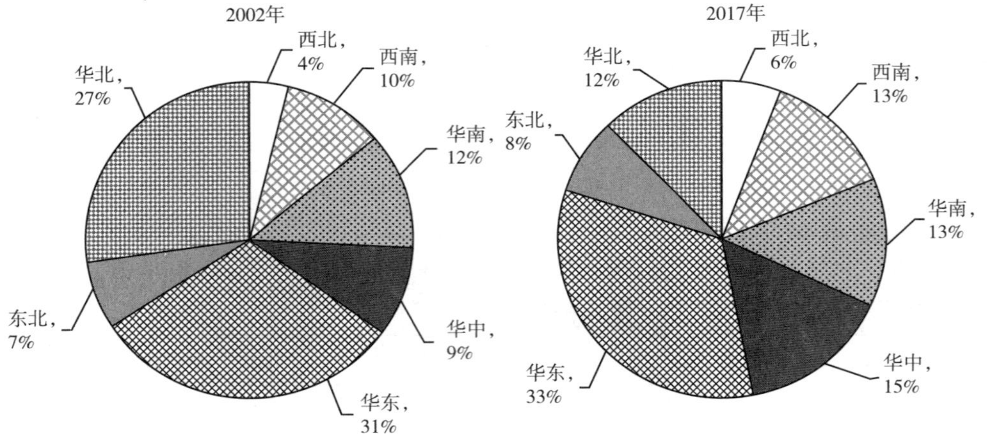

图 3－27　2002 年和 2017 年我国主要区域的汽车消费市场份额对比

资料来源：国家数据中心，http：//data. stats. gov. cn/.

表 3－16　2002 年、2017 年我国七大地区小客车消费及占比变化情况 单位：万辆，%

区域	2002 年	占比	2017 年	占比
华北	44. 19	71. 24	298. 91	98. 74
东北	9. 46	60. 60	193. 29	98. 71
华东	44. 74	62. 87	820. 75	98. 82
华中	10. 89	52. 89	362. 55	98. 74
华南	21. 18	75. 24	314. 42	98. 60
西南	12. 59	57. 73	311. 19	99. 18
西北	6. 08	60. 32	149. 61	98. 86

资料来源：国家数据中心，http：//data. stats. gov. cn/.

2. 华北地区

从 2002～2017 年我国华北地区的主要省市载客汽车消费变化情况来看，4 个省市载客汽车消费都有不同程度的增长，华北地区的载客汽车年均增速为 11. 15%，高于该地区汽车整体消费增速（9. 42%），其中，载客汽车消费年均增速最快的是山西，年均增速达 17. 69%，其次为河北（12. 14%）、天津（11. 89%）、北京（6. 04%）；载客汽车消费绝对数量增长最大的是河北，从 2002 年的 28. 41 万辆增长到 2017 年的 158. 41 万辆，增长了 130 万辆，载客汽车消费绝对数量增长最小的是天津，仅增长了20.33万辆。另外，北京为缓解城市交通拥堵问题，于2011年开始控制新增载客汽车上牌数量，致使北京载客汽车消费从2010年的83.29万辆"腰斩"至2011年的36.51万辆，随后维持缓慢增长速度；天津载客汽车消费在2013年达到峰值38.63万辆，在2014年大幅跌落至18.81万辆，随后也维持较为缓慢的增长态势；河北载客汽车消费在2007年、2010年出现两个明显的消费"低谷"，但总体上保持着较高的上升增长态势（见表3－17和图3－28）。

表3－17　2002～2017年我国华北地区各省市载客汽车消费　单位：万辆，%

地区	2002年	2005年	2008年	2011年	2014年	2017年	增速
北京	23.55	32.52	43.27	36.51	46.06	56.72	6.04
天津	4.63	10.93	16.48	29.72	18.81	24.96	11.89
河北	28.41	39.91	30.39	90.62	132.49	158.41	12.14
山西	5.44	14.49	25.23	43.16	52.09	62.63	17.69
合计	62.03	97.85	115.37	200.01	249.45	302.72	11.15

资料来源：国家数据中心，http：//data.stats.gov.cn/.

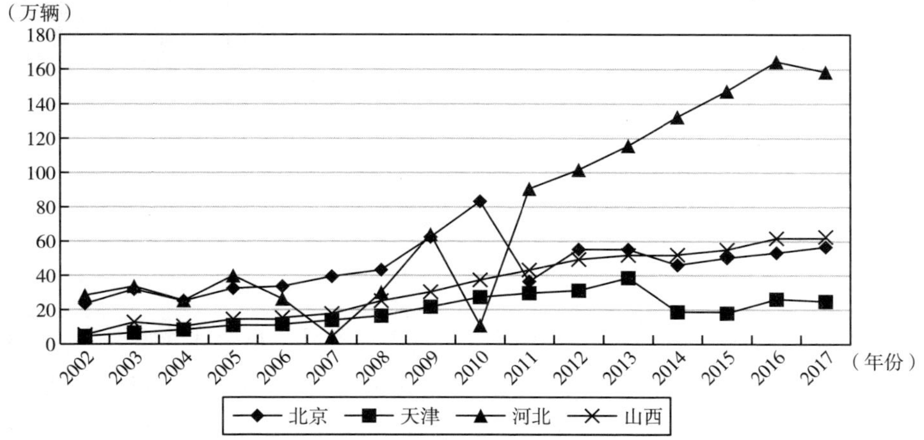

图3－28　2002～2017年我国华北地区各省市载客汽车消费情况

资料来源：国家数据中心，http：//data.stats.gov.cn/.

从2017年、2002年华北地区各省市的载客汽车消费规模和市场份额来看，2017年载客汽车消费规模最大的是河北158.41万辆，在华北地区载客汽车消费的市场份额占据“半壁江山”，占比高达52%，其次为山西62.63万辆（21%）、北京56.72万辆（19%）、天津24.96万辆（8%）；而对比来看，2002年载客汽车消费规模从大到小依次为河北28.41万辆（46%）、北京23.55万辆（38%）、山西5.44万辆（9%）、天津4.63万辆（7%）。载客汽车消费市场份额及其排名变化最为明显的是，北京2002年排名第2（市场份额38%），到2017年市场份额萎缩一半，占比为19%，排名下降至第3；山西2002年排名第3（市场份额9%），到2017年市场份额翻了一倍，占比达21%，排名上升至第2；河北市场份额略有上升，天津市场份额略有上升，但两个省市的载客汽车消费排名没有变化（见图3－29）。

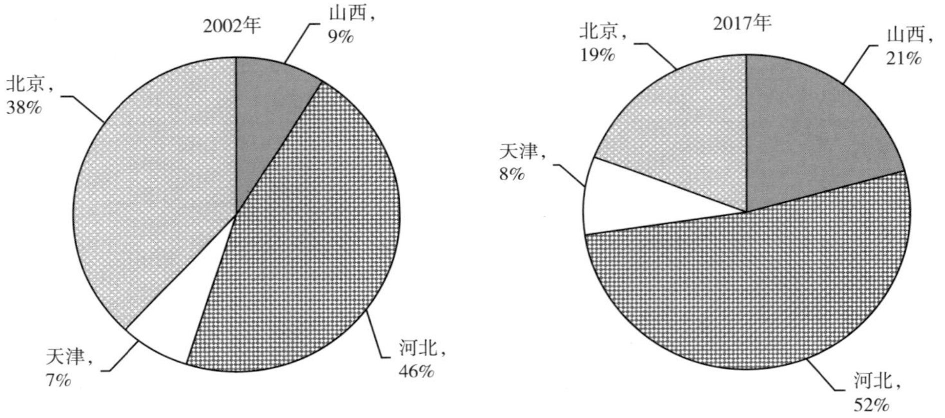

图3－29　2002年和2017年我国华北地区各省市载客汽车消费市场份额对比

资料来源：国家数据中心，http：//data. stats. gov. cn/.

3. 东北地区

从2002～2017年我国东北地区的主要省区载客汽车消费变化情况来看，4个省区的载客汽车消费都保持了高速的增长，东北地区的载客汽车年均增速为18.37%，高于该地区汽车整体消费增速（16.04%），其中，载客汽车消费年均增速最快的是内蒙古，年均增速达21.65%，其次为黑龙江（19.73%）、吉林（17.26%）、辽宁（16.57%）；载客汽车消费绝对数量增长最大的是辽宁，从2002年的6.57万辆增长到2017年的65.5万辆，增长了58.93万辆，载客汽车消费绝对数量增长最小的是吉林，增长了35.62万辆。总体来说，东北地区4个省区的载客汽车消费表现为“基数小、增速快”，2002 年 4 个省区的载客汽车消费规模均小于 7 万辆，尽管 2002 ~ 2017 年年均增速均大于 16%，尤其是 2008 年后，东北地区各省区载客汽车消费均实现快速增长；东北地区 4 个省区的载客汽车消费表现为“基数越小、增速越快”，2002 年 4 个省区的载客汽车消费规模由小到大依次为内蒙古、黑龙江、吉林、辽宁，2002 ~ 2017 年年均增速均由大到小依次为内蒙古、黑龙江、吉林、辽宁；但 2017 年，东北地区 4 个省区的消费规模均未达到 70 万辆大关（见表 3 - 18 和图 3 - 30）。

表 3 - 18　　2002 ~ 2017 年我国东北地区各省区载客汽车消费　　单位：万辆，%

地区	2002 年	2005 年	2008 年	2011 年	2014 年	2017 年	增速
内蒙古	2. 51	7. 85	16. 01	38. 33	36. 20	47. 48	21. 65
辽宁	6. 57	14. 06	14. 49	50. 25	44. 12	65. 50	16. 57
吉林	3. 60	7. 78	6. 97	25. 79	34. 38	39. 22	17. 26
黑龙江	2. 93	7. 26	14. 19	29. 12	35. 36	43. 62	19. 73
合计	15. 61	36. 95	51. 66	143. 49	150. 06	195. 82	18. 37

资料来源：国家数据中心，http：//data. stats. gov. cn/.

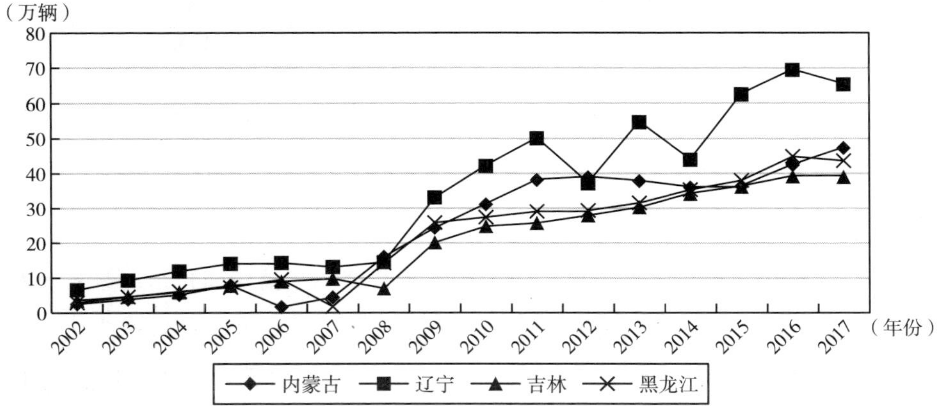

图 3 - 30　2002 ~ 2017 年我国东北地区各省区载客汽车消费情况

资料来源：国家数据中心，http：//data. stats. gov. cn/.

从 2017 年、2002 年东北地区各省区的载客汽车消费规模和市场份额来看，各省区份额比较均衡。2017 年载客汽车消费规模最大的是辽宁 65. 5 万辆，在东北地区载客汽车消费的市场份额占比为 34%，其次为内蒙古 47.48 万辆（24%）、黑龙江 43.62 万辆（22%）、吉林 39.22 万辆（20%）；而对比来看，2002 年载客汽车消费规模从大到小依次为辽宁 6.57 万辆（42%）、吉林 3.6 万辆（23%）、黑龙江 2.93 万辆（19%）、内蒙古 2.51 万辆（16%）。2002～2017 年，东北四省区的载客汽车消费市场份额没有明显变化，但是排名变化比较大，辽宁市场份额略有下降，但排名不变，保持第 1；吉林 2002 年排名第 2（市场份额 23%），到 2017 年市场份额略降（20%），但排名最后，下降至第 4；内蒙古 2002 年排名最后（市场份额 16%），到 2017 年份额（24%）明显上升，排名上升至第 2；黑龙江市场份额略有上升，排名维持不变（见图 3－31）。

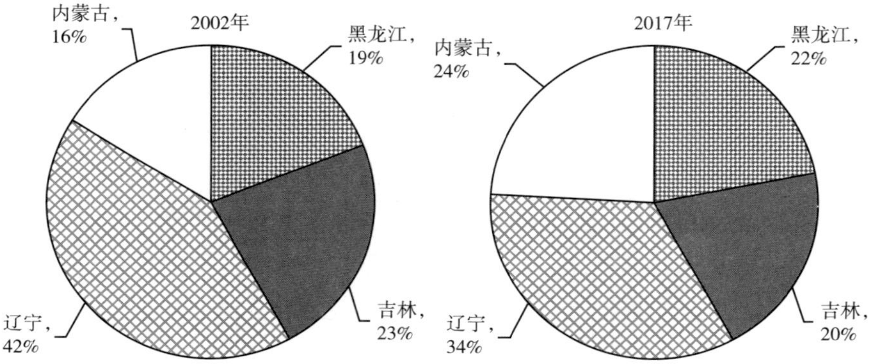

图 3－31　2002 年和 2017 年我国东北地区各省区载客汽车消费市场份额对比

资料来源：国家数据中心，http：//data. stats. gov. cn/.

4. 华东地区

从 2002～2017 年我国华东地区的主要省市载客汽车消费变化情况来看，7 个省市载客汽车消费均保持了高速增长，华东地区的载客汽车年均增速为 17.8%，高于该地区汽车整体消费增速（15.72%），其中，载客汽车消费年均增速最快的是安徽，年均增速高达 25.46%，16 年客车消费增长了 30 倍，排在第 2 位的江西年均增速也达到 23.31%，其次为江苏（19.45%）、福建（18.45%）、山东（16.9%）、浙江（15.23%）、上海（11.78%）；载客汽车消费绝对数量增长最大的是江苏，从 2002 年的 14.11 万辆增长到 2017 年的 202.83 万辆，增长了 188.72 万辆，载客汽车消费绝对数量增长最小的是上海，仅增长了 39.58 万辆。

为冲抵2008年全球金融危机对汽车消费的影响，我国出台了“汽车下乡”等系列振兴国内汽车行业政策，2009年华东地区载客汽车消费出现爆发式增长，2009年突破300万辆级大关，2012年突破500万辆级大关（见表3－19和图3－32）。

表3－19　2002～2017年我国华东地区各省市载客汽车消费　单位：万辆，%

地区	2002年	2005年	2008年	2011年	2014年	2017年	增速
上海	9.18	15.06	17.34	28.10	32.04	48.76	11.78
江苏	14.11	33.48	50.30	118.77	166.60	202.83	19.45
浙江	18.30	33.43	46.44	111.34	131.94	153.41	15.23
安徽	3.50	7.40	16.06	40.77	64.61	105.10	25.46
福建	5.22	9.92	17.42	35.98	52.71	66.20	18.45
江西	2.92	5.25	10.01	26.89	42.26	67.70	23.31
山东	17.93	34.83	58.88	121.40	175.90	186.55	16.90
合计	71.16	139.37	216.45	483.25	666.06	830.55	17.80

资料来源：国家数据中心，http：//data.stats.gov.cn/.

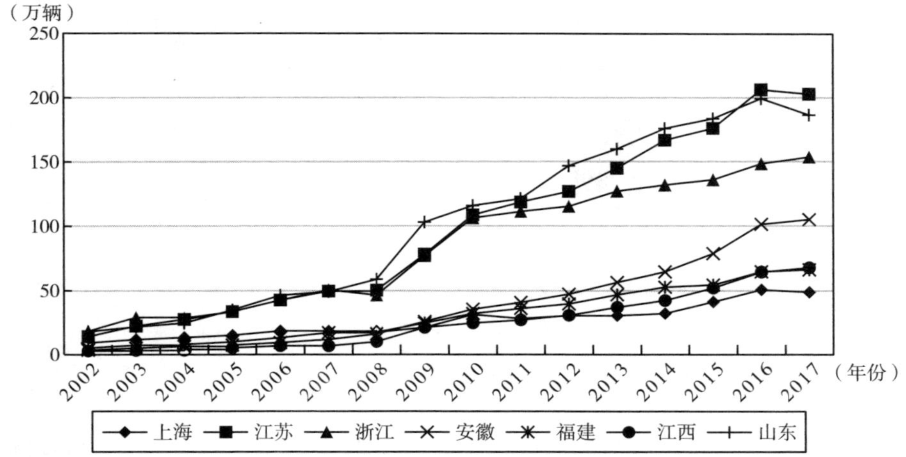

图3－32　2002～2017年我国华东地区各省市载客汽车消费情况

资料来源：国家数据中心，http：//data.stats.gov.cn/.

从2017年、2002年华东地区各省市的载客汽车消费规模和市场份额来看，2017年载客汽车消费规模最大的是江苏202.83万辆，在华东地区载客汽车消费的市场份额占比高达24%，其次为山东186.55万辆（22%）、浙江153.41万辆

（19%）、安徽 105.1 万辆（13%）、江西 67.7 万辆（8%）、福建 66.2 万辆（8%）、上海 48.76 万辆（6%）；而对比来看，2002 年载客汽车消费规模从大到小依次为浙江 18.3 万辆（26%）、山东 17.93 万辆（25%）、江苏 14.11 万辆（20%）、上海 9.18 万辆（13%）、福建 5.22 万辆（7%）、安徽 3.5 万辆（5%）、江西 2.92 万辆（4%）。载客汽车消费市场份额及其排名变化明显的是，浙江 2002 年排名第 1（市场份额 26%），到 2017 年排名下降至第 3（市场份额 19%）；上海 2002 年排名第 4（市场份额 13%），到 2017 年排名下降至末位第 7（市场份额 6%）；安徽 2002 年排名第 6（市场份额 5%），到 2017 年排名上升至第 4（市场份额 13%）；江苏 2002 年排名第 3（市场份额 20%），到 2017 年排名上升至第 1（市场份额 24%）；山东、江西、福建等 3 个省份的载客汽车消费排名没有明显变化（见图 3－33）。

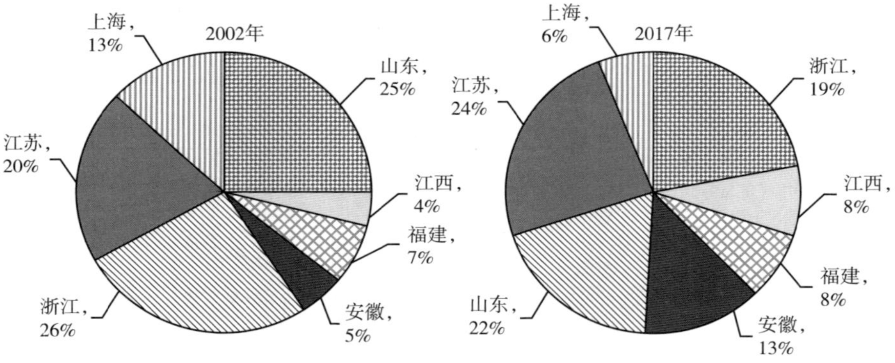

图 3－33　2002 年和 2017 年我国华东地区各省市载客汽车消费市场份额对比

资料来源：国家数据中心，http：//data. stats. gov. cn/.

5. 华中地区

从 2002～2017 年我国华中地区的主要省份载客汽车消费变化情况来看，华中三省载客汽车消费均实现了超高速增长，3 个省份年均增速均大于 20%，且华中三省之间增速的差距很小，华中地区的载客汽车年均增速为 21.18%，高于该地区汽车整体消费增速（18.78%），其中，载客汽车消费年均增速最快的是湖南，年均增速达 22.21%，其次为湖北（21.86%）、河南（20.31%）；载客汽车消费绝对数量增长最大的是河南，从 2002 年的 10.79 万辆增长到 2017 年的

172.88 万辆，增长了 162.09 万辆，湖南、湖北载客汽车消费绝对数量增长均为 90 万辆左右。总体来看，华中地区各省份的载客汽车消费均保持了极为良好的增长态势，2009 年华中三省载客汽车消费突破 100 万辆级大关，2013 年突破 200 万辆级大关，到 2015 年突破 300 万辆级大关（见表 3－20 和图 3－34）。

表 3－20　2002～2017 年我国华中地区各省份载客汽车消费　单位：万辆

地区	2002 年	2005 年	2008 年	2011 年	2014 年	2017 年	增速（%）
河南	10.79	18.92	30.82	66.88	128.08	172.88	20.31
湖北	4.89	8.53	16.02	32.31	68.41	94.85	21.86
湖南	4.91	6.7	11.35	41.53	66.8	99.43	22.21
合计	20.59	34.15	58.19	140.72	263.29	367.16	21.18

资料来源：国家数据中心，http：//data.stats.gov.cn/.

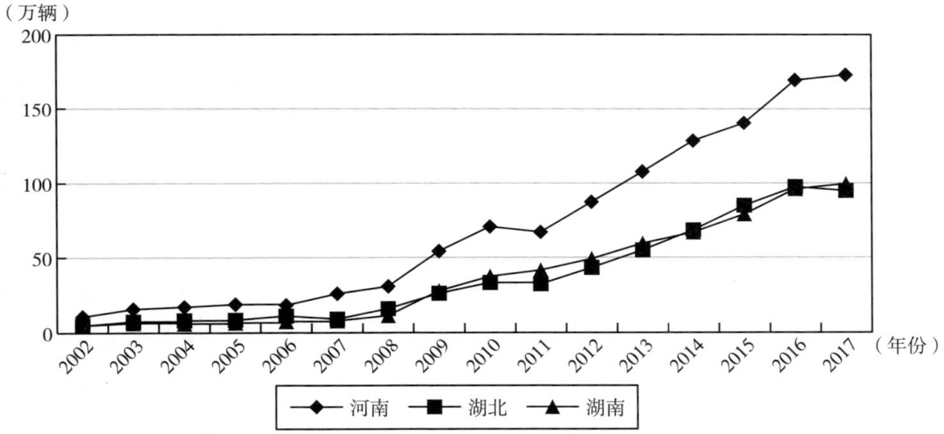

图 3－34　2002～2017 年我国华中地区各省份载客汽车消费情况

资料来源：国家数据中心，http：//data.stats.gov.cn/.

从 2017 年、2002 年华中三省的载客汽车消费规模和市场份额来看，2017 年载客汽车消费规模最大的是河南 172.88 万辆，在华中地区载客汽车消费的市场份额占据半壁江山，占比高达 47%，其次为湖南 99.43 万辆（27%）、湖北 94.85 万辆（26%）；而对比来看，2002 年载客汽车消费规模从大到小依次为河南 10.79 万辆（52%），湖南、湖北两个省的市场份额几乎相当，均为 24%。华中三省载客汽车消费排名没有明显变化，只是河南市场份额略有下降，湖南、湖北的市场份额略有上升（见图3-35）。

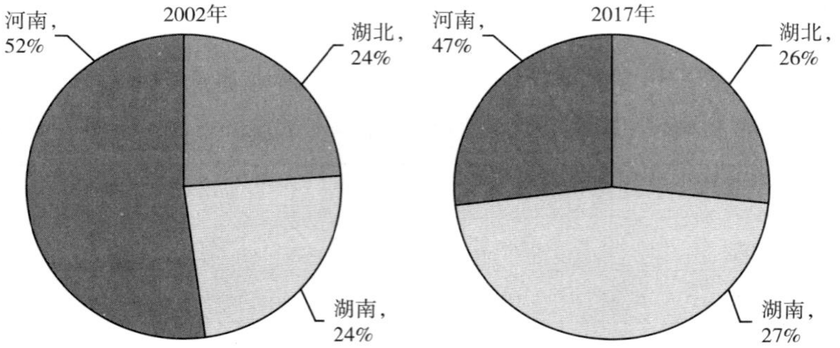

图3-35　2002年和2017年我国华中地区各省份载客汽车消费市场份额对比

资料来源：国家数据中心，http：//data. stats. gov. cn/.

6. 华南地区

从2002~2017年我国华南地区的主要省区载客汽车消费变化情况来看，华南三省区载客汽车消费均实现了高速增长，3个省区年均增速均大于16%，华南地区的载客汽车年均增速为17.56%，高于该地区汽车整体消费增速（15.78%），其中，载客汽车消费年均增速最快的是广西，年均增速高达22.63%，其次为海南（21.13%）、广东（16.47%）；载客汽车消费绝对数量增长最大的是广东，从2002年的24.22万辆增长到2017年的238.47万辆，增长了214.25万辆，载客汽车消费绝对数量增长最小的是海南，仅增长了15.89万辆。总体来说，华南三省区载客汽车消费市场表现出一定的“基数小、增速超快；规模大、速度快”，如广西2002年载客汽车消费规模仅为2.98万辆，16年后到2017年翻了21倍左右；海南2002年载客汽车消费规模仅为0.95万辆，16年后到2017年翻了18倍左右；广东2002年载客汽车消费规模达到24.22万辆，16年后到2017年翻了10倍左右（见表3-21和图3-36）。

从2017年、2002年华南地区各省区的载客汽车消费规模和市场份额来看，2017年载客汽车消费规模最大的是广东238.47万辆，在华南地区载客汽车消费的市场份额占比高达75%，其次为广西63.58万辆（20%）、海南16.84万辆（5%）；而对比来看，2002年载客汽车消费规模从大到小依次为广东24.22万辆

表 3-21　　2002~2017 年我国华南地区各省区载客汽车消费　　单位：万辆

地区	2002 年	2005 年	2008 年	2011 年	2014 年	2017 年	增速（%）
广东	24.22	46.46	68.09	120.05	176.82	238.47	16.47
广西	2.98	7.08	4.36	28	41.61	63.58	22.63
海南	0.95	1.65	3.47	6.94	10.23	16.84	21.13
合计	28.15	55.19	75.92	154.99	228.66	318.89	17.56

资料来源：国家数据中心，http：//data. stats. gov. cn/.

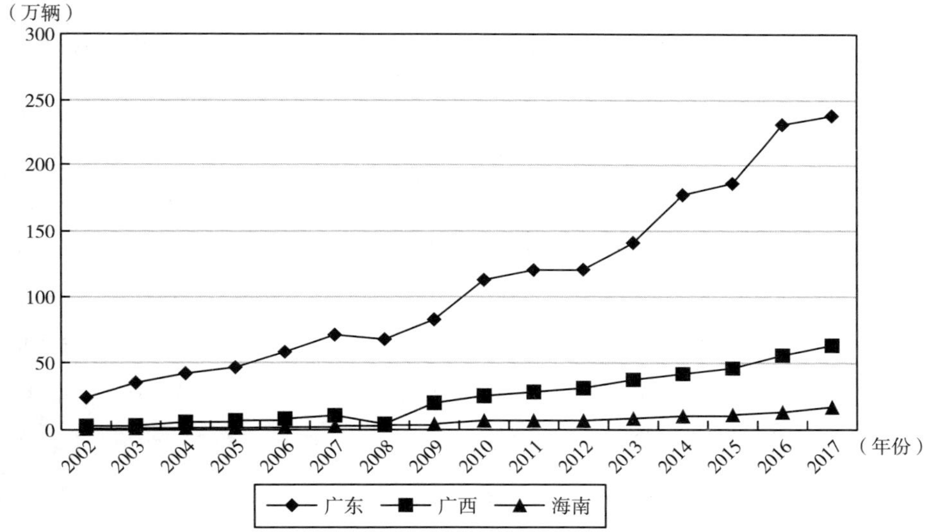

图 3-36　2002~2017 年我国华南地区各省区载客汽车消费情况

资料来源：国家数据中心，http：//data. stats. gov. cn/.

（86%）、广西 2.98 万辆（11%）、海南 0.95 万辆（3%）。2002~2017 年华南地区各省区的载客汽车消费排名没有变化，仅仅市场份额有所变化，其中广东市场份额略有下降，但仍然是华南地区载客汽车消费的“绝对主力”，广西、海南的市场份额均有所上升（见图 3-37）。

7. 西南地区

从 2002~2017 年我国西南地区的主要省区市载客汽车消费变化情况来看，5 个省区市载客汽车消费均实现了高速增长，5 省区市年均增速均大于 15%，西南地区的载客汽车年均增速为 19.45%，高于该地区汽车整体消费增速（17.24%），

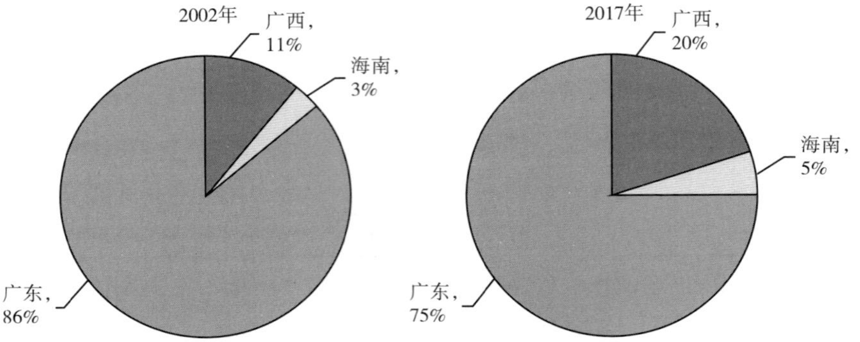

图 3－37　2002 年和 2017 年我国华南地区各省区载客汽车消费市场份额对比

资料来源：国家数据中心，http：//data. stats. gov. cn/.

其中，载客汽车消费年均增速最快的是贵州，实现超高速增长，年均增速达 28. 45%，其次为重庆（21. 27%）、四川（17. 67%）、云南（17. 54%）、西藏（15. 26%）；四川是载客汽车消费绝对数量增长最大的省，从 2002 年的 10. 91 万辆增长到 2017 年的 125. 31 万辆，增长了 114. 4 万辆，然而在 2007 年载客汽车消费曾出现"断头式"的萎缩（从 2006 年的 20. 38 万辆到 2007 年的 3. 99 万辆），载客汽车消费绝对数量增长最小的是西藏，仅增长了 3. 04 万辆。总体来说，西南五省区市的载客汽车消费表现出一定的"基数相差较大，增速表现不一"，如贵州 2002 年载客汽车消费规模为 1. 53 万辆，但增速最快（28. 45%），经过 16 年后到 2017 年翻了 43 倍左右；西藏 2002 年载客汽车消费规模最小仅为 0. 41 万辆，且增速也最慢（15. 26%），经过 16 年后到 2017 年仅翻了 8 倍左右；四川 2002 年载客汽车消费规模为西南地区最大（10. 91 万辆），但增速居中（17. 67%），经过 16 年后到 2017 年翻了 11 倍左右（见表 3－22 和图 3－38）。

从 2017 年、2002 年西南地区各省区市的载客汽车消费规模和市场份额来看，2017 年载客汽车消费规模最大的是四川 125. 31 万辆，在西南地区的市场份额达四成，占比为 40%，其次为云南 70. 37 万辆（22%）、贵州 65. 4 万辆（21%）、重庆 49. 23 万辆（16%）、西藏 3. 45 万辆（1%）；而对比来看，2002 年载客汽车消费规模从大到小依次为四川 10. 91 万辆（50%）、云南 6. 23 万辆（29%）、重庆 2. 73 万辆（12%）、贵州 1. 53 万辆（7%）、西藏 0. 41 万辆（2%）。载客

表 3-22　2002~2017 年我国西南地区各省区市载客汽车消费　单位：万辆

地区	2002 年	2005 年	2008 年	2011 年	2014 年	2017 年	增速（%）
重庆	2.73	5.58	10.13	25.01	48.1	49.23	21.27
四川	10.91	15.6	26.18	66.51	103.28	125.31	17.67
贵州	1.53	5.11	9.06	21.58	39.26	65.4	28.45
云南	6.23	10.38	16.64	38.68	55.83	70.37	17.54
西藏	0.41	0.89	1.03	1.32	2.93	3.45	15.26
合计	21.81	37.56	63.04	153.1	249.4	313.76	19.45

资料来源：国家数据中心，http://data.stats.gov.cn/.

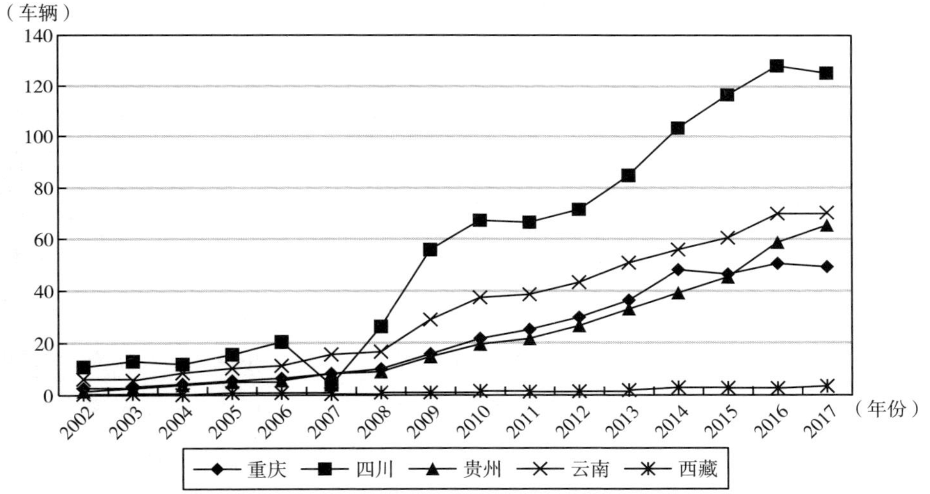

图 3-38　2002~2017 年我国西南地区各省区市载客汽车消费情况

资料来源：国家数据中心，http://data.stats.gov.cn/.

汽车消费市场份额排名略微有所变化，第 3、第 4 名的重庆与贵州互换了位次；市场份额变化最为明显的是，贵州从 2002 年市场份额 7% 增长到 2017 年 21%，四川从 2002 年的 50% 下降至 40%；云南、西藏两省区的载客汽车消费市场份额及其排名没有明显变化（见图 3-39）。

8. 西北地区

从 2002~2017 年我国西北地区的主要省区载客汽车消费变化情况来看，西北五省区载客汽车消费均实现了高速增长，5 个省区的年均增速均大于 17%，西北地区的载客汽车年均增速为 19.79%，高于该地区汽车整体消费增速

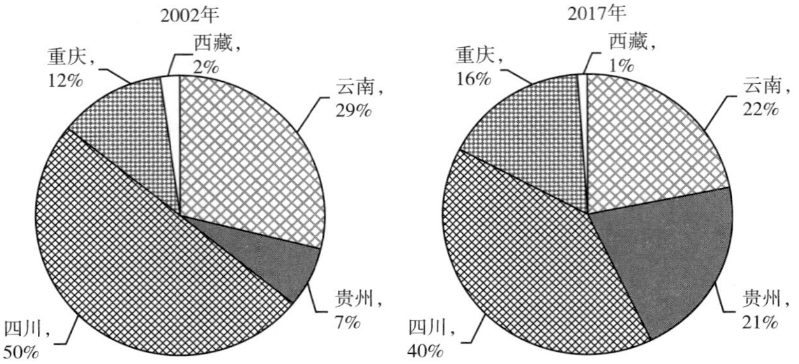

图 3－39　2002 年和 2017 年我国西南地区各省区市载客汽车消费市场份额对比

资料来源：国家数据中心，http：//data. stats. gov. cn/.

（17.46%），其中，载客汽车消费年均增速最快的是甘肃，年均增速高达 21.26%，其次为宁夏（20.92%）、陕西（20.54%）、新疆（17.78%）、青海（17.78%）；载客汽车消费绝对数量增长最大的是陕西，从 2002 年的 3.99 万辆增长到 2017 年的 65.72 万辆，增长了 61.73 万辆，载客汽车消费绝对数量增长最小的是青海，仅增长了 9.36 万辆；而引人注意的是，新疆在 2007～2009 年载客汽车消费曾出现“过山车式”的下降和上升，从 2007 年的 7.02 万辆，急剧下降到 2008 年的 0.59 万辆，直线上升到 2009 年的 12.31 万辆。总体来说，西北五省区 2002 年载客汽车消费总规模仅为 10 万辆，西北地区各省区载客汽车消费表现出一定的“基数小，增速快”特征，到 2012 年西北五省区汽车消费总规模突破 100 万辆大关（见表 3－23 和图 3－40）。

表 3－23　2002～2017 年我国西北地区各省区载客汽车消费　单位：万辆

地区	2002 年	2005 年	2008 年	2011 年	2014 年	2017 年	增速（%）
陕西	3.99	5.44	16.51	42.03	57.18	65.72	20.54
甘肃	1.68	2.69	4.61	15.17	25.15	30.28	21.26
青海	0.88	0.49	0.18	6.52	9.51	10.24	17.78
宁夏	0.71	1.63	2.98	8.23	10.22	12.26	20.92
新疆	2.82	4.46	0.59	21.94	27.69	32.83	17.78
合计	10.08	14.71	24.87	93.89	129.75	151.33	19.79

资料来源：国家数据中心，http：//data. stats. gov. cn/.

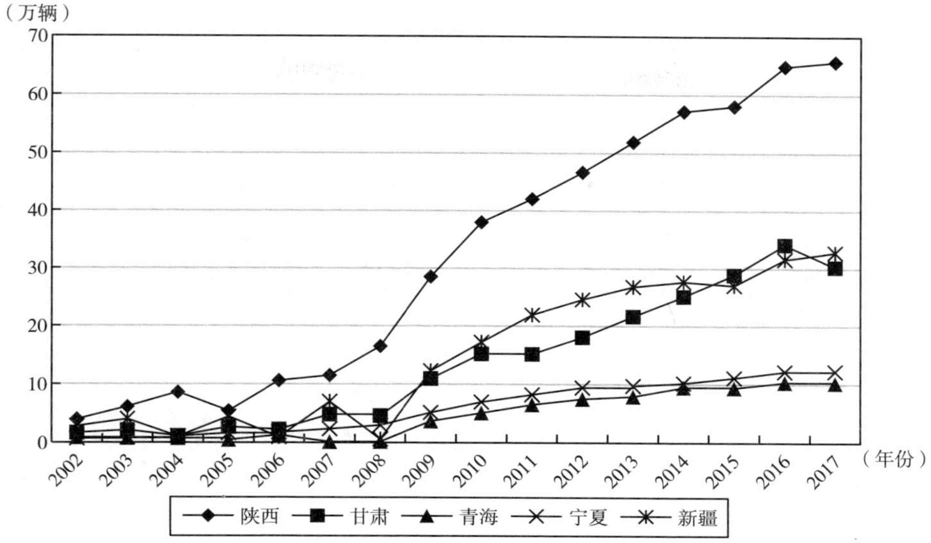

图 3－40　2002～2017 年我国西北地区各省区载客汽车消费情况

资料来源：国家数据中心，http：//data. stats. gov. cn/.

从 2017 年、2002 年西北地区各省区的载客汽车消费规模和市场份额来看，2017 年载客汽车消费规模最大的是陕西 65. 72 万辆，在西北地区载客汽车消费的市场份额超过四成，占比为 43%，其次为新疆 32. 83 万辆（22%）、甘肃 30. 28 万辆（20%）、宁夏 12. 26 万辆（8%）、青海 10. 24 万辆（7%）；而对比来看，2002 年载客汽车消费规模从大到小依次为陕西 3. 99 万辆（39%）、新疆 2. 82 万辆（28%）、甘肃 1. 68 万辆（17%）、青海 0. 88 万辆（9%）、宁夏 0. 71 万辆（7%）。综合来说，载客汽车消费市场份额排名略微有所变化，第 4、第 5 名的宁夏与青海互换了位次；市场份额变化最为明显的是，陕西、甘肃市场份额有所扩大，新疆市场份额略有下降（见图 3－41）。

（三）十大重点省市客车消费情况

从 2002 年、2017 年我国载客汽车消费最大的十个重点省市来看。2017 年，载客汽车消费规模大于 200 万辆的省份仅有 2 个，而这两个均是东南部沿海经济发达省份，客车消费排名前十的省份依次为华南地区的广东（238. 47 万辆）、华东地区的江苏（202. 83 万辆）与山东、华中地区的河南、华北的河北、华东的

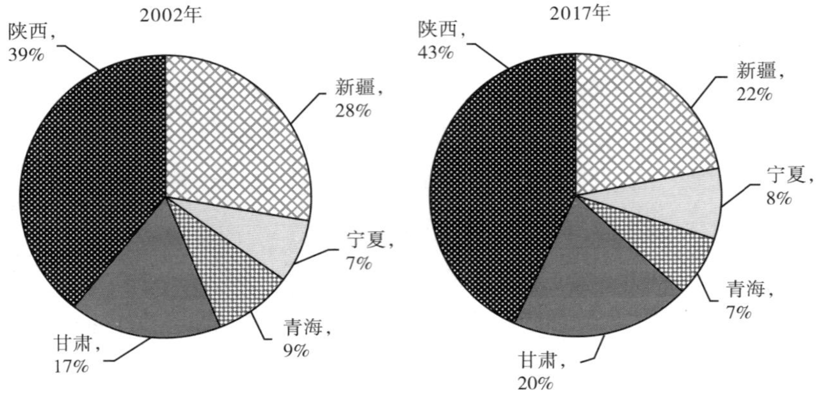

图 3-41　2002 年和 2017 年我国西北地区各省区载客汽车消费市场份额对比

资料来源：国家数据中心，http://data.stats.gov.cn/.

浙江、西南的四川、华东的安徽、华中的湖南与湖北，这 10 个省份 2002～2017 年客车消费的年均增速多数大于 15%（仅河北的年均增速为 12.14%）。2002 年，载客汽车消费规模排名前十的省市依次为河北、广东、北京、浙江、山东、江苏、四川、河南、上海和辽宁，经过 16 年的发展，北京、上海和辽宁等 3 个省市客车消费规模跌出前十的位置（见表 3-24）。

表 3-24　2002 年、2017 年我国汽车消费规模排名前十的省市　　单位：万辆

排名	地区	区域	2017 年	排名	地区	区域	2002 年
1	广东	华南	238.47	1	河北	华北	28.41
2	江苏	华东	202.83	2	广东	华南	24.22
3	山东	华东	186.55	3	北京	华北	23.55
4	河南	华中	172.88	4	浙江	华东	18.30
5	河北	华北	158.41	5	山东	华东	17.93
6	浙江	华东	153.41	6	江苏	华东	14.11
7	四川	西南	125.31	7	四川	西南	10.91
8	安徽	华东	105.10	8	河南	华中	10.79
9	湖南	华中	99.43	9	上海	华东	9.18
10	湖北	华中	94.85	10	辽宁	东北	6.57

资料来源：国家数据中心，http://data.stats.gov.cn/.

从2002～2017年我国重点省市的载客汽车消费增速来看，全部31个省区市客车消费增速均为正值，年均增速最大的是贵州（28.45%）；有13个省区市客车消费的年均增速超过20%，有27个省区市的客车消费年均增速超过15%，仅北京（6.04%）的客车消费年均增速低于10%；客车消费增速最快的10个省区市中，2002年客车消费规模均小于5万辆，且有8个位于中西部地区，在一定程度上说明中西部地区经济发展基础薄弱，汽车消费能力不强，但是市场空间巨大，汽车消费经历了高速发展过程。这表明我国各省区市客车消费具有明显的"基数小、超高速增长"的变化特点（见表3－25和图3－42）。

表3－25　2002～2017年我国载客汽车消费增速最快的十个省区市　单位：万辆

地区	经济区域	地理区划	2002年	2017年	增速（%）
贵州	西部	西南	1.53	65.4	28.45
安徽	中部	华东	3.5	105.1	25.46
江西	中部	华东	2.92	67.7	23.31
广西	西部	华南	2.98	63.58	22.63
湖南	中部	华中	4.91	99.43	22.21
湖北	中部	华中	4.89	94.85	21.86
内蒙古	东北	东北	2.51	47.48	21.65
重庆	西部	西南	2.73	49.23	21.27
甘肃	西部	西北	1.68	30.28	21.26
海南	东部	华南	0.95	16.84	21.13

资料来源：国家数据中心，http://data.stats.gov.cn/.

三、我国载货汽车消费区域特点及趋势

（一）货车总体消费概况

2002～2017年我国载货汽车消费总量从2002年的99.37万辆，增长到2008年的112.81万辆，货车消费规模没有明显变化；2009年为冲抵全球金融危机对汽车消费的影响，我国出台了"汽车下乡"等系列振兴国内汽车行业政策，相关政策取得了明显效果，2009年我国载货汽车消费出现爆发式增长，突破200万

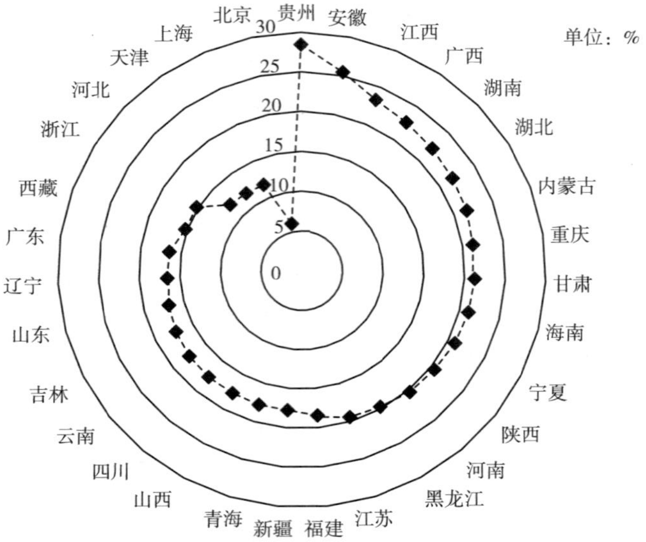

图 3-42　2002~2017 年我国各省区市载客汽车消费年均增速示意图

资料来源：国家数据中心，http：//data. stats. gov. cn/.

级大关，载货汽车消费总量达到 214.84 万辆，同比 2008 年增长 69.3%；随后政策效应逐渐减弱，货车消费规模呈现震荡上扬增长，到 2017 年载货汽车消费增长到 308.77 万辆。2002~2017 年我国载货汽车消费年均增长速度达 7.85%，明显小于同期汽车整体年均增速（15.16%）。

值得注意的是，只有重型货车（11.7%）和轻型货车（9.79%）的年均增速超过货车整体增速（7.85%）。而中型货车、微型货车消费均出现明显下降，微型货车消费从 2002 年的 8.43 万辆，逐步下降到 2017 年为 0.25 万辆，2002~2017 年年均增长速度为 -20.91%；中型货车消费从 2002 年的 22.06 万辆，随后经过两次波浪式下降，下降到 2017 年的 6.66 万辆，2002~2017 年年均增长速度为 -7.67%（见表 3-26 和图 3-43）。

从 2002~2017 年我国各类载货汽车消费结构来看，货车消费的两大“主力”分别是重型、轻型货车，轻型货车市场份额明显上升，从 2002 年的 51% 大幅提高到 2017 年的 66%；重型货车市场份额也有明显上升，从 2002 年的 19% 大幅提高到 2017 年的 32%；中型货车消费日渐势若，市场份额从 2002 年的 22% 大幅下降到 2017 年的 2%；轻型货车基本退出消费市场，市场份额几乎可忽略不计。

表 3－26　　2002～2017 年我国载货汽车消费变化情况一览表　　单位：万辆

年份	货车	重型货车	中型货车	轻型货车	微型货车
2002	99. 37	18. 63	22. 06	50. 20	8. 43
2003	107. 57	16. 83	25. 92	57. 60	7. 21
2004	102. 96	22. 84	19. 47	56. 41	4. 25
2005	102. 42	16. 31	17. 56	63. 95	4. 62
2006	92. 54	13. 91	14. 79	61. 70	2. 15
2007	91. 29	15. 44	15. 75	58. 75	1. 34
2008	112. 81	23. 02	18. 15	70. 37	1. 21
2009	214. 84	50. 05	24. 3	139. 12	1. 39
2010	263. 77	76. 96	23. 85	161. 48	1. 44
2011	244. 25	72. 68	17. 32	153. 54	0. 70
2012	238. 63	56. 01	14. 01	168. 19	0. 41
2013	269. 00	73. 92	13. 35	181. 42	0. 30
2014	254. 22	63. 08	10. 42	180. 54	0. 17
2015	204. 32	45. 50	7. 24	151. 38	0. 22
2016	250. 73	64. 97	7. 71	177. 96	0. 12
2017	308. 77	97. 99	6. 66	203. 81	0. 25
年均增速（%）	7. 85	11. 7	－7. 67	9. 79	－20. 91

资料来源：国家数据中心，http：//data. stats. gov. cn/.

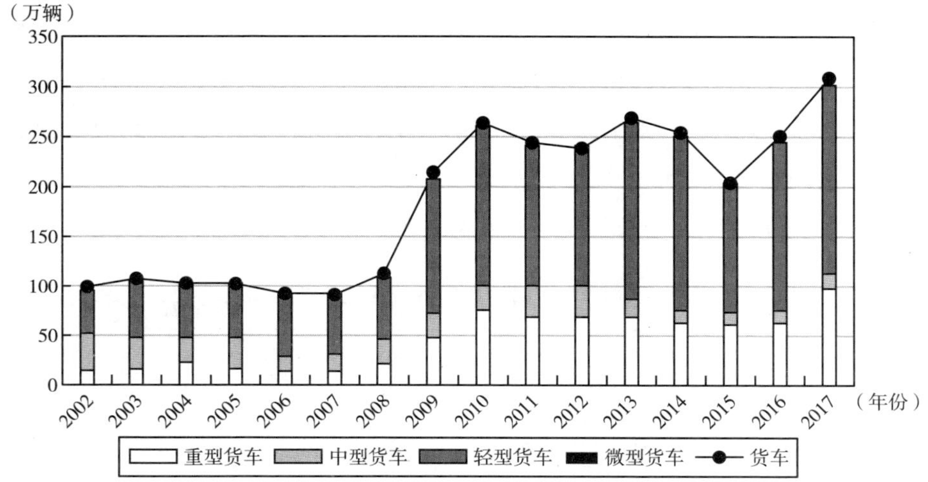

图 3－43　2002～2017 年我国各类货车消费的变化情况

资料来源：国家数据中心，http：//data. stats. gov. cn/.

这说明，随着互联网经济的日新月异、商贸流通方式的不断调整，承担远距离运输的重型货车需求量明显上升，承担短途运输和解决城市配送（“最后一公里”）的轻型货车消费消费量也有大幅上升（见图3-44）。

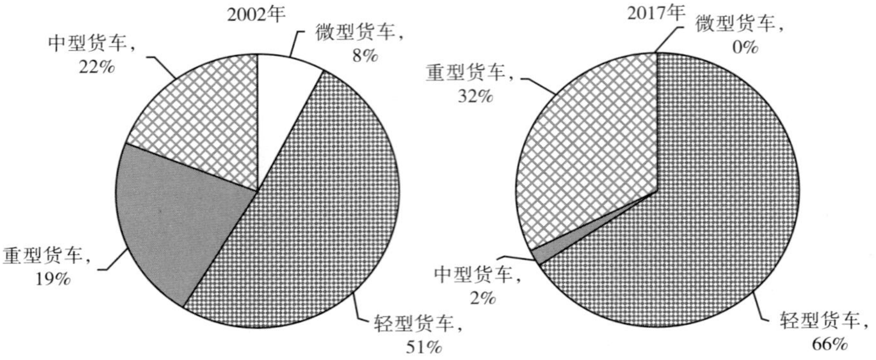

图3-44　2002年和2017年各类载货汽车消费占比变化情况

资料来源：国家数据中心，http：//data. stats. gov. cn/.

（二）七大重点区域货车消费分布格局

从2002~2017年我国重点区域的载货汽车消费变化情况来看，16年间大部分区域载货汽车销量均实现了一定速度的增长，仅有两个地区实现了两位数增长，其中，载货汽车消费年均增速最快的是西北地区，年均增速高达10.94%，从大到小依次为华中（10.01%）、西南（9.39%）、华南（8.61%）、东北（8.49%）、华东（8.13%）、华北（3.41%），货车消费年均增速最慢的华北地区保持低位增长；载货汽车消费绝对数量增长最大的是华东地区，从2002年的30.22万辆增长到2017年的97.57万辆，增长了67.35万辆（见表3-27和图3-45）。

表3-27　2002~2017年我国主要区域载货汽车消费情况　单位：万辆

区域	2002年	2005年	2008年	2011年	2014年	2017年	增速（%）
华北	25.32	22.60	16.84	34.49	36.13	41.87	3.41
东北	7.25	9.15	11.85	30.15	18.09	24.61	8.49
华东	30.22	27.85	32.34	69.96	81.46	97.57	8.13
华中	10.02	10.33	13.17	27.05	31.56	41.90	10.01

续表

区域	2002 年	2005 年	2008 年	2011 年	2014 年	2017 年	增速（%）
华南	10.57	12.38	11.11	25.27	31.17	36.5	8.61
西南	10.60	14.82	21.14	32.33	32.23	40.75	9.39
西北	5.39	5.29	6.36	25.00	23.58	25.57	10.94
合计	99.37	102.42	112.81	244.25	254.22	308.77	7.85

资料来源：国家数据中心，http：//data.stats.gov.cn/.

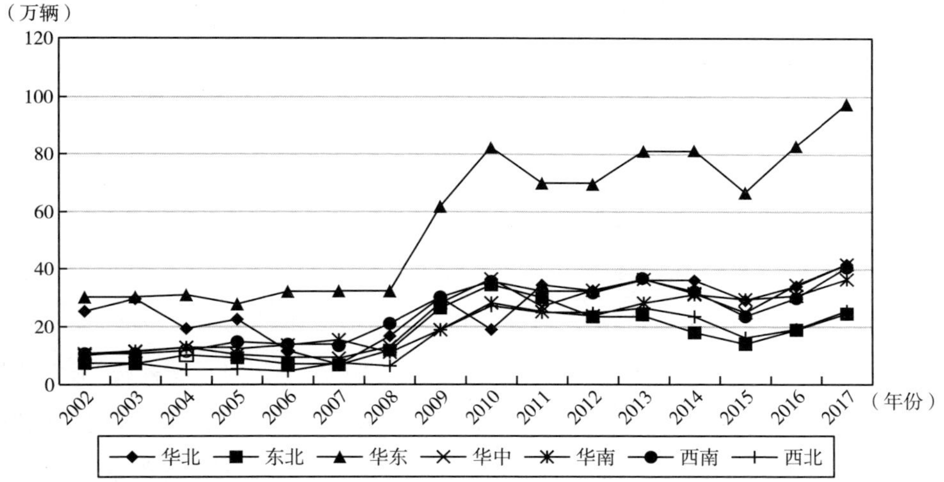

图 3－45　2002～2017 年我国主要区域载货汽车消费变化情况

资料来源：国家数据中心，http：//data.stats.gov.cn/.

从 2017 年、2002 年我国重点区域的载货汽车消费规模和市场份额来看，2017 年载货汽车消费规模最大的是华东地区 97.57 万辆，在全国载货汽车消费的市场份额占比达 32%，货车消费市场份额从大到小的地区依次为华中（14%）、华北（13%）、西南（13%）、华南（12%）、东北（8%）、西北（6%）；2002 年载货汽车消费市场份额从大到小的地区依次为华东（31%）、华北（27%）、华南（12%）、西南（10%）、华中（9%）、西北（8%）、东北（8%）。货车消费市场份额及其排名变化最为明显的是，华北地区 2002 年市场份额 26%，16 年后市场份额缩水一半，下降到 2017 年 13%，其他地区货车消费市场份额仅有小幅波动（见图 3－46）。

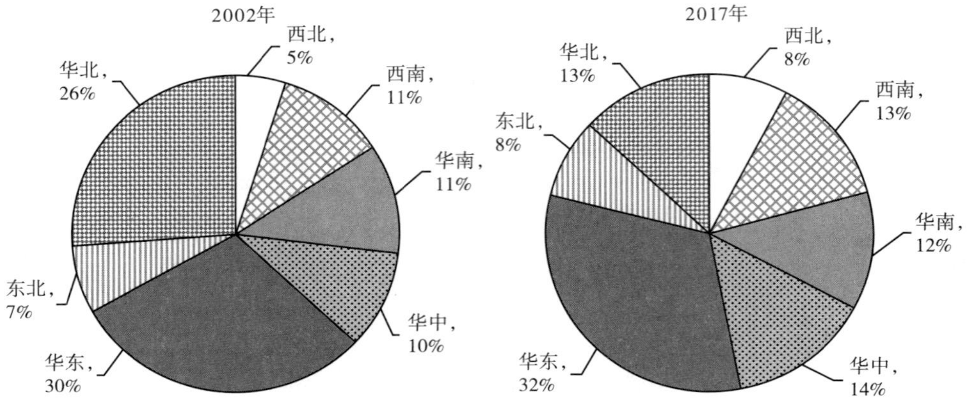

图 3－46　2002 年和 2017 年我国主要区域的汽车消费市场份额对比

资料来源：国家数据中心，http：//data. stats. gov. cn/.

（三）十大重点省份货车消费情况

从 2002 年、2017 年我国载货汽车消费市场最大的十个重点省份来看。2017 年，载货汽车消费规模大于 20 万辆的省份仅有 4 个，排名前十的省份货车消费规模均大于 10 万辆，从大到小依次为华东地区的山东（27. 47 万辆），华南地区的广东（26. 11 万辆），华北的河北，华中的河南，华东的浙江，安徽与江苏，西南的四川，华中的湖北，西南的云南。2002 年，排名前十的省份货车消费规模差距较大，排名第 1 的河北是排名第 10 的安徽的 7 倍，前十名省份（除华北地区的河北省以外）货车消费规模均小于 10 万辆，货车消费规模排名前十的省份依次为河北（18. 92 万辆）、广东、浙江、山东、河南、江苏、山西、四川、福建和安徽。经过 16 年的发展，山西和福建两个省的货车消费规模跌出前十的位置（见表 3－28）。

从 2002～2017 年我国重点省区市的载货汽车消费增速来看，全部 31 个省区市货车消费增速均为正值，年均增速最大的是贵州（13. 72%），年均增速最小的是河北（1. 04%）；有 13 个省区市货车消费的年均增速超过 10%，有 3 个省份的货车消费年均增速低于 5%；货车消费增速最快的 10 个省区中，2002 年货车消费规模均小于 3 万辆，且有 8 个位于中西部地区，在一定程度上说明中西部地区经济发展基础薄弱，汽车消费能力不强，但是市场空间巨大，汽车消费经历了

表 3-28　2002 年和 2017 年我国汽车消费规模排名前十的省份　单位：万辆

排名	地区	区域	2017 年	排名	地区	区域	2002 年
1	山东	华东	27.47	1	河北	华北	18.92
2	广东	华南	26.11	2	广东	华南	8.90
3	河北	华北	22.08	3	浙江	华东	8.48
4	河南	华中	21.12	4	山东	华东	7.36
5	浙江	华东	16.16	5	河南	华中	4.96
6	安徽	华东	15.44	6	江苏	华东	4.67
7	江苏	华东	14.69	7	山西	华北	3.66
8	四川	西南	13.48	8	四川	西南	3.49
9	湖北	华中	11.83	9	福建	华东	2.95
10	云南	西南	11.72	10	安徽	华东	2.87

资料来源：国家数据中心，http：//data. stats. gov. cn/.

高速发展过程；货车消费增速最慢的河北和浙江，2002 年货车消费规模均分别为 18.92 万辆和 8.48 万辆，且均位于东部地区。这表明我国各省区市货车消费具有较为明显的“基数小、高速增长，基数大、低速增长”的变化特点（见表 3-29）。

表 3-29　2002～2017 年我国载货汽车消费增速最快的十个省区　单位：万辆

地区	经济区域	地理区划	2002 年	2017 年	增速（%）
宁夏	西部	西北	0.51	3.51	13.72
广西	西部	华南	1.19	8.07	13.61
陕西	西部	西北	1.25	8.23	13.39
西藏	西部	西南	0.3	1.75	12.48
云南	西部	西南	2.12	11.72	12.07
安徽	中部	华东	2.87	15.44	11.87
江西	中部	华东	2.02	10.09	11.32
海南	东部	华南	0.48	2.32	11.08
吉林	东北	东北	0.98	4.67	10.97
湖北	中部	华中	2.57	11.83	10.71

资料来源：国家数据中心，http：//data. stats. gov. cn/.

第三节

我国汽车销量影响因素实证分析：基于面板数据分位数回归

随着我国连续10年成为全球最大汽车市场，汽车制造业已经发展成为我国工业产值规模第3、利润规模第1的重要制造业，到2018年我国汽车产销规模突破2800万辆，然而受宏观经济下滑、股市不景气、限行限购政策出台及市场逐渐饱和等因素影响，我国新车消费市场出现了自1990年以来的首次下滑，我国汽车市场出现了较为明显的新趋势，低速及负增长将成为我国汽车市场的主要趋势。鉴于汽车产业对国民经济发展的重要性，为扭转汽车消费市场的下滑态势并促进其繁荣发展，国家发改委等10部委于2019年1月29日出台了《进一步优化供给推动消费平稳增长促进形成强大国内市场的实施方案（2019年）》，这一方案的主要目标就是瞄准汽车消费市场。因此，针对我国汽车消费市场的新形势，分析影响我国汽车销量的影响因素，对繁荣我国汽车消费市场并促进我国汽车产业转型升级具有重要意义。

一、变量选取与数据说明

选取我国2002～2017年31个省区市的面板数据，重点分析居民消费水平、汽车使用成本对汽车销量的影响。相关统计数据均来源于历年《中国统计年鉴》及各省区市统计公报。

（1）被解释变量。汽车销量（Cars），为新注册民用小型载客汽车数量。选择这个指标反映我国汽车销量是因为小型载客汽车主要就是民用私家车，这类汽车销量占我国全部汽车销量的比重接近90%，能反映我国汽车消费的主要特点与趋势。此外，汽车厂商公布的汽车销量数据还包括并未出售的部分库存车，不能反映最终的汽车销量情况。

（2）核心解释变量。包括居民消费水平和汽车使用成本指数。其中，居民消费水平用统计年鉴“国民经济核算”中的居民消费水平表示，预期将对汽车消费形成正向效应。汽车使用成本指数，根据历年的车用燃料及零配件类居民消费价格指数、车辆使用及维修费类居民消费价格指数之和进行合成，以2002年基数年并根据历年指数进行计算，这一合成变量用以反映汽车使用成本的增长，预期将对汽车消费形成负向效应。

（3）控制变量。为尽量使面板数据分位数回归模型取得更好的拟合效果，参照田晟（2009）、马丽平（2014）等人的研究，选择城镇化水平、汽车产量、公路里程等作为控制变量。其中，城镇化水平用各省区市的城镇化率表示，即城市人口占总人口比重；汽车产量用历年各省区市汽车产量表示；公路里程用各省区市的年末通车公路长度表示，反映汽车消费的配套设施因素。各变量及统计描述见表3-30。

表3-30　变量说明及统计描述

变量	定义	单位	均值	标准差	最小值	最大值
Cars	新注册乘用车	万辆	36.55	42.48	0.12	235.08
Cons	居民消费水平	千元	11.68	8.67	2.30	53.62
CostIn	汽车使用成本指数	—	272.94	47.41	185.8	430.2
Urban	城镇化水平	%	50.21	15.11	19.89	89.61
CarPro	汽车产量	千辆	486.42	656.26	0.00	3182.1
Road	公路里程	千公里	115.38	72.72	6.3	330

二、模型构建

面板数据分位数回归是对面板数据模型采用分位数回归的方法进行参数估计，能够更好地分析被解释变量在不同分位数上与各种解释变量之间关系及变化特点。根据本章研究对象及变量构建以下面板数据模型：

$$\ln Cars_{it} = \alpha_{it} + \beta_1 Cons_{it} + \beta_2 CostIn_{it} + \beta_3 Urban_{it} + \beta_4 CarPro_{it} + \beta_5 Road_{it} + u_{it} \quad (3-1)$$

其中，i表示31个省区市，t表示时间，β_1，…，β_5表示各变量估计系数，

α_{it}表示随机误差项，u_{it}表示随机误差项。对于面板数据而言，运用分位数回归方法的关键在于消除个体间的差异。为了避免“伪回归”并确保模型估计有效性，对所有变量进行单位根检验。采用 Stata15 计算，限于篇幅仅显示“Levin – Lin – Chu”方法检验结果（见表 3 –31）。结果显示在所有变量在 5% 的水平下统计检验显著，即所有变量序列不包含单位根，为平稳序列。

表 3 –31　　变量单位根检验

变量	LLC 检验值	P 值	检验结论
Cars	–3. 7070	0. 0001	平稳
Cons	–2. 4647	0. 0069	平稳
CostIn	–3. 1070	0. 0009	平稳
Urban	–5. 1834	0. 0000	平稳
CarPro	–1. 9820	0. 0237	平稳
Road	–4. 0568	0. 0000	平稳

根据式（3 –1）对面板数据模型进行协整检验，采用 Stata15 根据 Kao 检验方法计算，结果见表 3 –32，表明被解释变量与解释变量之间存在协整关系。

表 3 –32　　基于 Kao 检验方法的面板数据模型协整检验

检验统计名称	统计值	P 值
Modified Dickey – Fuller t	3. 4597	0. 0003
Dickey – Fuller t	4. 0778	0. 0000
Augmented Dickey – Fuller t	4. 1375	0. 0000
Unadjusted modified Dickey – Fuller t	1. 6847	0. 0460
Unadjusted Dickey – Fuller t	1. 8342	0. 0333

三、实证结果分析

对式（3 –1）分别用一般面板数据模型和分位数方法进行估计并对结果进行对比，选择合适的估计结果进行分析。其中，固定效应模型估计结果显示，$F(30,460) = 21.38 (Prob > F = 0.0000)$，表明固定效应模型优于混合回归模型；

对固定效应模型和随机效应模型进行豪斯曼检验，结果显示，chi2(5) = 44.41 (Prob > chi2 = 0.0000)，表明固定效应模型好于随机效应模型，因此可以采用基于固定效应模型的分位数回归进行下一步分析。采用 Stata 的“xtqreg”模块计算，得到各分位数下的模型估计结果（见表 3-33）。对比分析固定效应模型与分位数回归估计结果，可以发现各变量估计系数的符号一致但系数大小明显不同。其中，从核心解释变量居民消费水平看，除了在 0.1 和 0.2 分位数下的估计系数不显著，其他分位数下的估计系数在 5% 的显著性水平下显著而且系数值逐步提高，说明居民消费水平对汽车消费的影响在高销量省区市明显高于低销量省区市。具体而言，汽车销量 0.9 分位数下的省区市，如广东、江苏等汽车高销量省区市，居民消费水平每增加 1000 元，可促进汽车销量增加 2.786 万辆；而汽车销量 0.3 分位数下的省区市，如甘肃、海南、宁夏等地区，居民消费水平每增加 1000 元，仅可促进汽车销量增加 1.092 万辆。汽车使用成本指数对汽车销量形成显著的抑制效应，从低销量地区到高销量地区，这一变量对汽车销量的负面影响逐渐增强，在 0.9 分位数下，汽车使用成本指数每增加一个单位，可减少汽车销量 0.406 万辆。此外，城镇化率、汽车产量、公路里程等控制变量的估计系数均在 1% 的显著性水平下显著，与汽车销量呈正相关，其中城镇化率对汽车销量的影响随着分位数的提高而呈现明显减弱趋势，表明汽车低销量地区未来汽车销量提升可以通过提升城镇化水平来实现；汽车产量、公路里程两个控制变量均与汽车销量呈正相关，在不同分位数下的估计系数变化很小，但也呈现随分位数增大逐步减小的趋势，说明汽车产量、公路里程两个控制变量对汽车低销量地区的影响更为明显。

表 3-33　面板数据模型估计结果

变量	固定效应模型	分位数面板数据模型（分位数）								
		0.1	0.2	0.3	0.4	0.5	0.6	0.7	0.8	0.9
Cons	1.583*** (6.52)	0.474 (0.76)	0.799 (1.59)	1.092** (2.61)	1.364*** (3.64)	1.570*** (4.16)	1.893*** (4.39)	2.195*** (4.22)	2.472*** (3.96)	2.786*** (3.68)
Urban	2.617*** (7.81)	2.728*** (3.96)	2.696*** (4.89)	2.666*** (5.86)	2.639*** (6.49)	2.618*** (6.45)	2.586*** (5.55)	2.556*** (4.48)	2.528*** (3.67)	2.496** (2.98)

续表

变量	固定效应模型	分位数面板数据模型（分位数）								
		0.1	0.2	0.3	0.4	0.5	0.6	0.7	0.8	0.9
ConstIn	-0.291*** (-8.29)	-0.185** (-2.62)	-0.216*** (-3.80)	-0.244*** (-5.17)	-0.270*** (-6.41)	-0.289*** (-6.85)	-0.320*** (-6.62)	-0.349*** (-5.95)	-0.376*** (-5.32)	-0.406*** (-4.74)
Cars	0.0158*** (6.23)	0.0164** (2.94)	0.0162*** (3.64)	0.0161*** (4.37)	0.0159*** (4.85)	0.0158*** (4.83)	0.0157*** (4.16)	0.0155*** (3.37)	0.0154** (2.76)	0.0152* (2.25)
Road	0.258*** (7.98)	0.260*** (3.99)	0.259*** (4.97)	0.259*** (6.01)	0.258*** (6.71)	0.258*** (6.72)	0.258*** (5.84)	0.257*** (4.76)	0.256*** (3.93)	0.256** (3.22)

注：* 表示 $p<0.05$，** 表示 $p<0.01$，*** 表示 $p<0.001$；括号内数值为对应系数的 t 统计值。

总体上看，我国汽车消费市场整体将进入低速增长阶段，近 120 个汽车品牌云集国内使市场竞争日趋激烈，中国品牌汽车企业主导的新能源汽车市场则将继续保持高速发展态势，我国未来汽车市场潜力在于一线城市的汽车消费结构升级、中西部地区的新车潜力挖掘及进一步加大汽车出口规模，但仍然有不少抑制汽车消费的问题需要加以改善。此外，本节基于 2002～2017 年的省际面板数据，采用面板数据模型和分位数回归的实证方法分析了居民消费水平、汽车使用成本指数对我国汽车消费的影响。除了汽车使用成本指数对汽车消费呈显著抑制作用，居民消费水平、城镇化水平、汽车产量、道路里程等变量均对汽车销量呈显著促进效应，在不同分位数下，各变量估计系数呈现明显的变化趋势。在不同分位数下，从汽车低销量地区到高销量地区，居民消费水平的正向促进效应逐渐增大，而汽车使用成本指数的抑制作用也呈现逐渐增强趋势；城镇化水平、汽车产量、道路里程等变量的正向效应则呈现逐步减小趋势。

第四节 小结

本章重点分析了我国汽车消费市场的总体及局部区域发展趋势，其中国内汽车消费总体发展趋势呈现以下特点：总体呈现低速甚至负增长趋势、新能源汽车市场快速增长、市场竞争日趋激烈、SUV 逐渐成为汽车消费主力、汽车出口量长期低于进口量、汽车出口以中低端为主、二手车市场快速发展等。通过空间、时间及行业三个维度深入和全面地分析我国汽车消费的空间分布和时间变化特征。2002～2017年我国汽车消费年均增长速度达15.16%，载客汽车消费增速明显快于载货汽车消费增速，载客汽车消费年均增长速度高达17.2%，载货汽车消费年均增长速度仅为7.85%。从我国区域汽车消费变化情况来看，近16年间大部分区域汽车销量都有不同程度的增长，其中汽车消费年均增速最快的是华中地区，年均增速达18.78%，依次为西北（17.46%）、西南（17.24%）、东北（16.04%）、华南（15.78%）、华东（15.72%）、华北（9.42%）；汽车消费绝对数量增长最大的是华东地区，从2002年的104.24万辆增长到2017年的931.72万辆，增长了827.48万辆。此外，基于2002～2017年的省际面板数据，采用面板数据模型和分位数回归的实证方法分析了居民消费水平、汽车使用成本指数对我国汽车消费的影响。实证分析结果显示，除了汽车使用成本指数对汽车消费呈显著抑制作用外，居民消费水平、城镇化水平、汽车产量、道路里程等变量均对汽车销量呈显著促进效应，在不同分位数下，各变量估计系数呈现明显的变化趋势。在不同分位数下，从汽车低销量地区到高销量地区，居民消费水平的正向促进效应逐渐增大，而汽车使用成本指数的抑制作用也呈现逐渐增强趋势；城镇化水平、汽车产量、道路里程等变量的正向效应则呈现逐步减小趋势。

总体而言，我国汽车产业进入消费转型期后，汽车消费产品类型、新旧车市场结构及市场区域均发生巨大变化，广汽传祺、上汽荣威、长城汽车等中国品牌汽车企业凭借SUV市场的高速增长而快速发展壮大，这一点在广汽传祺上体现得尤为明显；比亚迪、北汽新能源等企业则凭借新能源汽车市场的扩张实现快速发展，比亚迪也因此发展成为全球最大新能源汽车企业。共享出行、物流配送、自动驾驶等领域将成为未来汽车消费的新增长空间，需要中国品牌汽车企业顺应汽车消费转型发展新趋势，积极抢占市场先机并实现自身转型升级。

第四章

全球汽车产业发展趋势与我国汽车产业新一轮对外开放

随着我国汽车市场逐渐饱和并且已经连续多年成为全球竞争最为激烈的汽车市场，快速崛起的中国品牌需要深度融入全球汽车市场才能迈向汽车产业全球价值链中高端，争取尽快形成全球性竞争力才能在汽车产业新一轮发展变革中取得先机。“一带一路”作为我国新一轮对外开放的倡议汽车产业成为推动这一倡议的重要版块，在“一带一路”沿线积极推进汽车产业国际化将成为我国汽车产业新一轮开放的重要任务。本章对全球及“一带一路”沿线汽车市场的发展趋势展开研究，分析中美贸易摩擦及我国实施的新一轮汽车产业开放对我国汽车产业的影响。

第一节 全球汽车市场发展趋势

一、全球汽车市场呈现下滑趋势

自2008年全球金融危机以来，全球汽车产业在2018年首次出现了较大幅度下滑，不管是乘用车还是商用车领域均出现不同程度下滑，唯有新能源汽车领域呈现快速发展趋势，市场份额持续提升。2013～2018年，全球汽车产量仅增长了394.26万辆，年均增速仅为0.88%，整体呈下滑趋势，2018年更是下降5.92%（见表4－1）。其中，乘用车产量在过去六年间增长了472.09万辆，年均增速1.4%，增速较低；而商用车产量则呈现较为明显的下滑趋势，年均下降0.72%。

表 4 – 1　　2013 ~ 2018 年全球汽车产量及增速情况　　单位：万辆，%

指标	2013 年	2014 年	2015 年	2016 年	2017 年	2018 年	年均增速
汽车产量	8759.6	8977.65	9068.31	9497.66	9730.25	9153.86	0.88
增速	4.0	2.5	1.0	4.5	2.4	-5.92	—
其中：乘用车	6574.54	6778.2	6856.19	7210.54	7345.65	7046.63	1.4
商用车	2185.06	2199.44	2212.12	2287.11	2384.60	2107.23	-0.72

资料来源：国际汽车制造商协会，http：//www. oica. net/.

2018 年是全球汽车市场较为特殊的一年，大部分国家而呈现下滑态势。根据 MarkLines 统计显示，2018 年只有美国、日本、法国、西班牙等少部分国家汽车销量保持增长，而其他大部分国家汽车市场均出现不同程度下滑（见图 4 – 1）。其中，美国 2018 年汽车销量达到 1727. 4 万辆，微增 0. 3%；加拿大新车销量 198. 5 万辆，下降 2. 6%；墨西哥新车销量 142. 1 万辆，下降幅度达到 -7. 1%。亚洲地区的日本与上年基本持平，新车销量达到 527. 2 万辆，微增 0. 7%；韩国新车销量 154. 6 万辆，下降 0. 3%。欧洲地区的德国实现新车销量 343. 6 万辆，微降 0. 2%；英国汽车销量下滑明显，达到 236. 7 万辆，同比下降 6. 8%。尽管全球传统汽车销量下滑，但全球新能源汽车销量呈现快速增长趋势，达到 201. 8 万辆，增长 65. 0%，增幅较 2017 年增长 7 个百分点，新能源汽车销量占全球汽车销量比重进一步提高，达到 2. 1%，比亚迪和特斯拉新能源汽车销量双双突破 20 万辆

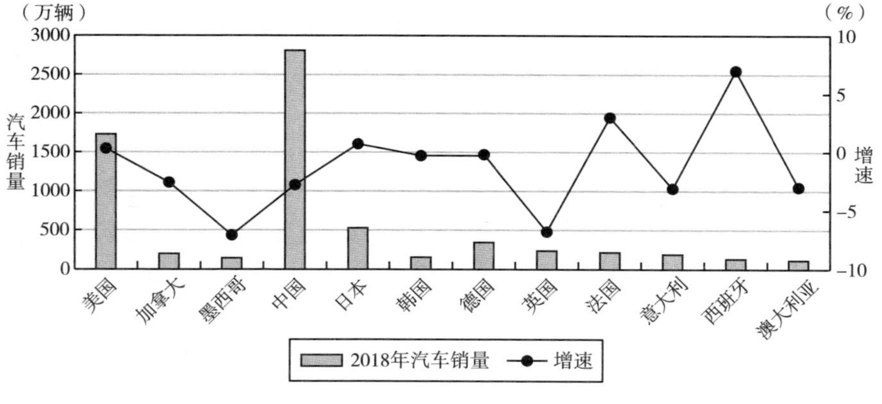

图 4 – 1　2018 年全球主要国家和区域汽车销量及增速情况

资料来源：各国汽车制造商协会。

大关，新能源汽车逐渐步入快速发展期。

二、主要汽车企业表现不一

在欧洲推行 WLTP 以及中美贸易摩擦等因素的影响下，多家知名汽车企业受到影响。全球市场份额排名第 4 的通用汽车集团，销量同比下跌 4%。福特集团在中国、土耳其、墨西哥、澳大利亚、南非等市场表现不佳，全球销量下跌 10.4%。其中，在中国市场销量同比下跌 40.2%。在市场份额排名前 10 位的车企中，本田、F. C. A、P. S. A 销量分别同比下降 0.6%、0.2%、3.8%。市场的不景气使多家知名汽车企业宣布全球裁员计划，其中包括通用集团、福特集团、F. C. A 集团等。通用汽车集团将裁员近 1.5 万人，并且关停 5 家工厂。福特汽车集团或许将裁减全球约 12% 的工人。在销量排名前 25 名的企业中，中国的上海汽车集团、浙江吉利控股集团、比亚迪股份有限公司、广州汽车工业集团均在大环境不景气的情况下有所增长（见表 4－2）。

表 4－2　　2018 年全球销量前 25 名汽车企业

序号	企业	销售增长率（%）	市场份额（%）	序号	企业	销售增长率（%）	市场份额（%）
1	大众	2.0	11.6	14	马自达	2.3	1.7
2	丰田	1.2	11.2	15	长安	－15.3	1.3
3	雷诺日产	0.9	11.1	16	斯巴鲁	0.5	1.1
4	通用	－4.0	9.2	17	东风汽车	－15.6	1.0
5	现代起亚	1.6	7.9	18	北汽集团	－16.5	1.0
6	福特	－10.4	6.0	19	长城汽车	－2.6	1.0
7	本田	－0.6	5.6	20	上汽集团	31.2	1.0
8	F. C. A 集团	－0.2	5.2	21	塔塔汽车	3.9	0.9
9	P. S. A 集团	－3.8	4.4	22	奇瑞	8.8	0.8
10	铃木	4.2	3.5	23	广汽集团	5.5	0.6
11	梅赛德斯戴姆勒	0.6	2.9	24	比亚迪	9.1	0.5
12	宝马	1.8	2.7	25	Saipa	1.8	0.5
13	吉利	15.2	2.4				

资料来源：Global auto database.

三、新能源汽车市场逆势上升

与传统汽车行业销量普遍下跌相比，新能源汽车市场销量持续攀升。根据EV Sales公布的统计数据，2018年全球新能源乘用车销量约为202万辆，对比上年同期增长65%，这也是新能源汽车第一次突破200万辆的大关。中国销量占全球总销量的51%，稳居世界第1。新能源汽车飞速增长主要有三个原因：第一，中国国内消费者对新能源汽车的需求增加；第二，特斯拉产能逐渐升高，北美地区销量猛增；第三，欧洲的燃油危机迫使更多消费者转而选择新能源汽车。从汽车品牌来看，由于北美市场的需求增长，特斯拉从2017年排名第3升至2018年排名第1，特斯拉品牌售出量占新能源车分类下的10%，同比增长280%。对比2017年，新能源汽车品牌除了奇瑞、现代、雷诺取代雪佛兰、丰田、知豆，跻身排行榜前10位以外，其他品牌销量排名变化不大（见表4-3）。

表4-3　　2018年全球销量前二十新能源乘用车汽车品牌　　单位：万辆

序号	品牌	销量	序号	品牌	销量
1	特斯拉	24.52	11	华泰	5.17
2	比亚迪	22.74	12	雪佛兰	5.07
3	北汽	16.5	13	江淮	4.99
4	宝马	12.94	14	吉利	4.98
5	日产	9.7	15	江铃	4.93
6	上汽荣威	9.28	16	丰田	4.57
7	奇瑞	6.58	17	三菱	4.27
8	现代	5.31	18	东风	3.99
9	雷诺	5.3	19	起亚	3.77
10	大众	5.18	20	沃尔沃	3.6

资料来源：爱卡汽车网，此表统计数据不包括新能源商用车。

从车型来看，2018年排行榜前10名的车型分别是：特斯拉Model 3、北汽新能源EC系列、日产Leaf、特斯拉Model S、特斯拉Model X、比亚迪秦插电混动、江淮iEV E/S、比亚迪e5、丰田普锐斯插电混动、三菱欧蓝德插电混动。对比

2017 年，除了特斯拉 Model 3 作为新车型取得销量冠军外，比亚迪秦插电混动、江淮 iEV E/S、比亚迪 e5、三菱欧蓝德插电混动的排名也作为新车型出现在销量前 10 名中。从每年不断变化的榜单中可以看出，新能源汽车市场作为新兴市场，为各大品牌提供了前所未有的机遇与挑战。

四、汽车零配件企业总体保持稳健增长

从汽车零配件企业来看，2018 年全球入围《财富》杂志 500 强的企业共计 10 家，分别为博世公司、德国大陆集团、电装公司、采埃孚、麦格纳国际、爱信精机、普利司通、现代摩比斯公司、住友电工、米其林公司。在这 10 家公司中，博世公司营业收入遥遥领先。从公司经营来看，只有现代摩比斯公司增长率为负，其余 9 家公司都为正增长。对比 2017 年，江森自控排名 272 跌出 500 强，住友电工重返全球 500 强之列。2018 年 5 月 23 日，美国政府针对进口汽车及零部件展开“232 调查”，评判是否进口汽车和零部件危害美国国家安全，或将对进口汽车和零部件征收最高 25% 的进口关税，为汽车零配件企业的前景增加了不确定因素（见表 4－4）。

表 4－4　2018 年全球汽车零部件企业在世界 500 强企业中的排名

序号	公司	营业收入（亿美元）	同比增长（%）	2017 年排名	2018 年排名
1	博世公司	879.972	8.8	76	75
2	德国大陆集团	496.082	10.6	213	206
3	电装公司	461.061	10.4	236	229
4	采埃孚	410.802	5.6	263	268
5	麦格纳国际	389.46	6.9	290	287
6	爱信精机	352.811	7.3	324	329
7	普利司通	324.946	5.9	353	365
8	现代摩比斯公司	310.906	－5.7	323	380
9	住友电工	278.196	7.1	420	425
10	米其林公司	247.537	7.1	466	478

资料来源：《财富》杂志中文网。

第二节

“一带一路”沿线汽车市场变化特征与影响因素

“一带一路”沿线地区是中国品牌汽车主要出口市场，研究“一带一路”沿线区域汽车市场变化对中国品牌汽车在双转型期下深入实施国际化策略有重要意义。通过分析“一带一路”沿线60个国家2005~2017年汽车消费市场变化特征及影响因素，研究发现：“一带一路”沿线国家汽车消费市场整体增长较为缓慢，销量占全球汽车销量比重呈现下降趋势；不同区域的汽车市场存在较大差异，南亚地区汽车产销规模大而且增长较快；动态差分GMM模型表明“一带一路”沿线上一期汽车销量和服务增加值以及当期人均GDP、服务增加值、汽车产量、城镇人口等因素对汽车销量有促进作用。针对“一带一路”沿线不同区域汽车市场变化特点，提出针对中国品牌汽车在“一带一路”沿线地区的对策建议，有助于中国品牌汽车提升国际竞争力和企业国际化水平，为双转型期下制定中国品牌汽车深入实施国际化发展策略提供科学决策参考。

一、研究对象及数据来源

（一）研究对象

根据研究目的及数据可获得性，本节选取东盟、南亚、西亚、中亚、中东欧、独联体、东亚等六个地区共60个国家为研究对象（见表4－5）。

表4－5　本书研究区域及国家

地区	国家	数量
东盟	印度尼西亚、泰国、马来西亚、菲律宾、越南、新加坡、文莱、老挝、柬埔寨、缅甸	10
南亚	印度、巴基斯坦、孟加拉国、斯里兰卡、尼泊尔	5
西亚	伊朗、沙特阿拉伯、以色列、阿拉伯联合酋长国、埃及（西奈半岛地区）、阿曼、希腊、卡塔尔、叙利亚、伊拉克、黎巴嫩、巴林、巴勒斯坦、约旦、塞浦路斯、土耳其、也门、科威特	18

续表

地区	国家	数量
中亚	哈萨克斯坦、乌兹别克斯坦、土库曼斯坦、塔吉克斯坦	4
中东欧	波兰、奥地利、捷克、罗马尼亚、匈牙利、斯洛伐克、斯洛文尼亚、克罗地亚、保加利亚、立陶宛、塞尔维亚、爱沙尼亚、拉脱维亚、波斯尼亚、马其顿共和国、阿尔巴尼亚	16
独联体	俄罗斯、乌克兰、白俄罗斯、格鲁吉亚、亚美尼亚、阿塞拜疆	6
东亚	蒙古国	1

（二）数据来源

“一带一路”沿线国家汽车销量和产量数据来源世界汽车制造商协会，此协会收集了全球几乎所有国家和地区的汽车产销数据，时间为 2005～2017 年。影响因素如国家 GDP、城镇化发展水平、人口规模等经济社会统计数据则来源于陕西省统计局出版的《“一带一路”国家统计年鉴（2017 年）》，时间为 2005～2016 年。

二、“一带一路”沿线国家汽车市场变化特征

（一）汽车销量变化特征

（1）总体变化特征。总体上看，“一带一路”沿线地区汽车销量总体保持缓慢增长趋势，全球汽车市场份额长期保持稳定。“一带一路”沿线地区的汽车总销量从 2005 年的 1015.78 万辆增长到 2017 年的 1504.97 万辆，年均增速 3.33%，同期全球汽车销量年均增速为 3.25%。其中，乘用车销量从 2005 年的 776 万辆增长到 2017 年的 1200.3 万辆，年均增速 3.7%；商用车销量从 239.78 万辆增长到 304.67 万辆，年均增速为 2.02%，乘用车和商用车的市场份额相对稳定（见表 4－6）。2005 年“一带一路”国家汽车销量在全球占比为 15.41%，到 2017 年该比例为 15.55%，13 年间“一带一路”国家在全球汽车的份额变化幅度较小。

表 4-6　2005~2017 年"一带一路"沿线国家汽车销量及其全球占比

单位：万辆，%

年份	"一带一路"沿线国家销量	乘用车占比	商用车占比	全球汽车销量	一带一路国家全球占比
2005	1015.78	76.39	23.61	6591.79	15.41
2006	1108.84	77.57	22.43	6834.74	16.22
2007	1264.52	79.47	20.53	7155.7	17.67
2008	1357.09	80.83	19.17	6830.83	19.87
2009	1083.69	79.81	20.19	6556.27	16.53
2010	1327.4	79.24	20.76	7495.9	17.71
2011	1453.32	79.58	20.42	7815.74	18.59
2012	1550.65	77.46	22.54	8211.65	18.88
2013	1493.7	78.16	21.84	8559.43	17.45
2014	1475.08	79.61	20.39	8832.56	16.7
2015	1369.85	78.91	21.09	8970.73	15.27
2016	1407.69	79.96	20.04	9390.56	14.99
2017	1504.97	79.76	20.24	9680.44	15.55
年均增速	3.33	—	—	3.25	—

资料来源：世界汽车制造商协会，http://www.oica.net/.

（2）区域变化特征。从区域层面看，南亚地区增长较快、独联体地区销量起伏明显、中亚地区汽车销量小而且增长缓慢（见图 4-2）。2017 年，"一带一路"沿线各地区汽车销量由大到小依次为南亚（434.83 万辆）、西亚（344.34 万辆）、东盟（330.05 万辆）、中东欧（201.52 万辆）、独联体（173.32 万辆）、中亚（20.9 万辆）。2005~2017 年，大部分地区汽车销量都有不同程度的增长，其中，汽车销量增长最快的是南亚地区，销量从 2005 年的 162.79 万辆增长到 2017 年的 434.83 万辆，年均增幅达到 8.53%，明显高于"一带一路"沿线国家的平均增长速度；汽车销量波动最大且唯一出现明显下降的地区是独联体国家，销量曾经从 2005 年的 212.31 万辆增长到 2008 年的 392.45 万辆，金融危机后汽车销量出现"断崖式腰斩"，到 2017 年汽车销量为 173.32 万辆。从汽车类型销量情况看，商用车销量及占比较高的国家主要分布于东南亚和南亚地区，其中泰国和菲律宾为商用车销量和占比都较高的国家，2017 年商用车销量分别达到

47.19 万辆和 20.22 万辆，近 13 年商用车销量占本国汽车销量平均比重分别为 63.07% 和 59.69%。

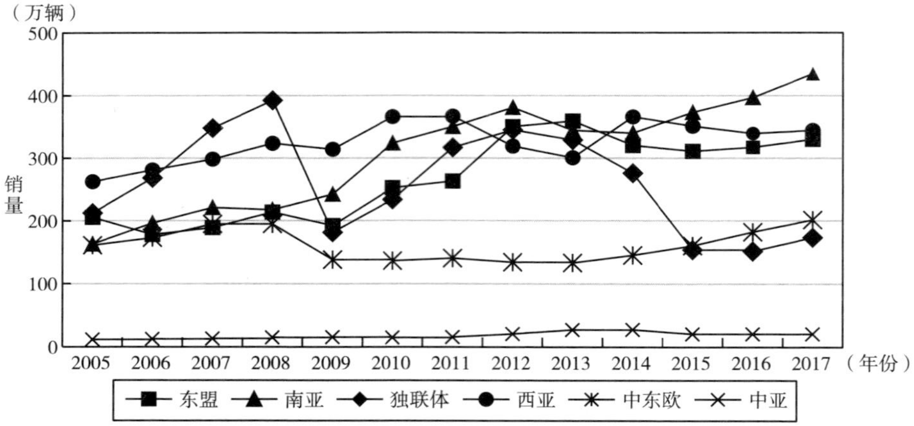

图 4-2　2005~2017 年“一带一路”沿线区域汽车销量

（3）主要国家变化特征。具体到国家来看，2017 年“一带一路”沿线汽车销量大于 10 万辆的国家有 21 个，销量大于 20 万辆的国家有 14 个，销量大于 50 万辆的国家仅有 8 个，销量超过百万辆级别的国家仅有 4 个，分别是印度（401.75 万辆）、伊朗（171.86 万辆）、俄罗斯（160.23 万辆）、印度尼西亚（106.09 万辆）。在 14 个销量大于 20 万辆的国家中，有 12 个国家年均增速为正，年均增速最高的是东盟的越南（18.46%），其次为东盟地区的越南（11.5%）、南亚的印度（8.92%）、中东欧的波兰（7.02%）；仅有 2 个国家年均增速为负，分别为独联体的俄罗斯（-1%）和西亚的沙特阿拉伯（-0.22%）。

（二）汽车产量变化特征

（1）总体变化特征。总体上看，2005~2017 年“一带一路”沿线具备汽车制造能力的国家只有 18 个，产量超百万辆规模的国家只有 8 个，汽车产量增速明显高于全球平均增长速度，产量全球占比不断提高，不同地区汽车产量差异显著而且差距有增大趋势。2005~2017 年“一带一路”沿线汽车产量由 2005 年的 973.88 万辆增长到 2017 年的 1774.29 万辆，年均增速 5.13%，明显高于同期全球汽车产量增速 3.15%，占全球汽车产量比重由 2005 年的 14.52% 增长至 2017 年的 18.3%。

（2）区域变化特征。从各区域看，2005～2017 年“一带一路”沿线汽车产量增长最快的是南亚地区，产量从 2005 年的 163.87 万辆增长到 2017 年的 478.29 万辆，年均增幅高达 9.34%；西亚和独联体地区的汽车产量波动较大，受 2008 年金融危机影响较为明显；中亚地区的汽车产量与销量变化特征一致，总量小而且变化微弱，到 2017 年汽车产量仅为 14.02 万辆（见图 4－3）。

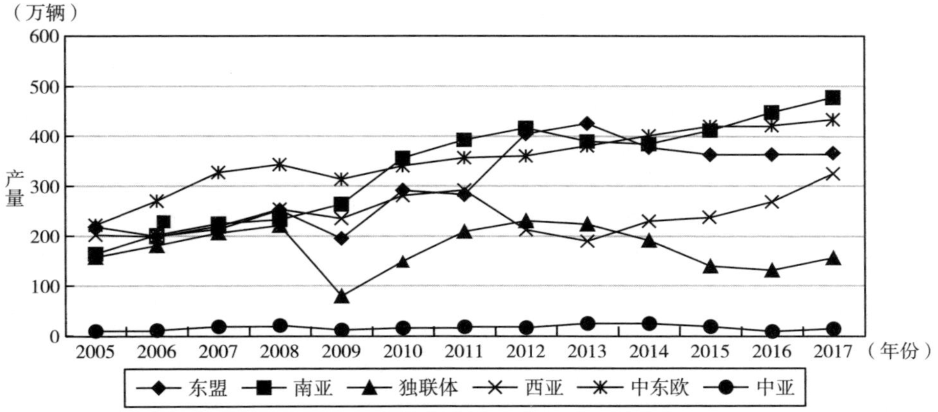

图 4－3　“一带一路”沿线区域汽车产量

（3）主要国家变化特征。具体到国家，“一带一路”沿线中只有 18 个国家生产制造汽车，42 个国家汽车完全依赖进口，部分国家出现大幅度下滑趋势。到 2017 年，“一带一路”沿线国家汽车产量大于 10 万辆的国家有 14 个，产量大于 50 万辆的国家有 10 个，产量大于 100 万辆的国家有 8 个，分别为印度（478.29 万辆）、泰国（198.88 万辆）、土耳其（169.57 万辆）、俄罗斯（155.13 万辆）、伊朗（151.54 万辆）、捷克（142.00 万辆）、印度尼西亚（121.66 万辆）及斯洛伐克（100.15 万辆）。2005～2017 年，产量及年均增速较快的国家为斯洛伐克，年均增速高达 13.53%，产量也从 21.83 万辆快速增长到 100.15 万辆；马来西亚、奥地利、埃及、乌克兰等国家则呈现下降趋势，乌克兰汽车产量下降趋势尤为明显，年均下降幅度达到 22.88%。

（三）汽车市场供需变化特征

采用汽车销量与产量之间的差额从总体上衡量一个国家或地区的汽车市场供需变化特点，在不考虑进出口情况下，当产销差额数据为正值，则表明该国（地区）汽车销量大于产量，汽车市场供给小于需求导致供不应求；反之，表示则供过于求。

（1）总体供需变化特征。总体上看，2005～2017年“一带一路”沿线汽车消费市场总体供需从供不应求逐渐转向供过于求，供过于求的趋势越来越明显。具体而言，2005年“一带一路”沿线汽车供需差额由41.98万辆逐渐变化到2017年的-269.15万辆，说明随着全球化和工业化进程的深入，跨国汽车企业的进驻使“一带一路”沿线汽车生产效率大幅度提升，但“一带一路”沿线汽车消费水平和经济水平发展缓慢，汽车消费能力难以跟上汽车生产能力。到2017年，在“一带一路”沿线60个国家中，有48个国家汽车消费市场供需差额数据为正值，表明这些国家必须依赖进口满足国内汽车市场需求，而其中42个国家汽车消费市场完全依赖进口；有12个国家汽车消费市场供需差额数据为负值，表明这些国家汽车产量大于销量，汽车市场供给大于需求。

（2）区域变化特征。从“一带一路”沿线各地区汽车消费市场供需差额变化情况看，各地区呈现不同的特点和趋势。其中，独联体和西亚地区长期呈现汽车销量大于产量的特点，有较大的汽车进口需求；中东欧地区、南亚和东盟汽车消费市场则呈现产量大于销量的特点，整体上有较大的汽车出口要求，尤其是中东欧汽车差额呈现增大趋势，到2017年产销差额已达到-233.03万辆，汽车消费市场明显滞后于汽车制造业发展，长期都有强烈的汽车出口要求（见图4-4）。

（3）主要国家汽车市场变化特征。具体从国家看，到2017年“一带一路”沿线汽车差额为正值且大于10万辆的国家有12个，前3名分别是沙特阿拉伯（54.83万辆）、菲律宾（35.86万辆）、奥地利（30.37万辆），这12个国家销量明显大于产量，有较大的汽车进口需求；其中，有2个国家（伊朗、马来西亚）市场差额由负转正，尤其是伊朗2005年汽车销量小于产量21.97万辆，到2017年汽车销量大于产量20.32万辆；汽车产销差额为负值且超过10万辆的国家有

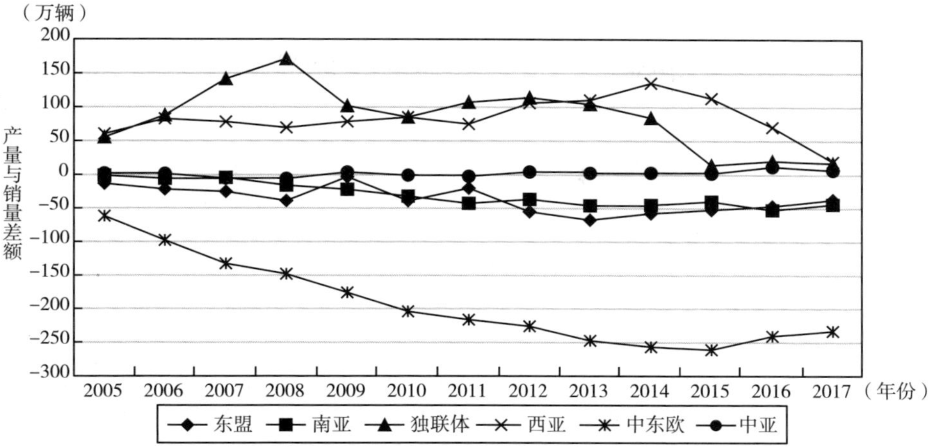

图 4-4　2005~2017 年“一带一路”沿线汽车市场供需变化

10 个，前 3 名分别是土耳其（-169.07 万辆）、捷克（-111.79 万辆）、泰国（-111.53 万辆），这 10 个国家销量明显小于产量，有较大的汽车出口要求；其中，有 3 个国家（匈牙利、罗马尼亚、印度尼西亚）市场差额由正转负，尤其是匈牙利 2005 年汽车销量大于产量 6.74 万辆，到 2017 年汽车销量小于产量 36.36 万辆。

三、“一带一路”沿线汽车销量影响因素实证分析

（一）变量选择与模型设计

本节选用 2005~2016 年 55 个国家或地区①面板数据分析“一带一路”沿线国家汽车销量的影响因素。考虑到统计数据的可获取性，本节侧重从经济、人口、汽车产量等方面分析“一带一路”沿线汽车销量的影响因素（见表 4-7）。一般线性面板数据模型为：

$$y_{it} = \beta_0 + \beta_1 x_{it} + \varepsilon_{it} \qquad (4-1)$$

① 由于希腊、巴勒斯坦、塞浦路斯、奥地利、波斯尼亚等国家的经济社会统计数据难以获取，仅选取表 4-5 中的其他 55 个国家。

其中，y_{it}表示被解释变量，i 表示“一带一路”沿线国家，t 表示时间，x_{it}表示解释变量，β_0为截距系数，β_1，…，β_4为回归系数，ε_{it}为残差项。结合本文选取的变量，构建如下静态面板模型：

$$lnCarXL_{it} = \beta_0 + \beta_1 lnCarCL_{it} + \beta_2 lnGDP_{it} + \beta_3 lnCityRK_{it} + \beta_4 lnServGDP_{it} + \varepsilon_{it} \quad (4-2)$$

公式中各变量具体解释见表 4－7。

表 4－7　　变量及数据说明

变量类型	变量名称	变量单位	均值	标准差	最小值	最大值
被解释变量	汽车销量：CarXL	辆	229566.2	534240.6	800	3669277
解释变量	汽车产量：CarCL	辆	251292.5	603546.8	5264	4488965
	地区生产总值：GDP	亿美元	1892.56	3329.13	23.12	22635.23
	服务业增加值：ServGDP	亿美元	913.54	1678.59	15.14	12279.6
	人均 GDP：PerGDP	美元	11082.42	14192.03	247	88565
	城镇人口：CityRK	万人	2297.73	5537.93	26.84	43877.74

注：截面单位为 55 个，12 期共 660 个观测值。

由于静态面板模型忽略了被解释变量滞后期对其当期的动态影响，估计结果相对动态面板模型将会产生较大偏误，汽车消费具有较为明显的惯性效应，因此为了克服静态面板模型的不足，故建立动态面板计量模型，其表达形式为：

$$lnCarXL_{it} = \beta_0 + \beta_1 lnCarXL_{it-1} + \beta_2 lnCarCL_{it} + \beta_3 lnGDP_{it} + \beta_4 lnCityRK_{it} + \beta_5 lnServGDP_{it} + \beta_6 lnServGDP_{it-1} + \varepsilon_{it} \quad (4-3)$$

其中，$lnCarXL_{it-1}$表示被解释变量滞后项，$lnServGDP_{it-1}$表示解释变量 lnServGDP 的滞后项，其他则与式（4－2）类似。动态面板模型采用差分广义矩（Difference GMM）进行估计，差分 GMM 模型考虑了 $lnCarXL_{it-1}$等滞后项所产生的内生性问题，在一定程度上克服了静态模型因忽略内生性问题而产生的偏误。需要注意的是动态面板差分 GMM 模型需要满足两个条件：随机误差项不存在序列相关、不存在弱工具变量，因此模型估计之后还必须对两者进行检验，在 Stata 中可分别采用 Arellano－Bond 检验和 Sargan 检验进行验证。

为避免模型分析出现“伪回归”现象并确保结果的有效性，需要对数据进行平稳性判断，即单位根和模型协整检验。采用 Stata 中的 Levin－Lin－Chu 检验和 Im – Pesaran – Shin 检验对变量原序列和一阶差分序列进行单位根检验，结果显示（见表 4 – 8），lnCarCL、lnServGDP、lnCityRK 等部分变量原序列存在单位根；经过一阶差分处理后各变量均显示平稳。

表 4 – 8　　变量单位根检验

指标	原序列				一阶差分序列			
	LLC 检验	P 值	IPS 检验	P 值	LLC 检验	P 值	IPS 检验	P 值
lnCarXL	–6.8032	0.0000	–2.2465	0.0123	–10.1411	0.000	–7.8710	0.0000
lnCarCL	–79.2172	0.0000	–6.0799	0.0000	–9.7131	0.000	–11.3938	0.0000
lnPerGDP	–9.5135	0.0000	2.9055	0.9982	–14.6651	0.000	–9.4385	0.0000
lnServGDP	–9.5824	0.0000	5.2261	1.0000	–18.8517	0.000	–1.8754	0.0304
lnCityRK	–7.2786	0.0000	6.5391	1.0000	–36.2973	0.000	–6.5603	0.0000

（二）实证结果分析

运用 Stata 对式（4 – 3）进行实证研究，分析影响“一带一路”沿线汽车销量的因素，同时为保证实证结果的科学准确性，有必要对估计模型进一步做稳健性检验。而采用的方法可以是去掉样本中的极端值或者部分样本然后对子样本重新估计，如果子样本和全样本实证结果相近，则表明结果具有稳健性，研究结论可靠；反之则不具稳健性。周稳海（2015）、李勇斌（2018）等研究人员均采用此方法对动态 GMM 模型进行稳健性检验，本节参考这种方法对估计结果做进一步的稳健性检验，最终得到 4 种动态差分 GMM 模型的估计结果（见表 4 – 9）。

表 4 – 9　　动态差分 GMM 模型估计结果

变量及相关统计值	（1）总体	（2）剔除西亚	（3）剔除独联体	（4）剔除中亚
L. lnCarXL	0.495*** (48.44)	0.602*** (24.97)	0.604*** (32.62)	0.496*** (26.38)
lnServGDP	0.0185*** (18.80)	0.0280** (2.94)	0.00309*** (5.12)	0.0106*** (8.66)
L. lnServGDP	–0.0265*** (–14.40)	–0.0886** (–2.85)	–0.00940*** (–12.91)	–0.0175*** (–11.30)

续表

变量及相关统计值	（1）总体	（2）剔除西亚	（3）剔除独联体	（4）剔除中亚
lnCityRK	0.347 *** （6.39）	0.555 ** （2.59）	0.252 *** （4.55）	0.244 *** （6.35）
lnCarCL	0.293 *** （7.99）	0.238 *** （7.58）	0.216 *** （5.00）	0.330 *** （7.42）
lnPerGDP	0.00589 * （2.33）	0.184 *** （6.35）	0.0192 *** （11.17）	0.0154 *** （4.15）
Constant	1.644 *** （5.60）	-1.853 （-1.45）	1.415 *** （4.52）	2.276 *** （6.55）
样本数	550	400	490	510
AR（1）_Prob	0.0025	0.0096	0.0003	0.0061
AR（2）_Prob	0.2343	0.0626	0.2367	0.3987
Sargan	49.62206	37.48244	46.22929	35.14032
(Prob > chi2)	1.0000	1.0000	1.0000	1.000

注：* 表示 $p<0.05$，** 表示 $p<0.01$，*** 表示 $p<0.001$，括号内为对应系数 t 值。L. lnCarXL、L. lnServGDP 分别表示变量 lnCarXL、lnServGDP 的滞后项。

表 4-9 中第（1）列是总体样本的动态差分 GMM 模型估计结果，动态差分 GMM 模型既考虑各样本个体差异，也克服了 L. lnCarXL 内生性产生的偏误，其中 AR（1）Prob 值为 0.0025<0.05，AR（2）Prob 值为 0.2343>0.05，说明模型一阶自相关但二阶不自相关，随机干扰项不存在序列相关；Hansen P 值为 1.00>0.05，说明不存在过度识别现象，模型选取的工具变量非常合理。差分 GMM 估计两个条件均满足，表明估计结果是无偏一致估计。此外，表 4-9 中第（2）~第（4）列是剔除部分样本后的动态差分 GMM 模型估计结果，3 种模型均不存在二阶自相关和过度识别问题，子样本估计各变量的显著性及估计系数的正负号均与总体样本估计结果基本一致，说明模型没有因为样本改变而发生明显变化，即模型是稳健的，总体样本估计结果具有实际参考意义。

汽车销量滞后一项 L. lnCarXL 在 1% 置信水平下显著且其系数估计值为 0.495，而且明显高于其他变量的估计系数，说明汽车销量滞后一期对当期具有显著促进作用，表明“一带一路”沿线汽车销量存在惯性效应。lnservGDP 变量当期及滞后一期均在 1% 水平下显著，其中当期系数估计值为 0.0185，说明当期服务业增长会促进“一带一路”沿线汽车消费，服务业领域的批发零售、交通运输、金融服务等均对汽车销售有直接促进作用；而滞后一期系数估计值为 -0.0265 < 0 且绝对值大于当期估计系数，一方面表明“一带一路”沿线各国家服务业发展水平差异较大，服务业增加值较高的俄罗斯、土耳其、印度尼西亚、沙特阿拉伯、波兰、阿联酋等国家其汽车市场相对饱和；另一方面表示“一带一路”沿线地区现代知识信息型服务业的发展对传统汽车消费服务业造成负外部性从而形成抑制效应。此外，变量 lnPerGDP 在 5% 置信水平下显著，表明人均 GDP 增长 1%，汽车销量则增长 0.006%。“一带一路”沿线绝大部分国家都不具备汽车生产能力，纯粹靠进口则增加汽车购置成本，因此汽车产量对汽车销量也较为影响明显，汽车产量增加 1%，汽车销量则增加 0.293%。城镇人口规模增长 1%，汽车销量增长 0.347%，表明城镇人口的增长有利于促进“一带一路”沿线的汽车销量。

第三节

中美贸易摩擦对我国汽车产业的影响

汽车行业是 2018 年中美贸易摩擦波及的主要领域之一。汽车制造业到 2017 年已经发展成为我国所有制造业行业中产值规模第三、利润规模第三的重要支柱产业，由于发展过程中长期过于依赖合资企业，因此中美贸易摩擦可能对我国汽车产业产生不能忽视的深远影响。广州作为我国五大特大汽车生产城市之一，其汽车产业与全国汽车产业发展模式类似，主要依赖合资企业发展壮大，因此以广州为例研究中美贸易摩擦对我国汽车产业的影响具有很好的代表性。从短期看，由于广州汽车品牌以日系和自主品牌为主，尽管广汽菲克生产美国 Jeep 品牌，但其国产化率接近 90%，因此中美贸易摩擦对广州汽车产业的影响很小；但长远看，中美贸易摩擦将对广州汽车产业发展产生较为明显的不利影响，主要体现在广州自主品牌在美国的海外扩张将受阻、引进美国高端汽车品牌将更加困难、对美国高端汽车技术及人才的整合形成阻力等方面。不管中美贸易摩擦态势如何发展，广州汽车产业都需要设法提高自身技术创新能力和产品竞争力，逐步摆脱对外资的过度依赖。为此，本文最后从政府、企业及行业协会三个层面提出对策建议。

一、中美贸易摩擦背景、实质及汽车相关内容

（一）中美贸易摩擦的背景及实质

总体上看，美国以对华货物贸易逆差为由挑起贸易摩擦的背景及实质在于我国经济不断发展壮大及产业转型升级导致中美经贸关系由互补关系逐渐发展成为全球性战略竞争关系，而美国为维护其全球霸主地位，对中国实施打压。在高新技术领域的领先优势是美国多年来在全球维持霸主地位的重要支撑，而我国在加速推进高新技术产业转型升级，特别是《中国制造 2025》战略的出台及实施将对美国具有领先优势的高技术行业形成直接的战略竞争，美国挑起的贸易摩擦所涉及领域主要针对我国正在进行产业升级的高技术行业，企图限制我国高新技术行业转型。

（二）中美贸易摩擦的汽车选项

2018 年 7 月 11 日美国突然公布拟对 2000 亿美元中国产品加征关税清单，这个由美国主动挑起和推动的中美贸易摩擦其负面效应正逐渐扩散到各个领域。中美两国作为全球两个最大的汽车生产国和销售国，在产业全球分工合作日益深入的今天，汽车产业必然会受到贸易摩擦的深远影响。在此次贸易摩擦中，中美双方均对对方汽车及相关产品加征关税，其中涉及整车及零部件的条款多达 42 项，受影响的出口汽车品牌包括沃尔沃、通用、凯迪拉克等少数几个品牌。

针对美国的加征关税清单，我国政府随即予以反击，拟对原产于美国 14 类商品加征 25% 的关税。其中，与汽车相关有 27 项整车及 1 项零部件产品，意味着从美国进口汽车的关税税率将由 25% 变为 50% 。受此影响的汽车品牌包括福特、通用、特斯拉、克莱斯勒等美国本土主流品牌，还涉及在美国生产的宝马、奔驰、讴歌等德系及日系汽车品牌。总体而言，不管未来中美贸易摩擦态势如何变化，美国挑起贸易摩擦的主要目的就是企图通过对新兴汽车高端技术及人才的

封锁，限制我国新兴汽车产业领域的高速发展。美国将在较长一段时期内持续为实现这一目的对中国进行暗中或者公开掣肘，构成长期风险和挑战。

二、中美贸易摩擦对我国汽车产业的总体影响

不管从短期还是长期看，由于我国是全球最大的汽车市场并在新能源汽车领域逐步掌握话语权，总体上贸易摩擦对美国汽车产业的不利影响程度远大于中国；如贸易摩擦进一步升级，美国品牌汽车将极有可能失去全球最大的汽车市场并因此遭受重创。尽管这也将给中国汽车产业发展带来诸多不利影响，但也可能成为我国汽车产业核心技术和创新突破的新机遇，危机即转机，为中国品牌汽车加速抢占汽车产业新兴领域发展高地并深入实施国际化战略提供充足的时间和空间。

（一）对中国汽车产业的影响

总体上看，当前级别的中美贸易摩擦对我国整车出口影响较小，对整车进口的影响较为明显，但随着我国新一轮对外开放政策的实施，这种不利影响将不断减弱。到2017年，我国汽车产品出口总额中只有21.3%到美国，为176.23亿美元；我国整车出口数量中只有5%到美国，整车出口数量仅为5.3万台，而受影响的汽车品牌主要是沃尔沃、通用汽车、凯迪拉克等少数几个合资品牌，新能源汽车出口虽然以中国品牌为主，但数量很少，因此美国对中国出口汽车产品加征25%的关税对我国造成的影响并不会太大。2017年，我国自美国进口的整车达28.02万辆，占我国全年整车进口的22%，整车进口达到130.7亿美元，对我国汽车进口业务有不小影响。此外，中美贸易摩擦对过于依赖美国芯片的汽车电子领域造成不利影响。

如果中美贸易摩擦进一步升级，对中国品牌汽车企业在美国的国际化战略实施造成不利影响，一方面是限制中国汽车企业在美国的投资建设，另一方面限制中国汽车企业对智能汽车、新能源汽车等新兴汽车领域技术及人才的整合。当然，升级版的中美贸易摩擦也可能给我国汽车产业核心技术的创新突破带来新机

遇，倒逼国内企业加大车用芯片的研发投入，使我国逐渐掌握新能源及智能网联汽车发展的话语权，而我国近3000万辆级别的汽车市场足够支撑国内自主品牌企业的成长并培育出4~5个世界一流汽车品牌，也为中国自主品牌汽车迈向全球价值链中高端提供充足的时间和空间。

（二）对美国汽车产业的影响

总体上看，当前级别的贸易摩擦对已引入中国生产的通用、福特等美国汽车企业影响较小，但对特斯拉、林肯等未引入中国生产的企业影响稍微明显些。2017年特斯拉在中国的销量为1.7万辆，占其全球销量的16.5%，总量还不大；林肯品牌汽车在国内的销量达到5.4万辆，但部分车型并非在美国本土生产，而是在加拿大或者由墨西哥工厂生产。由于全球汽车市场竞争日趋激烈，美国品牌汽车替代品较多，美国品牌汽车则极有可能失去我国这个全球最大市场并因此遭受重创。2017年，通用汽车在中国市场销量占其全球销量占比高达48%，福特在中国市场的销量也接近其全球销量的20%，尚未处于稳定发展阶段的特斯拉也将受到严重打击，将有可能导致美国汽车品牌重现2008年濒临破产的局面。

（三）对全球汽车产业的影响

中美两国作为全球两个产销规模最大的汽车市场，相互针对汽车产品加征关税，对两国之外的汽车市场总体影响不大，对主流豪华汽车品牌影响较为明显。中国从美国进口的汽车产品除了美国品牌外，还有宝马、奔驰、讴歌、雷克萨斯等在美国生产的德国和日本豪华品牌，为了应对中美贸易摩擦，这些豪华品牌在美国的生产很有可能被调整到非美国地区，而没有在美国设厂的奥迪等豪华品牌则有望进一步抢占中国豪华汽车品牌市场份额。

若中美贸易摩擦进一步升级，中美两国汽车产业的全球布局将面临重大调整，从而影响全球汽车生产及销售格局。一方面美国品牌汽车及零部件企业可能撤出中国市场，对印度、巴西、伊朗、阿根廷等发展中国家则是进一步发展汽车产业的良机，市场规模进一步扩张的中国汽车市场仍将是全球非美国汽车品牌的战略重点，德国、日本、法国等品牌汽车则可能收缩其他地区的生产规模而加大中国市场的投资规模和力度，进一步抢占中国汽车市场份额。另一方面，中国品牌汽车的海外扩张重点则可调整到欧洲及“一带一路”沿线国家，在国内国外两个市场与其他品牌展开激烈竞争。

三、中美贸易摩擦对广州汽车产业的影响

总体上看，中美贸易摩擦对广州汽车产业的影响主要体现在自主品牌在美国的海外扩张战略将受阻、引进美国高端汽车品牌将更加困难、对美国新兴汽车技术及人才的整合形成阻力等几个方面。

（一）对整车企业的影响

1. 广州自主品牌在美国的海外扩张战略将受阻

中美贸易摩擦将极有可能导致广州自主品牌——广汽传祺在美国实施的海外扩张战略受制约，最坏的结果是放弃之前在美国的努力，将外海扩张战略重心调整到其他地区。经过近 8 年的快速发展，广汽传祺在 2017 年的产销规模已突破 50 万辆，在国内所有汽车品牌销量排名中跃居第 15 位，广汽传祺已经发展成为支撑广州汽车产业走向全球化的关键，因此其海外扩张战略对广州汽车产业迈向全球价值链中高端具有重要意义。美国作为全球第二大汽车市场而且市场成熟度、竞争水平和消费档次均处于较高水平，广汽传祺如能在美国汽车市场实现突破，对广州汽车品牌走向全球具有重要意义。广汽集团已花了三年多时间去研究北美的相关法规法律、产品适应性等，在硅谷和底特律设立研发中心及工程测试中心，尝试用这些平台来整合美国高端技术资源和人才，并在 2018 年 1 月的北美车展上宣布计划在 2019 年正式进军美国市场。然而，随着中美贸易摩擦的暴发，广汽集团在美国市场的海外扩张计划将受到影响，对美国高端汽车技术和高级人才的整合造成阻力，从长远看，对广汽集团抢占新能源汽车尤其是智能汽车产业发展先机造成不利影响。

2. 引进美国高端新能源汽车品牌将更加困难

广州作为我国五个特大汽车生产城市之一，引进高端新能源汽车品牌对提升

广州汽车知名度并促进产业迈向全球化具有重要作用。特斯拉作为目前较为知名的高端新能源汽车品牌，国内很多城市都想引进其投资建厂，广州也曾经进行了积极努力，然而随着中美贸易摩擦的暴发，美国将限制包括新能源汽车、自动驾驶等高科技向中国转移，广州引进美国高端新能源汽车品牌将更加困难。

3. 对现有整车生产影响不大

目前广州地区的整车企业产品以日系品牌和自主品牌为主，美国品牌只有广汽菲克生产的 Jeep 品牌，但其产量占广州全市产量比重较小而且国产化率较高，因此中美贸易摩擦对广州现有整车企业的生产影响很小。广汽菲克广州工厂主要生产自由侠、指南者等两款 Jeep 品牌汽车，2017 年产量为 13.06 万辆，占广州全市汽车产量比重仅为 4.4%；实现工业产值 164 亿元，占全市汽车制造业产值比重仅为 3.1%，此外广汽菲克广州分公司的国产化率约为 86%，目前只有 9AT 自动变速器、发动机 ECU、少量传感器等为数不多的零部件需要从美国进口，如果中美贸易摩擦升级导致部分零部件进口受阻，借助国内完善的零部件供应体系，寻找替代部件也较为简单，因此总体上对广州现有整车生产影响不大。

4. 短期内对广州整车出口影响甚微

广州整车企业的产品市场主要在国内，因此中美贸易摩擦对目前广州整车出口几乎没有影响，但对欲开拓美国市场的广汽集团的未来整车出口计划可能产生不利影响。广汽本田、广汽丰田、东风日产、广汽菲克等合资整车企业的产品均只能在国内销售，广汽乘用车、北汽乘用车、广汽比亚迪等自主品牌整车企业的产品只有少量出口，规模以上的整车出口企业只有位于广州开发区的本田汽车（中国）有限公司一家，目前其出口目的地也由之前的欧洲、北美地区转至非洲、中东等非美国地区，2017 年广州的整车出口量为 21863 辆，因此中美贸易摩擦对广州整车企业出口没有任何影响。由于广汽集团欲开拓美国市场，如果中美贸易摩擦持续较长时间或者升级，则会影响广汽集团整车出口造成不利影响。

（二）对汽车零部件产业的影响

从短期看，中美贸易摩擦对广州现有传统燃油汽车零部件产业影响很小；从长远看，有可能对广州培育发展新兴汽车零部件产业造成不利影响，特别体现在对智能汽车零部件技术和人才资源的整合及引进方面。由于我国早已对汽车零部件产业实行完全开放政策，广州及周边珠三角区域拥有较为完整的汽车零部件产业体系，中美贸易摩擦对目前传统燃油汽车零部件产业发展几乎没有影响，但对传统汽车的智能化升级造成困境，因为大部分车用芯片仍然依赖于美国芯片企业。但长远看，广州要推动汽车零部件产业转型升级，则非常有必要整合全球的新能源及智能汽车技术和人才资源，由于美国掌控了高端芯片、人工智能软件等未来智能汽车的关键领域，随着中美贸易摩擦的升级，美国将极有可能从两个方面进行制约：一方面制约美国的智能汽车技术向中国输出，另一方面制约中国企业到美国投资人工智能、自动驾驶等高科技行业。因此，对欲抢占智能汽车产业发展高地的广州汽车零部件产业而言，中美贸易摩擦会造成明显制约。

（三）对汽车服务业方面的影响

总体上看，中美贸易摩擦对广州汽车服务业的影响主要集中在汽车进口贸易及美国品牌汽车销售两个方面，总体不利影响较小而且将不断减弱。短期看，中美贸易摩擦对广州汽车进口贸易造成不利影响，对刚成长起来的平行进口汽车业务影响较为明显；长期看，随着我国新一轮对外开放政策的实施以及汽车进口关税的全面下调将不断降低中美摩擦带来的不利影响。广州的平行汽车进口贸易业务始于2015年，到2017年广州共有11家平行进口汽车试点企业，南沙口岸开展汽车进口贸易的企业已达70家，南沙平行进口汽车到港数量在2017年已达到13688辆，进入广州市场的为5963辆，南沙汽车码头已发展成为全国第二大、华南地区最大的平行进口汽车口岸。2017年我国自美国进口的整车有28.02万辆，尽管进口到广州的数量不清楚，但主要集中在天津，目前进口车型主要包括奔驰、宝马、雷克萨斯、凯迪拉克等品牌，这些品牌在非美国地区也有工厂而且这些豪华品牌具有较高可替代性，因此中美贸易摩擦会对广州汽车平行进口业务造成暂时的不利影响，市场会自动进行调节，更重要的是我国汽车进口关税将下降，这种不利影响将会不断减弱。

第四节 新一轮汽车产业开放政策对我国汽车产业的影响

正在发生重大变革并具有广阔发展前景的汽车产业是我国新一轮产业开放的重点领域，习近平总书记在2018年博鳌亚洲论坛的讲话中提及："尽快放宽外资股比限制特别是汽车行业外资限制"以及"2018年，我们将相当幅度降低汽车进口关税"，这两项产业合资及开放政策将对我国汽车产业产生深远影响。尽管我国汽车产销规模连续9年位居全球第一，但过于依赖外资、研发实力不强、自主品牌中高端势弱、全球化进展滞后等问题仍然存在，我国汽车产业需要新机遇谋划新转型。分析新政策出台对我国汽车产业的影响，有利于我国汽车产业更好地把握新政策出台后带来的全新发展机遇，总体上看新一轮汽车产业合资开放政策对正寻求转型升级的中国汽车产业而言，有利影响明显大于不利影响。

一、新一轮汽车产业合资开放政策出台背景及内容

（一）政策出台背景

党的十九大报告指出促进产业迈向全球价值链中高端是我国构建现代产业体系的重点任务，而产值规模第三、利润规模第一的汽车产业是实现这一目标的关键领域之一。自1994年起，我国对汽车产业实施了较为严格的产业保护政策，即中外合资整车生产企业的中方股份比例不得低于50%，同一外资汽车企业在国内只能建立不超过两家生产同类整车的合资企业。这些产业政策对我国构建现代汽车工业体系、加速汽车普及进程、辐射带动自主品牌发展等方面起到了重要作用，但随着我国自2009年起连续9年成为全球第一大汽车市场，同时全球汽车产业正加速向新能源汽车、智能汽车等新兴领域转型发展，原有的汽车产业政策已经难以适应时代发展新步伐，导致我国汽车产业难以真正融合全球汽车市场，反而不利于我国自主品牌汽车真正做强做大。

过于依赖合资企业、自主品牌核心竞争力偏弱、中国品牌全球化进程滞后等

问题对我国汽车产业迈向全球价值链中高端形成制约，急需实施汽车行业放开合资股比、降低进口关税等新一轮产业合资开放政策，通过更加激烈的市场竞争实施优胜劣汰，加快中国品牌汽车企业的兼并重组进程，推动更多具有国际竞争力的龙头企业迈入全球500强企业行列，同时吸引更多先进技术与国内汽车产业实现跨界融合，有助于我国抢占汽车产业新兴领域发展高地。

（二）新一轮汽车产业合资开放政策内容

1. 汽车产业合资股比开放政策

我国一直对汽车产业实施较为严格的宏观调控政策，新一轮政策重点针对合资股比、合资企业数量等方面的限制进行开放，具体内容如下：汽车行业将分类型实行过渡期开放，2018 年取消专用车、新能源汽车外资股比限制；2020 年取消商用车外资股比限制；2022 年取消乘用车外资股比限制，同时取消合资企业不超过两家的限制。通过 5 年过渡期，汽车行业将全部取消限制。制造业是我国开放最早也是市场竞争最充分的领域，而作为制造业中最重要组成部分的汽车产业的开放也在逐步实施过程中，目前我国汽车产业的综合实力和竞争力有大幅度提升，但要真正迈向全球产业价值链中高端，对汽车产业实施新一轮的开放则势在必行。

2. 汽车进口关税下调

我国汽车进口关税曾多次下调，1986～2006 年，我国进口车关税经过 9 次调整，由 220% 下调至 25% 并延续至今，未来将继续下调，但具体下调幅度还未公布。总体上看，我国汽车进口关税明显高于发达国家而低于大部分发展中国家。目前日本汽车进口是零关税，美国是 2.5%，韩国是 8%，欧盟是 10%，而印度、阿根廷、墨西哥等国分别为 60%、35% 和 33%。

二、影响分析

总体上看，新一轮汽车产业合资开放政策采取分领域、分时段的方式实施，仍然为我国自主品牌汽车发展预留了继续做强做大的发展空间和时间，意味着新政策对我国现有汽车产业的冲击效应较为缓和，将更有利于我国汽车产业深度嵌入全球汽车产业并迈向全球价值链中高端。

（一）合资股比及单一品牌合资企业数量限制放开政策的影响

1. 对新能源汽车及专用车领域的影响

总体上看，新政策的实施对我国现有新能源汽车及专用车领域的冲击不明显，有利于整合全球高端资源加速我国新能源汽车产业发展并迈向全球价值链中高端。

根据新一轮汽车产业合资股比开放政策，2018 年将放开新能源汽车和专用车领域的股比限制，新能源汽车以及专用车允许外资独资进入中国市场，意味着新能源汽车企业的工厂建设以及生产将不用再获取由国家发改委发放的新能源汽车生产资质，但较为繁复的资质审查流程将会继续保留，将会有越来越多的外资新能源汽车企业以独资方式进入中国新能源汽车市场。由于我国通过实施密集的新能源汽车产业政策使我国连续 3 年成为全球最大新能源汽车市场并培育出比亚迪、宁德时代等具有国际影响力的龙头企业，我国已逐步把握了全球新能源汽车产业发展的话语权，因此新政策的实施不会对我国新能源汽车产业形成冲击，反而有利于我国引进全球新能源汽车及专用车领域的高端人才、资本及技术资源进入国内市场，加速我国新能源汽车发展步伐并通过优胜劣汰培育出更具有国际竞争力的自主品牌新能源汽车企业。此外，由于我国专用车市场规模较小而且以国产品牌为主，新政策将有利于进一步提高国内专用车市场竞争水平，加速行业兼并重组进程从而培育出具有国际竞争力的龙头企业；而对于部分依靠进口的专用车而言，有望促使外资专用车在国内建厂。

2. 对乘用车领域的影响

总体上看，由于乘用车领域合资股比开放时间是安排在 2022 年，国内汽车市场有足够时间来应对新政策，将有利于进一步降低汽车销售价格、刺激自主品牌汽车加快发展步伐、完善我国汽车零部件产业链、引进更多高端汽车品牌在国内建厂，同时谨防大众、奥迪、通用、丰田等跨国汽车品牌过多建厂挤占自主品牌发展空间，与市场接轨不足的国企体制汽车企业将面临人才流失挑战。

根据新一轮汽车产业合资股比开放政策，到2022年我国将取消乘用车外资股比限制，同时取消合资企业不超过两家的限制。主要影响体现在以下几方面：

（1）汽车产品进一步多样化，汽车价格将呈现下降趋势。随着合资股比及合资企业数量限制放开，跨国企业将会引进更多车型，进一步丰富国内汽车产品类型；现有经营成本较高的合资模式将得到改变，生产成本也有望得到较大幅度下降，将导致合资汽车产品售价下降，不断上演的“价格战”现象最终使汽车价格呈现下降趋势。

（2）倒逼自主品牌加速发展，加速行业兼并重组进程。据不完全统计目前国内汽车品牌数量过百而且在新能源汽车领域还在快速增长。2017年年销量超过100万辆的汽车品牌只有大众、本田、吉利、别克、丰田、日产、宝骏等7个，而有53个品牌的年销量不足10万辆，自主品牌中只有吉利、宝骏、哈弗、长安等4个品牌年销量超50万辆，自主品牌整体竞争力还不如合资品牌，因此新政策的实施将刺激自主品牌加快发展步伐，通过“鲶鱼效应”提升优秀自主品牌竞争实力，发展落后的车企生存空间将进一步挤压，最终促使中国汽车行业向融合趋势发展，加速行业兼并重组进程。

（3）进一步深化合资合作进程，完善汽车零部件产业链。汽车行业合资股比放开之后，大众、奥迪、宝马、奔驰、通用、本田、丰田等影响力和竞争力较好的品牌有望成立超过2家合资企业或成立独资企业，促使合资或独资企业导入更多优秀车型到国内生产，吸引更多相关配套的国际零部件生产企业进入国内市场，在智能汽车、新能源汽车等新兴汽车零部件领域尤为明显，有利于促进国内汽车零部件制造水平的进一步提升，不断完善汽车零部件产业链。

（4）自主品牌话语权或将减弱，冲击中高端面临更大挑战。目前由于中外双方特殊的50∶50股权结构导致合资汽车企业在运营成本、决策效率等方面存在较为明显的弊端，掌控核心技术的外方迫切希望掌握更多的股份。随着合资股比的开放，尽管外方独资的可能性不大，但外方股比提高的可能性非常大，外方话语权将进一步得到提升，自主品牌将面临巨大挑战，整体话语权或将减弱，对国企影响尤为明显。目前在乘用车市场领域，合资品牌汽车市场占有率仍然超过50%而且中高端及豪华品牌市场几乎全是合资品牌，而且汽车进口关税的降低会使更多更低价豪华品牌进入国内市场，对于自主品牌冲击中高端及豪华市场品牌形成更大挑战。

（5）我国将以更大力度推动新兴领域发展，有望引领新兴汽车产业领域话语权。在传统燃油汽车领域，我国已难有机会实现超越，近几年我国通过密集的产业政策并借助庞大的市场规模，我国在新能源汽车及智能汽车方面与外资汽车产品相比已经差距不大甚至在某些领域实现赶超，下一步国家将以更大力度推动汽车新兴领域发展。随着合资股比的开放，外资车企为了抢占国内庞大的新能源汽车、智能汽车市场份额，必须按照我国新能源汽车、智能汽车行业标准开展产品研发、设计和销售，使我国有望引领全球新兴汽车产业领域话语权。

（6）产业技术人才流动将加速，对国有汽车企业形成挑战。无论是在新能源领域、商用车领域还是在乘用车领域，汽车产业合资股比的放开势必会吸引更多外资企业进入国内汽车市场，而产业技术人才将成为外资企业、合资企业以及自主品牌企业争夺的重要资源之一，对于与市场接轨不够彻底、体制机制不够灵活的国有汽车企业而言，外资企业和自主品牌企业将对产业技术人才更具吸引力，这将对国有汽车企业形成巨大挑战。

3. 对商用车领域的影响

总体上看，新一轮开放政策对我国商用车领域的影响较小。根据新一轮汽车产业合资股比开放政策，到 2020 年商用车领域将放开股比限制。与乘用车市场不同，由于国内商用车使用环境较为特殊，较高的路桥费导致大部分商用车常年处于超载状态、更新周期较短，售价昂贵的合资品牌难有市场，因此我国商用车市场依然是自主品牌占据统治地位，自主品牌商用车能够占到 70% 的市场份额。2017 年，我国商用车销量达到 416.1 万辆，其中货车累计销售 363.3 万辆，客车累计销售 52.7 万辆。目前合资品牌商用车成功的案例非常少，以重卡为例，商用车市场主流品牌以一汽、东风、福田、中国重型汽车、陕西汽车、上汽依维柯红岩为主，这六家企业中仅有上汽依维柯红岩是合资企业。即使到 2020 年，大众、沃尔沃等一系列拥有商用车品牌的汽车企业将有可能在国内成立合资或独资公司，有利于进一步完善国内商用车产品类型，但对国内商用车市场的总体影响不大。

（二）汽车进口关税降低的影响

汽车进口关税下调不会对我国汽车产业格局造成太大影响，但能提高我国汽车进口量，对发展汽车平行进口业务并进一步完善我国汽车产品市场具有重要促进作用，但可能对自主品牌冲击中高端及豪华汽车市场造成不利影响。

目前进口车大部分是高端豪华车，高昂的价格、维修成本高导致市场份额比较低。2017 年我国汽车进口量为 121.6 万辆，占全国汽车销量比重仅为 5% 左右，因此不会对国内整个汽车市场大格局造成太大的影响。从 2017 年进口车排量结构来看，1.5～3.0 升排量进口车占比较高，大约为 80%，因此关税下调后小排量进口车数量会呈现较快增长趋势。此外，进口车关税下调将挤压中高端国产车型市场，对自主品牌冲击中高端及豪华车市场形成巨大挑战。尽管目前还没有公布具体的关税下调幅度，但下调至 15% 的可能性较大，而下调至 10% 以下的可能性很小。如果进口汽车关税比例如果降到 25%～15%，那么国内一线自主品牌在面临全球市场竞争压力的同时还是有着一定的关税优势，而对于一些主要利润来源靠合资的车企而言，也并不会从根本上动摇其靠合资车盈利的模式；如果关税降低到 10%～15%，则进口车与国产车仍有一定程度价差，对中国汽车产业价格体系影响有限；若进一步降低到 10% 及以下，可能大部分外资企业无须在国内投资建厂，将工厂迁移到成本更低的地区，转而将精力集中在出口更廉价汽车到国内市场，但出现这种情况的可能很小。

第五节　小结

随着我国汽车市场逐渐饱和且竞争日趋白热化，双转型期下快速崛起的中国品牌需要深度融入全球汽车市场才能迈向汽车产业全球价值链中高端，争取尽快形成全球性竞争力才能在汽车产业新一轮发展变革中取得先机。本章以 2018 年为重点论述了全球汽车市场发展趋势，总体下滑趋势明显、新能源汽车市场增长快速成为全球汽车市场的主要特点，未来新能源及智能汽车将成为全球汽车市场的新增长点。通过分析"一带一路"沿线60个国家2005～2017年汽车消费市场变化特征及影响因素，研究发现："一带一路"沿线国家汽车消费市场整体增长较为缓慢，销量占全球汽车销量比重呈现下降趋势；不同区域的汽车市场存在较大差异，南亚地区汽车产销规模大而且增长较快；动态差分GMM模型表明"一带一路"沿线上一期汽车销量和服务增加值以及当期人均GDP、服务增加值、汽车产量、城镇人口等因素对汽车销量有促进作用。

此外，中美贸易摩擦对我国汽车产业的影响不管从短期还是长期看，由于我国是全球最大的汽车市场并在新能源汽车领域逐步掌握话语权，总体上贸易摩擦对美国汽车产业的不利影响程度远大于中国；如贸易摩擦进一步升级，美国品牌汽车将极有可能失去全球最大的汽车市场并因此遭受重创。尽管也将给中国汽车产业发展带来诸多不利影响，但也可能成为我国汽车产业核心技术和创新突破的新机遇，危机即转机，为中国品牌汽车加速抢占汽车产业新兴领域发展高地并深入实施国际化战略提供充足的时间和空间。而新一轮汽车产业合资开放政策的实施虽然将面临更多来自跨国汽车企业的冲击，但由于新一轮汽车产业开发政策采取分领域、分时段的方式实施，仍然为中国品牌汽车发展预留了继续做强做大的发展空间和时间，意味着新政策对我国现有汽车产业的冲击效应较为缓和，将更有利于双转型期下我国汽车产业深度嵌入全球汽车产业并迈向全球价值链中高端。

第五章

中国品牌汽车升级模式特点及存在问题

虽然中国品牌汽车在世界市场上竞争力不强，但是我们的自主品牌汽车却断断续续经过了近 60 年的发展，从中华人民共和国成立初期的红旗品牌发展到当今的吉利、奇瑞、比亚迪、长城、广汽传祺等，中国品牌汽车逐渐在国内市场的份额不断上升。本章在分析中国品牌汽车发展历程的基础上，讨论了中国品牌汽车企业升级模式及特点，分析了德国、美国、日本、韩国等国外汽车发展模式并总结经验启示，分析了中国品牌汽车升级面临的主要问题，最后分析了部分已经消失的中国品牌汽车退出市场的原因，认为技术研发能力不足是中国品牌汽车升级面临的最大问题。

第一节 中国品牌汽车发展历程

我国的汽车产业与美日欧发达国家相比显得较为特殊，以国有汽车企业作为汽车产业发展的核心主体，国家在很长时期实施较为严格的产业管控政策，这种体制机制导致我国汽车产业的创新活力不足，即使大规模实施合资合作战略，实现了产销规模的高速增长但总体上仍然是大而不强。我国第一汽车制造厂于 1953 年开始兴建并于 1956 年制造了第一辆解放牌汽车，拉开了我国汽车产业发展的大幕。中国汽车产业经过了多年崎岖坎坷的发展，并在不同的发展阶段呈现出我国汽车产业独有的阶段性特点。从总体上看，我国汽车产业自主创新先后经历了几个阶段①。

一、起步及技术引进阶段（1953～1977年）

此阶段是我国的第一个五年计划时期，也是我国汽车工业发展的起步时期，我国汽车产业最初的技术来源于苏联，技术引进与模仿学习是这个阶段的主要特点。在苏联提供的技术援助下，我国第一汽车制造厂于1953年7月15日在长春市开始兴建，从此开启了新中国汽车工业的历史。1956年7月15日，长春第一汽车制造厂生产出我国第一辆国产解放牌汽车。长春第一汽车制造厂的工厂设计与产品设计等基本全是由苏联援助建设的，绝大部分的汽车生产设备和工艺装备也都是从苏联直接进口，这一时期我国汽车产业的发展处于技术引进阶段，自主创新活动非常很少。从1958年开始，由于受到"大跃进"的影响和推动作用，加上我国汽车产业技术人员的生产热情高涨，汽车工业开始出现快速扩张趋势。主要表现在以下几个方面：（1）1958年在北京兴建了第二家大型汽车制造厂——北京汽车制造厂；（2）1958年3月10日，南京汽车制造厂成功地制造出了我国第一辆轻型载货汽车，国家将该辆轻型载货汽车命名为"跃进牌"汽车，并且同时批准成立南京汽车制造厂；（3）1958年，上海汽车装配厂在模仿借鉴波兰轿车和美国轿车的基础上，成功地试制出上海凤凰牌轿车；（4）1958年，长春第一汽车制造厂设计出东风牌71型轿车和红旗CA72型高级轿车，值得一提的是红旗轿车从设计到制造的整个过程都是由长春第一汽车制造厂自主开发的。1975年，湖北省十堰市的第二汽车制造厂也建成投产，发展速度非常快，自20世纪80年代初起，第二汽车制造厂生产的"东风牌"汽车就开始出口远销国外。1986年，第二汽车制造厂的产能就超过了长春第一汽车制造厂。从总体上看，这个时期我国汽车工业通过从苏联引进技术后，经过20多年的学习积累和发展，我国汽车产业开始逐渐具备一定的自主研发的能力，实现了由技术引进向自主研发过渡。但是，在这一时期我国

---

① 关于中国品牌汽车发展历程的论述，主要参考了本书作者巫细波《广州汽车产业自主创新与升级研究》，北京：经济科学出版社，2015年版。

汽车产业发展的重点是商用车而非轿车，因此对技术要求更高的乘用车产业的发展依然相对比较缓慢。

二、合资模式下技术引进阶段（1978～1996年）

由于早期我国对轿车产业的发展一直没有制定明确的发展战略，导致我国早期轿车的发展相对比较缓慢。当20世纪80年代中国汽车市场对轿车需求量急剧上升时，国产轿车根本无法满足市场需求，从而导致中国的轿车需要大量从国外进口。面对这一严重情况，国家最终决定制定中国轿车发展战略，大力推动轿车产业的发展，以进一步满足国内轿车市场的需求。在经过几年酝酿后，1986年，中央人民政府正式把汽车工业列为我国的支柱产业，并明确提出了中国轿车工业的发展原则，即“高起点、大批量、专业化”。并且在1987年8月的北戴河会议上，国务院明确提出我国要建设一汽、二汽、上汽三大轿车生产基地。1988年，国务院在颁布的《关于严格控制轿车生产点的通知》中明确提出我国轿车的生产布局战略，即国家只支持一汽、二汽和上汽三个大型轿车生产基地和北京、天津、广州三个小型轿车生产点的生产布局战略，即“三大三小”战略。然而由于我国自汽车工业发展以来，长期坚持发展商用车的战略，导致轿车工业的发展技术一直处于比较薄弱的状况。并且与国外大批量的流水线生产方式相比，我国轿车产业的生产方式处于非常落后的状态。因此，在改革开放的历史背景下，我国轿车生产企业选择了与发达国家轿车企业合资模式的技术引路道路，以实现国内轿车产业的快速发展。在这一时期，得益于国家轿车产业“三大三小”生产布局战略的政策优势，以及中国汽车市场巨大的需求量和较高的市场价格，一汽、二汽和上汽三个轿车生产基地和北京、天津、广州三个轿车生产点，通过合资引进国外的生产线和生产技术，取得了跨时代飞速发展。但我国轿车产业走的是从国外引进汽车生产线、生产技术和主要零部件，然后在国内合资企业进行组装的发展模式。在这一时期，虽然这种发展模式在一定程度上促进了我国轿车产业的快速发展，但是，它也在很大程度上阻碍了中国汽车产业自主创新能力的提高。

三、中国品牌起步发展阶段（1997～2008年）

自20世纪90年代中后期以来，基于我国汽车市场的巨大需求和我国汽车产业未来的良好发展前景，国内一部分有商业眼光的民营企业家开始涉足汽车产业，由于资本和技术来源不足，大部分选择了模仿自主研发的发展道路。1997年1月，奇瑞汽车有限公司以41亿元注册资本在安徽芜湖注册成立，并选择以自主研发的发展模式进入汽车产业。同年，浙江吉利集团也开始进入中国轿车市场，并且其依靠独特的经营机制和自主创新优势，取得了飞速发展，曾被评为“中国汽车工业50年发展速度最快、成长最好”的企业。此外，2000年以后，随着荣成华泰汽车公司、华晨集团公司、比亚迪等企业陆续进入中国汽车产业，中国品牌汽车企业开始活跃于中国汽车产业，有力地推动了中国汽车产业由合资模式的技术引进向自主创新阶段的发展。值得一提的是，做电池起家的比亚迪自2003年收购秦川汽车成立汽车事业部门以来，选择丰田汽车的经典车型——花冠作为仿制对象，于2005年推出了价格不到10万元的车型——比亚迪F3，比亚迪正式凭借F3实现快速崛起并成功在汽车行业站稳，连续三年的高速增长使比亚迪到2008年就实现销量突破50万辆。这一阶段中国品牌的自主创新活动的主体主要以民营汽车企业为主，研发创新以模仿为主且集中于非核心零部件，发动机、自动变速箱等核心零部件主要以外购为主，即使模仿研发也有心无力。

四、中国品牌创新快速崛起阶段（2009～2016年）

这个阶段我国汽车市场整体呈现快速发展趋势，中国品牌在产销规模和研发创新方面均取得显著进步，长城、吉利等通过推出更高端的汽车品牌实现自身竞争力的提升。自2009年我国跃居为全球最大汽车市场，到2016年已经连续八年刷新全球的产销纪录。随着国内汽车市场的高速发展，国企汽车企业在多年的合资过程中已经意识到了发展中国品牌的重要性和紧迫性。在这个阶段，几乎所有的国有大型汽车集团都提出了中国品牌发展战略，利用较为雄厚的资金，通过购买国外汽车技术的方式加速自主创新能力，大型的中国品牌汽车企业基本能够实现自然吸气和涡轮增压发动机的研发制造，部分企业还实现了自动变速箱、混合动力系统等核心零部件的研制。例如，上汽集团购买了英国罗孚汽车和 MG 品牌的技术，推出了上海荣威和 MG 两大中国品牌汽车；北汽集团购买了瑞典的萨博汽车技术，推出了绅宝品牌；广汽集团购买意大利菲亚特汽车技术，推出了传祺品牌；一汽集团通过与日本马自达合作，推出了奔腾品牌；东风集团通过与法国雪铁龙汽车合作，推出了风神品牌。诸多中国品牌已经在世界各地的汽车重镇建立研发中心，从最初的模仿走向自主正向研发之路。据不完全统计，长安、吉利、长城、上汽集团等车企均已经在海外建立了研发中心以及设计中心。尤其值得一提的是，广汽传祺和上汽荣威品牌均在这一阶段顺应 SUV 市场的高速增长契机，重点打造 SUV 车型实现产销规模快速增长。而民营中国品牌汽车，由于资金相对有限，自主创新方式较为多样化。奇瑞、吉利、长安、比亚迪等民族品牌汽车凭借自主创新，发展速度非常快，并且已经取得了巨大的成就。主流的中国品牌汽车厂商几乎都能够自主生产涡轮增压发动机，所有类型的自动变速箱已经实现了自主研发并量产。自 2003 年以来，奇瑞汽车股份有限公司建成了以汽车工程研究总院、规划设计院、汽车试验技术中心为依托，并与国内大学和科研机构等进行合作的产、学、研发体系，从而掌握了汽车研发和重要零部件的关键技术。通过自主创新，奇瑞汽车股份有限公司在 TGDI 涡轮增压缸内直喷技术、CVT 无级变速器和新能源等尖端核心技术方面取得了重大的历史性突破，这些为其汽车产品的技术升级提供了良好的技术支撑。比亚迪通过垂直整合策略，不但在传统燃油汽车技术领域不断实现新突破，推出了涡轮增压发动机、双离合自动变速箱等高性能的动力总成，在新能源汽车领域更是推出了双模混合动力系统、混动四驱系统等产品，自 2012 年年底推出比亚迪秦以来，已经连续 19 个月实现新能源汽车产销规模国内第一。此外，吉利汽车、华晨汽车、长安汽车等通过建立技术研发中心，在自主研发和自主品牌建设方面都取得了巨大的发展成就，而万里扬、东安汽发、双林集团、盛瑞传动等汽车零部件企业分别推出了 CVT、6AT、8AT 等不同类型的自动变速箱。

J. D. Power 亚太公司作为国际知名的第三方新车质量评价机构，对中国新车质量的研究已经接近20年，其中国汽车销售满意度研究主要衡量新车车主购车后2~6个月内经历的问题，并将新车质量问题明确划分为两大类：设计缺陷和故障、无法操作。新车质量的综合得分以每百辆车的问题数（PP100）来衡量，分数越低表明问题发生率越低，质量也越高。从近10多年的统计表来看，中国品牌车型的问题数量逐渐减少，与国际品牌的差距不断拉近，这与2000年接近400的数据相比，进步非常明显。

五、中国品牌引领新兴领域发展阶段（2017年至今）

传统燃油汽车市场增速放缓并出现了多年未见的负增长，以新能源汽车为代表的新兴领域则呈现快速发展趋势，得益于国家出台了一系列产业支持政策，中国品牌汽车企业快速响应，逐渐成为新能源汽车、智能网联汽车等新兴领域的“领头羊”。随着上一阶段连续多年高速增长，受国内汽车市场逐渐饱和、汽车社会问题日益凸显等因素影响，这一阶段的传统燃油汽车市场增速放缓，到2018年更是出现了我国汽车市场近30年以来的首次负增长。面对汽车产业的发展新趋势，国家重点围绕新能源汽车、智能网联汽车等领域出台了多项产业激励政策，到2018年我国新能源汽车销量达到了125.6万辆，2017年和2018年增速分别达到53.3%和61.7%，与国内整体汽车市场持续下滑的趋势形成鲜明对比，我国新能源汽车份额也由2011年的0.04%增长到2018年的4.47%。比亚迪的新能源汽车销量已经连续四年位居全球第一，比亚迪基本掌握了所有新能源汽车关键零部件的技术并在某些领域实现了领先，实现了汽车核心部件的高度集成化并在此基础上不断创新突破，逐步形成了全球性竞争力。宁德时代借助汽车产业技术转型的新机遇，快速发展成为全球最大规模的汽车动力电池生产企业之一。随着中国品牌汽车逐渐崛起，同时依托借助我国发达的电子信息产业，我国智能汽车发展取得积极进展。上汽乘用车、长安、北汽等传统车企纷纷制订智能汽车发展规划，致力于将智能汽车作为提高自身全球价值链环节的重要甚至关键手段。除了传统汽车企业外，不少与智能汽车技术相关的企业也开始进入智能汽车产业，开始积极布局量产其企业品牌的首款智能汽车，通过普及智能汽车大力发展共享出行新型服务业。

尽管中国品牌汽车企业对国家宏观产业政策的响应更快，在汽车产业新兴领域取得初步的、暂时的领先优势，但合资企业在资本、技术研发及产业链掌控方面具有优势，一旦国家宏观产业政策对中国品牌的保护力度减弱甚至消失，合资企业在新兴领域的发展同样对中国品牌汽车造成挑战和压力。因此，必须积极顺应汽车产业双转型期的新趋势，增强技术研发创新支撑力度并抢占新兴领域发展高度，加快转型升级并培育全球性竞争力。

第二节

我国汽车企业升级模式及特点

纵览我国汽车产业发展历史，我国汽车企业的升级模式主要有国有汽车企业依托合资合作的升级模式、民营汽车企业从模仿创新到自主创新的升级模式以及新能源新势力企业跨界融合的升级模式。国有汽车企业长期主导着我国汽车行业发展，体制机制的特点使国有汽车企业缺乏创新活力，尽管国有汽车企业通过合资合作的发展对我国建立现代汽车产业体系并促使其融入全球汽车产业价值链具有重要意义，但难以成为我国汽车技术创新的核心引擎并打造出具有全球影响力的汽车品牌。而通过模仿起步的民营汽车企业，在发展过程中依托灵活的体制机制不断实现创新和突破，成为我国汽车产业主要的创新引擎。本节主要分析了我国国有汽车企业、民营汽车企业、新能源造车新势力企业等不同类型汽车企业的升级模式和特点。

一、国有汽车企业：依托合资合作的升级模式

（一）合资合作的机制及意义

纵览我国汽车产业发展历史，国有汽车企业长期主导着汽车行业的发展，体制机制的特点使国有企业缺乏足够的创新活力，因此“以市场换技术”成为1994年国家宏观汽车产业政策的主要战略目标，而国有汽车企业正是这一产业

政策的主要执行者，合资合作模式成为我国汽车产业早期发展的最佳选择。从全球汽车产业发展历史看，我国可以算是汽车产业的新兴国家，在发展早期主要是依靠廉价的劳动力以及庞大的市场前景来换取跨国汽车企业的投资。在合资企业中，外资汽车企业控制着整车设计研发、关键技术部门、产品配套设计，因此国有汽车企业无论在技术、资本还是销售等方面都没有竞争优势，基于这种情况导致国有汽车企业对外来资本及技术产生越来越强的依赖性，最终导致我国汽车产业长期处于全球汽车产业价值链的中低端环节。在合资汽车企业中，由于国有汽车企业技术的落后，只能依赖合资企业，外国母公司控制着合资企业的技术部门，关键设计以及核心技术都在国外的母公司内完成，合资企业只负责最低级的整车组装以及一般零部件的生产，得到是价值链最低端的制造与组装环节以及极低的利润率，在技术方面主要是关于一些边缘化的改装。国有汽车企业合资方虽然意识到这一点，一直提出想进行核心技术的参与，或者在现有技术上进行进一步的创新，但是外国母公司出于自身保护极力阻止国有企业进行技术的研发，加上国有汽车企业通过合资方式能够轻松获得非常大的收益，也让国有企业在合资过程中逐渐放弃创新的动力，国有汽车企业原本想通过“市场来换技术”的策略无法实现，久而久之便形成了中方在合资企业中被动、无话语权。

总体上看，国有汽车企业通过合资合作，对我国建立现代汽车产业体系并促使其融入全球汽车产业价值链具有重要意义，但难以成为我国汽车技术创新的核心引擎并打造出具有全球影响力的汽车品牌。一是被动地嵌入跨国汽车公司主导的全球价值链。国有汽车企业通过合资与世界汽车企业进行合作，参与到全球生产网络，由于我国的人口红利从而获得了人工和固定成本较高、利润较低的低端生产组装环节，通过这种方式融入全球汽车价值链当中。在这一过程中，参与合资的汽车企业在生产制造和质量管理方面获得了一定提高。二是逐渐丧失自主研发动力及能力。在合作生产的过程中，国有汽车企业无法参与核心技术的研发，只能涉及一些外观、内饰等与本土化相关的简单改造，加上跨国汽车企业出于保护核心竞争力也加大了对合资企业研发的限制。同时，合资企业即使不搞研发也可以获得高额利润，种种原因导致合资企业自主研发动力及能力减弱。三是很难实现在全球价值链内向高附加值环节跨越。综上所述，我国企业在被动嵌入全球价值链后参与的是最低端的低利润环节，无法涉及核心技术以及品牌建设等环节，无法提升自身的研发能力，就无法实现沿着全球价值链向价值量含量高的节点升级。

（二）一汽集团发展模式分析

一汽集团作为我国汽车工业最早的国有汽车企业，其合资合作发展历程具有典型性，一汽集团发展中国品牌汽车的成功经验和不足之处也具有代表性。一汽集团长期以一汽大众、一汽奥迪、一汽马自达等合资品牌为主，在合资过程中不断学习外资方先进的技术和管理经验，在潜移默化中提高自己的技术研发水平。直到 2009 年，在积累了相当丰富的技术和经验之后，在借鉴合资车型的基础上，一汽正式确立了中国品牌发展战略，开始自主创新的发展道路。一汽集团的中国品牌发展模式可以概括为“合资合作→学习开发→自主开发中国品牌”。其“奔腾”“夏利”“威志”等品牌都是根据此模式开发出来的。与其他民营中国品牌汽车企业以低端市场为主阵地不同的是，在市场策略上一汽始终保持重点开发红旗、奔腾中高档轿车的产品线，随着国内汽车消费市场逐渐放缓甚至出现负增长，夏利、威志等品牌已逐渐淡出市场，夏利品牌于 2019 年 9 月被天津博郡汽车收购，意味着夏利汽车品牌正式退出历史舞台。

总体而言，一汽的这种先合资引进技术，后集中力量打造中国品牌的发展模式，具有民营汽车企业难以比拟的优势和独特性。一是可以充分利用合资机会，在合作中学习和借鉴国外先进的技术和经验，借助合资方来提升自己的研发水平；二是借助合资品牌的利润来支撑中国品牌的发展。但是，这种模式的劣势也是显而易见：在合资的过程中，外资方不可能把核心技术拿出来与中方共享，所以中方掌握的只是一些威胁不到他们的非核心技术；在合资过程中，中方很容易被暂时的高额利润所诱惑，从而丧失自主研发的动力和能力；此外，引进技术并消化吸收并非易事，需要企业持之以恒的坚持和大量的资金和人力物力的投入。但国有汽车企业体制机制的不足，使国有汽车企业的创新活力不足，难以组织积极有效的研发活动并开发出有竞争力和影响力的汽车及零部件产品，难以成为我国汽车产业迈向全球价值链中高端的核心引擎。

二、民营汽车企业：模仿创新到自主创新模式

随着国家对汽车产业的宏观管控逐渐开放，越来越多民营企业进入汽车行业，灵活的体制机制使民营汽车企业逐渐成为发展中国品牌汽车的主力军，吉利、比亚迪等民营汽车企业在技术研发方面不断突破并在新能源汽车、智能网联汽车等新兴领域初步取得了部分领先优势。

中国品牌汽车民营企业在发展过程中缺乏国有企业那样的雄厚资本，因此必须坚持技术创新为主，期间经历了多个创新发展阶段：一是模仿学习阶段，主要是起步阶段，通过模仿先进汽车企业的关键技术，从而迅速提高自身产品的性能；二是技术外包阶段，在进行了初步的发展之后，无法一味地复制模仿别人，而自身也不具备研发能力，在世界范围内寻求技术外包企业来实现外包式的技术创新；三是技术引进创新，这也是一种比较省时省力的技术创新方式，在社会上有很多现成的技术或专利，有些是可以通过引进来弥补自身的不足；四是完全自主创新阶段，这一阶段对企业的要求较高，不但要有足够的人力资本，还要有足够的经济实力，任何技术的研发都是从无到有，或者是对过去的改进，在这一过程中的投入可能会成为沉没成本。

中国品牌汽车民营企业的发展过程是一个由国内市场逐步向国际市场发展的过程，在与跨国汽车强企竞争与合作的过程中构建自己主导的全球价值链和供应链。在企业成立之初，竞争能力的不足使其只能靠迎合消费者的需求来提高竞争力和市场份额。在我国汽车产业发展的很长一段时期，由于合资企业的汽车产品价格相对较高而广大消费者则希望市场上出现物美价廉的汽车产品，中国品牌汽车民营企业抓住市场缺口生产出了一大批低价格性能好的汽车产品，像奇瑞 QQ、吉利金刚、比亚迪 F3 等一系列物美价廉的轿车被市场广泛接受。随着民营汽车企业市场份额的提高并获得了客观的利润，同时自主研发能力的增长使中国品牌汽车民营企业获得了良好的发展机会，在抓住机会的同时构建自己主导全球价值链来实现企业转型升级。

此外，在民营整车企业的带动下，汽车发动机、自动变速箱等核心零部件的

研发生产也实现了巨大进步。其中，主流的中国品牌汽车企业均实现了发动机的研发生产，性能和价格均赶上了合资水平（见表5-1）。

表5-1 部分中国品牌汽车企业发动机性能指标

名称	最大功率	峰值扭矩
比亚迪1.5T	154Ps/5200rpm	240N·m/1750-3500rpm
比亚迪2.0T	206Ps/5200rpm	320N·m/1750-4500rpm
长安汽车1.0T	111Ps/5400rpm	172N·m/1500-4200rpm
长安汽车1.4L	101Ps/6000rpm	135N·m/3500-4500rpm
长安汽车1.5T	170Ps/5500rpm	230N·m/1950-4500rpm
长安汽车1.6L	125Ps/6000rpm	160N·m/4000-5000rpm
长安汽车1.8T	177Ps/5500rpm	245N·m/1700-5000rpm
长城汽车2.0T	245Ps/5500rpm	350N·m/1800-4500rpm
长城汽车1.5T	163Ps/5000-6000rpm	280N·m/1400-4000rpm
广汽乘用车1.5L	95Ps/5500rpm	126N·m/4500rpm
广汽乘用车1.5T	197Ps/5500rpm	270N·m/1750-4500rpm
北京汽车1.5T	169Ps/5700rpm	262N·m/1600-4500rpm
北京汽车2.3T	250Ps/5300rpm	350N·m/1900-4500rpm
东风乘用车A14TD 1.4T	143Ps/5000rpm	220N·m/1500-3500rpm
东风乘用车A15-I 1.5L	113Ps/6000rpm	145N·m/4200rpm
华晨中华2.0T高功率版	218Ps/5000rpm	315N·m/1250-4800rpm

资料来源：根据企业网站信息整理。

在技术难度更高的自动变速箱方面，2010年之前中国品牌汽车企业汽车产品搭载的自动变速箱基本上需要从外资企业采购，而比亚迪在2012年率先通过模仿研发方式实现了对双离合自动变速箱的自主研制，随后上汽集团、长城等企业也实现了双离合自动变速箱的研发（见表5-2），产品性能不断完善并逐渐接近合资产品的水准。随后，越来越多企业实现对其他类型自动变速箱的自主研制，如万里扬的CVT自动变速箱，东安汽发、双林集团、盛瑞传动等企业6AT和8AT自动变速箱。

表 5-2　　中国品牌汽车企业主要的双离合变速箱概况

企业	双离合	核心模块	装配车型	特点
吉利	干式双离合 7DCT300	格特拉克	帝豪 GS、GL	干式双离合，体积小、重量轻
奇瑞	干式双离合 7DCT300	格特拉克	瑞虎 7	体积小、重量轻
一汽集团	DCT220、DCT270、DCT350	博格华纳	森雅 R7、红旗 H7	湿式双离合，技术较为成熟、市场评价较高
比亚迪	6DT25（干式）、6DT35（湿式）	比亚迪	G6、速锐、秦	性价比高，初期小毛病较多，核心模块自研更新较为频繁，主要应用于混合动力车型
长城	7DCT450	博格华纳	哈弗 H7、WEY VV5	整体市场表现不错，能承受更大扭矩，装车量较大
上汽集团	6 速湿式双离合、7 速干式双离合	博格华纳、通用汽车	荣威 i6（干式）、RX5（湿式）	装机量较大、干式双离合还存在较多问题；湿式双离合较为稳妥可靠
广汽集团	7 速干式双离合 C725	菲亚特克莱斯勒	传祺 GS4、GA6 等	重量较大、低速顿挫明显、市场接受度不高

资料来源：根据企业网站信息整理。

不少汽车零部件企业通过海外并购的方式实现对汽车零部件核心技术及供应链的掌握（见表 5-3），不断提高自身竞争力。例如，均胜电子尽管通过自主研发进入汽车电子配件领域，但始终无法进入附加值更高的环节并进入外资品牌汽车的供应链体系，而均胜电子在 2011 年收购了德国普瑞，普瑞有着先进的汽车电子技术，均胜电子一下获得了普瑞的 98 项技术专利，快速有效地提升了自身竞争力。

表 5-3　　部分中国零部件企业海外收购案例

年份	案例	被收购方主营业务
2011	中航工业收购通用旗下耐世特汽车系统公司	主营汽车转向系统和传动系统
2013	华域汽车以 9.28 亿美元收购延锋伟世通	产品覆盖汽车内/外饰系统、座椅系统、电子和安全系统
2015	中航工业 8 亿美元收购美国瀚德	汽车密封和防震解决方案供应商，产品包括密封条、橡胶组件等

续表

年份	案例	被收购方主营业务
2015	中国化工以 70 亿欧元收购倍耐力	全球著名轮胎供应商之一
2017	宁波均胜电子以 16 亿美元收购高田气囊	全球汽车安全气囊配套供应商
2018	宁波继峰股份出价 31 亿元收购德国格拉默	格拉默主营业务为头枕、扶手、中控、座椅等
2018	华域汽车收购上海萨克斯动力总成公司	主要业务为设计和制造离合器、液力变矩器等产品

资料来源：根据企业网站信息整理。

此外，随着新能源及智能网联汽车成为汽车产业未来发展的重点，吸引越来越多的企业和资本进入新能源汽车领域，通过产业融合创新模式实现企业升级。截至 2018 年底，已有蔚来汽车、小鹏汽车、威马汽车、拜腾汽车等超过 50 家新能源造车新势力企业，但真正能够稳健发展且具有较好成长性的跨界新能源造车企业还非常少。跨界新能源造车企业由于没有制造传统燃油汽车的从业经验，在汽车传统核心技术、零部件供应链、营销网络等方面都没有优势，主要通过融合电子信息、人工智能、大数据等与汽车制造业实现创新发展，这类企业的汽车产品主要通过代工方式生产，侧重于品牌营销，总体上看这些企业有以下特点：（1）产品以中高端路线为主。如较为知名的蔚来汽车，其首款中高端纯电动 SUV 蔚来 ES8 的平均售价超过 40 万元，小鹏汽车的 GE3 平均售价也超过 20 万元，理想汽车的理想 One 的售价超过 30 万元。（2）产品外观设计较为激进。为了在众多汽车产品中脱颖而出，跨界造车企业的汽车产品外观设计往往较为激进，如车内采用大型屏幕、车尾大多采用贯穿式的车灯设计等。（3）注重人车交互功能，情感化、场景化设计成为主流。如天际 ME7 前后排五屏联动，理想 One 前排也采用了三块大屏贯穿；很多车型采用了包括人脸识别在内的多模态交互方案。（4）L2 级别的高级辅助驾驶已经成为标配，配备了包括摄像头、毫米波雷达、超声波雷达在内的硬件组合，实现多向自动泊车、ACC 自适应巡航、FCW 前方碰撞预警等功能。（5）OTA 升级功能也成为标配，每年保证升级次数，甚至实现整车 OTA。（6）打造车主服务体系，在渠道建设方面，采用直营店、城市展厅、4S 店、维修中心多种形式结合，为用户综合提供加电、流量、代步车、保险等服务。这类企业在技术储备、资金、营销网络、品牌知名度等方面还有明显不足，加上国家层面对新能源汽车产业的扶持政策变化较快，使跨界造车企业难以适应，导致这些企业的发展前景充满不确定性。

第三节

国外汽车品牌发展模式研究

不同国家的汽车品牌发展具有明显差异性，分析国外汽车发展模式并总结经验启示，对中国品牌汽车企业升级具有很好的借鉴意义。

一、德国：坚持技术领先

德国作为汽车产业的起源国，拥有大众、奔驰、宝马等世界一流的汽车品牌，长期作为汽车产业的技术“领头羊”，其发展历程大致可以分为以下两个阶段：(1) 两大品牌并肩发展阶段 (20 世纪 80 年代以前)。在此阶段，德国的汽车产业由两大主力构成，一个是 1926 年成立的戴姆勒一奔驰公司，另一个是 1934 年成立的大众汽车公司，两者形成了二虎并肩发展的局面。它们均是按照自主开放的发展模式建立和发展起来的。(2) 兼并整合和海外扩张阶段 (20 世纪 80 年代中期以后)：戴姆勒—奔驰汽车公司通过不断地兼并和整合来节约开发成本，形成批量生产和规模效应，进一步巩固了自己在汽车行业的品牌地位，极大地提高了自己的市场占有率。大众汽车公司则凭借其子公司——塞亚特汽车公司，大举进军海外市场，迅速拓展市场份额，以此来实现自己扩张品牌及其影响力的发展目的。

从总体上看，德国汽车一直以质量好、安全性能高而著名，像奔驰、宝马等豪华车型以及保时捷跑车等，在世界汽车市场上具有较高知名度，其品牌的含金量也是不言而喻的。在产品研发上，德国始终把坚持技术领先放在首位，十分重视技术开发和人才的投入，实施精益化制造模式来确保高质量的产品品质。之后，美国的福特和通用进入德国汽车市场，以收购德国汽车企业等形式成功组建了德国福特、德国通用（欧宝）等汽车公司。德国汽车行业自此步入了以自主开发和外资主导相结合的发展模式。当然，由于德国汽车一味地追求高档与豪华，也给其拓展市场带来了一定的难度，除了大众汽车能够以真正大众特色的产品位列全球十大汽车厂商第四位名以外，其他公司的产量普遍不高，这也正是日本汽车能够后来居上迅速赶超德国汽车的原因之一。

二、日本：模仿创新到赶超

日本的汽车产业起步相对较晚，在 20 世纪 30 年代开始汽车的生产，50 年代初才基本形成了自己的汽车产业体系。日本汽车走的是一条以“引进—消化吸收—自主开发”为模式的模仿创新之路。值得注意的是，日本引进国外的先进技术并不是单纯的引进，而是将引进作为一种契机，在引进的基础上坚持自主创新。日本非常注重对引进技术的消化和吸收。在对国外技术体系进行充分研究的基础上，汲取欧美各国的技术之长，有选择地把各国最先进的技术成就引入国内，依靠国内企业高素质的人才培养，对从各国引进的先进技术进行迅速消化和吸收，并在此基础上进行技术的集成和创新，形成世界一流的技术之后再返销世界市场。

在日本汽车工业发展的整个过程中，日本政府起到了不可替代的作用。特别是在汽车工业刚刚处于起步阶段，日本政府便大力扶持和保护本土的汽车企业，同时通过设置各种贸易壁垒的方式对国外的汽车厂商进行抑制。另外，日本政府通过资金支持、政策引导等方式给予汽车企业支持：鼓励产学研合作，大力培养汽车专业人才，通过提供资金和设备来增强企业自身的竞争力，通过政策引导企业多创自主品牌，参与国际竞争，让企业更多地加入激烈的全球竞争中，以适应国际竞争的需求。但是在此过程中，日本政府并不直接干预企业内部的发展，而只是通过制订相关的政策来进行扶持。日本政府十分注重鼓励汽车行业的主力——民间企业的积极发展，并以此来推动整个汽车行业的向前发展。后期国外资本大量进入日本市场，却未能改变日本汽车自主开发的模式格局，也得益于日本政府在关税壁垒等方面的庇护。

三、美国：坚持自主开发

美国汽车产业的发展模式有两个非常显著的特点：第一，以“自主技术创新”为产业主导的发展模式，这一模式投资多、起点高、风险大，但最终能够形成的长期竞争优势却是非常的明显；第二，其构建汽车产业自主创新平台是在政府的主导下完成的，以局部带动行业全局的发展。美国汽车行业的发展历程大致分为以下三个阶段：

（1）自主发展阶段（20 世纪 70 年代前）：美国早在第二次世界大战之前便率先以自主开放的模式建立并实现了本国汽车行业的兴起和迅猛发展。1913 年，福特汽车装配流水线的发明对美国汽车产业的发展起到了革命性的推动作用。创新俨然已经成为美国汽车的主流导向，在经过多年的发展中逐渐形成了福特、通用和克莱斯勒三足鼎立的局面。汽车整车厂通过不断并购零部件企业逐渐实现其纵向一体化战略，这一阶段，美国汽车产业得到迅猛发展，迅速上升至全球汽车产业的中心地位。

（2）全方位的开放阶段（20 世纪 70 年代后期到 80 年代中期）：第二次世界大战结束后，伴随着欧洲和日本汽车产业的崛起，日德汽车品牌先后进入美国市场，先后建立了美国大众、美国本田、美国日产、美国丰田等众多公司。日德品牌的介入大大推动了美国汽车品牌多元化格局的形成，美国汽车行业从此由单一的自主开发模式成功步入了以自主开发为主，外资主导和共同经营为辅的多元化发展模式。

（3）重新崛起阶段（20 世纪 80 年代后期至今）：在与日德等汽车品牌的激烈竞争中，美国本土的汽车企业濒临破产倒闭的危险。而此时，美国三大汽车公司开始卧薪尝胆，从 1988 年开始到 90 年代初，历时五年的时间研究了全球将近 90 多家汽车工厂，先后投资了 1250 亿美元来改建工厂、开发新产品和进行员工培训。经过多年的努力，美国汽车终于实现了产品质量的提高以及生产成本的下降。通用汽车公司从此成为全球最大的汽车跨国巨头，在将近 41 个国家中成功组建了自己的子公司，并先后在海外市场兼并了欧宝、五十铃等汽车公司。在这段时期，美国政府也付出了巨大的努力，积极协调和配合国内车企，为它们提供稳定的经济、政治环境和自主创新平台，大力扶持国内汽车品牌的发展。

四、韩国：国产化与集团化发展模式

韩国作为汽车产业的后来居上者，其发展模式值得所有后发国家学习和借鉴。与日本类似，韩国也是通过引进国外先进技术又消化和吸收，最终转化为自己的竞争优势，并在此基础上开始创新的。纵观韩国整个汽车产业技术的发展过程，正是沿着“散件组装—以零部件国产化为核心的汽车产业自主发展—出口和国际化”这一路径而实现腾飞的。

韩国汽车发展模式的一大特色就是“产品国产化”。20 世纪 60 年代，在技术基础相对薄弱的情况下，韩国采取了引进国外先进技术的方法来发展本国的汽车产业。其一直非常重视对引进技术的消化和吸收，始终注意不受国外跨国公司的控制，通过实施“高级先进技术国家计划”实现了从“模仿追赶型”模式向“创新型”模式的成功转变。韩国汽车企业十分重视发展国产化车型，注重国产化水平的提高和独立开发。韩国作为一个民族意识强烈的国家，韩国车企一直将自主开发视作最为重要的环节，强调开发韩国自己的轿车。如今韩国的汽车产业初步建立了比较完善的汽车产业体系和全球营销网络，已经达到了规模化和集团化的发展水平。与日本政府一样，韩国政府在本国汽车的发展进程中起到了举足轻重的作用。韩国政府将汽车产业定为国家战略计划，通过颁布一系列优惠和扶植政策，给予本国汽车企业一定的补贴和支持，不断加大研发经费的投入和对人才的培育。同时设置各种关税和非关税壁垒来限制国外汽车，保护本国汽车企业免遭国外车企的打压。在 1979 年的石油危机中，韩国政府更是实施了强硬的行政措施，成功培育了一大批优秀的汽车生产企业和零部件配套企业，实现了韩国汽车业生产结构的顺利调整与转型。

五、国外汽车品牌发展模式的经验启示

从上述美德日韩各国汽车产业的发展模式来看，有以下几个方面可以为我们

所借鉴:

(1) 掌握核心技术和坚持自主创新是根本。不管是靠自主发展起来的美国和德国，还是通过引进国外技术模仿创新的日本和韩国，其汽车产业之所以能有今天的成就，都得益于其掌握了汽车制造工业的核心技术和自主创新能力，而这正是汽车产业振兴的核心。不管市场竞争多么激烈，只要掌握了核心技术就有了打败竞争对手的“杀手锏”；只要保持自主创新能力的不断提高，就能源源不断地制造出符合市场需求的汽车产品，做汽车产业的“常胜将军”。而反观中国品牌汽车，我们所欠缺的也正是这些。多年的合资经历并未使我们腾飞，相反，由于对外资的过分依赖，只注重引进不注重消化，使中国沦为世界的“汽车加工厂”。掌握不了核心技术永远只能受制于人，没有自主创新能力永远只能模仿和抄袭。

(2) 政府宏观产业政策扶植要适度及合理。各个国家品牌汽车的发展离不开本国政府的支持。在这个经济全球化的时代，对外开放是必然选择，然而这也就意味着大批外资进入抢夺国内的市场和资源。在这种情况下，为了保护本民族的汽车工业，政府在其中就起到了不可替代的作用。另外，政府的职能特点使其在资金、政策和人才培养等方面有着得天独厚的优势和条件。但是与此同时，我们必须清醒地认识到，政府的扶持并不意味着要肆无忌惮的袒护。从中国自主品牌汽车来说，从某种程度上来说，我国的汽车发展历程与日韩模式是类似的，但在政府的扶持效果上却是相差甚远。究其原因，主要是日韩政府在注重保护国内汽车产业的同时又刺激企业直面来自全球的竞争对手，强制企业对汽车产品进行出口。这些举措在某一程度上为企业抓住时机迅速进行技术的引进和学习提供了庇护，有助于完整汽车产业链条的顺利建立；从另一角度看，这也使日韩汽车企业借助于国际市场竞争的手段不断检验和改进自己的产品品质，并以此来塑造成功的品牌形象。而中国政府却不善于培养优势企业，有悖于“优胜劣汰”的市场原则，只要是民族企业就一味地补贴，导致有些企业明明已经出现亏损却还在不断地死撑硬撑，用政府补贴的资金来填补这个“无底洞”，使本该被淘汰的企业至今还在“苟延残喘”，而本应该集中优势资源获得长足发展的企业却因缺乏有效的市场竞争机制没有发挥出应有的带头作用。

（3）坚持集团化规模化发展。汽车产业是一个资本密集和技术密集型的产业，规模效益明显。当前国内汽车市场还处于起步阶段，“散小乱差”现象明显，还远远没有达到规模经济效益。积极促进国内大小企业的重组和整合，淘汰那些规模小、竞争能力弱的小企业是中国汽车产业发展的必经之路。只有整合优势资源，大力扶持竞争力强的汽车集团才能更大限度地提高中国汽车的整体竞争力，实现向汽车强国的飞跃。

（4）坚持全球化发展。无论其产品在本国有多畅销，最终还是要走出国门，实现全球化战略。从国外汽车品牌的发展模式来看，他们最终无一例外地选择了进军海外市场。良好的国际形势以及新兴经济体的飞速发展已经给我们带来了机遇。中国自主品牌也应该要有布局海外市场的战略眼光。但我们需要注意的是，海外市场的竞争势必会更加残酷，没有了政府的扶持和保护，面对大量国外知名品牌的挤压，唯有通过自己高质量的产品品质才能吸引顾客，在海外市场占据一席之地。

第四节

中国品牌汽车升级必要性及面临问题

尽管我国拥有全球最大的汽车市场，但中国品牌汽车的市场份额从未超过50%，与国内汽车市场的合资及外资品牌相比，中国品牌汽车在技术创新、品牌影响力、营销能力、国际化水平等方面还有较大差距，因此必须促进中国品牌汽车转型升级，但升级过程中还面临不少问题。

一、中国品牌汽车升级的必要性分析

中国品牌和民族工业的发展实际上决定着一个国家的经济命脉和民生。汽车产业作为我国的支柱产业，大力发展中国品牌更有其重大作用。

1. 中国品牌汽车升级是国家经济实力增强的体现

虽然目前汽车行业竞争越来越激烈，外资品牌与合资品牌的发展给自主品牌

带来了巨大的压力，但自主品牌的重要性是不容忽略的，因为自主品牌的发展代表着国家的经济实力和国际地位，在一定意义上，其发展水平是衡量一个国家工业化水平、经济实力和科技创新能力的重要标志。据发达国家经验，汽车产业的发展对国民经济和其他产业的发展有着显著性的拉动作用，例如，1955～1970年，日本国民经济增长6倍，汽车产业则增长了57倍；德国汽车产业在发展时期给国民经济的贡献度是税收的25%、出口的1/5、产值的1/6、就业的1/7。汽车产业作为一个典型的资本、技术、劳动力密集的产业，具有高投入、高产出、规模效益递增、产业关联度大、科技含量高、经济带动力强的突出特点，它的发展对我国经济的持续增长具有强大的推动力，将有力地拉动相关产业发展，具有强大的关联效应和波及效果。因此，一个国家汽车产业的发展程度客观上反映了一国经济发展的程度，而作为对实现我国汽车产业健康持续发展有决定性作用的自主品牌更是重中之重，塑造我国汽车产业强势自主品牌势在必行。

2. 中国品牌汽车升级是向汽车强国转变的必经之路

纵观后起国家的汽车发展历程，大致可分为两种模式：一是由巴西代表的“国际汽车俱乐部的组装工厂”模式，意味民族自主品牌的完全缺失。二是由韩国代表的“国产组装品牌模式”。巴西与同样作为世界汽车生产大国韩国相比，完全没有自己的自主品牌汽车，只是国际汽车巨头的组装厂和生产基地，可以说仅仅是一个默默无闻的国际巨头品牌代言人。而提起韩国的汽车业，大家都能想到韩国的现代、大宇等汽车，正是这些韩国自主品牌汽车促使了韩国由汽车大国向汽车强国的转变。我国的汽车产业真正起步比较晚，而且目前已成为汽车生产的大国，那么就应该从国外汽车产业发展中吸取教训，借鉴巴西和韩国的经验，避免自主品牌的缺失而成为下一个国际巨头的品牌代言人，加大自主品牌开发力度，实现汽车大国向汽车强国的转变。

3. 中国品牌汽车升级是掌控汽车市场话语权的关键

在进入20世纪90年代后，国内汽车集团纷纷与国外知名品牌汽车厂商合作，在这种“以市场换技术”的形势下，中国汽车市场竞争愈发激烈，汽车生产能力出现过剩。汽车市场的竞争也由原来的产品竞争、渠道竞争过渡到了目前的品牌竞争阶段。在品牌主导市场的今天，一个强势的知名品牌对汽车企业来说更加重要，谁拥有品牌谁就拥有消费者，谁就能获得品牌溢价带来的高额利润。那么一个在成本、技术、品牌形象等方面具有竞争力的自主品牌，将会逐渐改变目前我国汽车市场由外资主导的尴尬局面，同时也给予了中国品牌企业在汽车价格制定、技术转让、进出口等方面更多的话语权。

4. 中国品牌汽车升级是市场竞争获取的关键

据联合国工业计划署统计，世界品牌中强势品牌所占比例不到 3%，而其产品却占了全球市场的 40% 以上，销售额更占据了全球 50% 左右。这一数据充分表明了市场竞争越来越依赖品牌的影响力，这是由于经济全球化的发展导致了产品越来越同质化，产品之间的性能差异变得微乎其微，通过产品差异化来获得竞争优势变得越发困难，而品牌则不同，品牌代表了企业在消费者心目中的形象，它不仅代表产品的使用价值，而且还承载了一定的情感和文化，当消费者的情感与品牌所包含的文化内涵相符合时，就能产生共鸣，对该品牌形成一定的依赖，即所谓的品牌忠诚。所以越来越多的企业开始注重品牌的提升，追求品牌溢价带来的收益。由此可见，在日趋激烈的汽车市场竞争中，品牌已经是国际汽车巨头控制和占领市场的重要武器，而中国品牌汽车升级过程将是一个与国际汽车一流品牌博弈发展的动态过程。

5. 中国品牌汽车升级有利于加速自主创新步伐

一个产业要实现持续健康的发展，自主创新是必不可少的，自主创新是一个产业发展的动力和源泉，没有创新就会落后于他人，受制于他人。我们可以看到，虽然在近几十年的时间里，合资政策在增加劳动就业、传播技术和管理经验、活跃汽车市场方面做出了巨大贡献，但由于在合资的过程中，我们一直未曾掌握国外核心技术，逐渐使我国汽车产业进入了“引进—落后—再引进—再落后”的怪圈，以至于至今都未能出现一个同国外汽车巨头竞争的强势自主品牌，而合资的利润大部分也被外方带走。这一切的根源都在于国内自主品牌缺乏自主创新能力，使我国汽车市场由外方主导，而我方仅仅是外方品牌的一个代言人和加工厂。自主品牌在很大程度上要解决自主知识产权问题，依靠的是自己的技术和研发能力，所以自主品牌对提高自主开发能力来说是必不可少的，一个强势的自主品牌必然带动和加速企业的自主创新力度，并能在产业内部形成一个榜样，带动整个产业的自主创新能力。

二、中国品牌汽车升级面临问题

凭借作为全球最大汽车市场的强力支撑及有力的产业激励政策，中国品牌品牌汽车已经取得了显著进步，传统燃油汽车领域的动力总成等核心技术得到攻克，新能源及智能汽车领域发展迅速，但中国品牌汽车仍未成为中国汽车市场的核心。虽然汽车产业进入技术及消费双转型期对中国品牌汽车发展带来利好，但仍然存在不少问题需要加以重视和解决。从宏观环境还是微观环境都面临很多的不利因素，具体可以总结为以下几点。

（一）政府早期扶持力度不足，后期产业政策调整过于频繁

近年来，尽管国家对自主品牌汽车的发展重视度逐渐提高，政府不断调整政策来引导和扶持自主品牌汽车的发展，但我们可以看到，政策实施所产生效果却不尽如人意。一方面，政府所出台的汽车产业结构政策不合理，早期的汽车产业政策基本忽视了自主品牌轿车的发展，奇瑞作为我国最早的自主品牌民营企业之一，从 1997 年开始生产汽车，但曾经一度被国家发改委叫停，原因当时国家还未对民营企业生产轿车完全放开，最终奇瑞迫不得已只有出让 20% 的股权给上汽集团，作为上汽集团的附属企业，只为获得销售轿车的许可，这种情况一直持续到 2003 年，奇瑞才作为独立的民营汽车企业销售自主品牌汽车。虽然后来国家的汽车产业政策一度进行了调整，但是由于政策的滞后性以及实施的准确性低，国家政策对自主品牌的支持力依旧低于预期效果很多。另一方面，国家在汽车领域研发投资相对分散，对自主品牌汽车企业的研发能力支持力度不够，相比国外发达国家政府对汽车产业的投资，我国资金投入过低，而且比较分散，政府研发资金所产生的效用不大。其次，政府在公务用车采购过程中对自主品牌的实际支持不足，尽管自主品牌乘用车如奇瑞、吉利、江淮、比亚迪等一直在大力往公务车市场发展，但公务车的采购规定的种种限制，使自主品牌进军公务车的大

门一直未能真正打开。2007年进入政府采购自主品牌仅占轿车类品牌总数的20%，而在实际采购中，这一比例却只有5%左右。年初国务院发布《汽车产业调整和振兴规划》规定“调整政府公务用车配备标准，使有关排量和价格的规定更有利于采购节能环保和自主品牌，各级政府和公共机构配备更新公务用车自主品牌汽车所占比例不得低于50%”，鉴于这一规定，在政府汽车采购名单汽车公司中，自主品牌汽车企业达到21家，车型60多款，包括上汽荣威、一汽奔腾、奇瑞东方之子等，但据多家自主品牌汽车企业表示，该名单并未增加其公务车销量。据有关数据显示，2009年政府公务用车采购金额为800亿元左右，全国公务车上牌量为61.5万辆，而政府采购奇瑞的汽车数量仅为1.4万辆，占全国公车采购量的2.3%，2008年，奇瑞汽车更是只有1.9%的份额，而吉利、比亚迪获得的政府采购份额更低。与此形成鲜明对比的是，奔驰、宝马等高档的合资品牌汽车陆续进入公务车采购清单。由此可以看出，尽管政策已经颁布，但政府采购对自主品牌的扶持收效甚微。

（二）长期受合资企业挤压，缺乏核心技术研发动力和能力

在汽车市场激烈的竞争背景下，我国自主品牌汽车通过“以市场换技术”的策略以及多年来自身的研发和学习，已经具备了一定的研发能力、掌握了一定的核心制造技术，但从总体来看，自主品牌与国际品牌相比，仍然存在研发投入低、研发能力薄弱、核心技术缺乏、整体创新能力不足，自主品牌的发展缺乏自主知识产权核心技术的支撑。从目前来看，我国自主品牌研发投入主要来自两个方面：第一，自主品牌汽车企业自主投资进行的研发活动；第二，国家为扶持自主品牌的发展而投入的专项研发资金。但无论从哪个方面来看，我国自主品牌的研发支出与国际品牌相比都有很大差距。汽车作为一个耐用品，其产品技术含量是一个核心因素，自主品牌核心技术的缺乏直接导致了我国汽车产业陷入“引进—落后—再引进—再落后”的怪圈。一方面，核心技术的缺乏是我国自主品牌只能集中于利润率较低的低端市场，产品以价格战为主，企业收益率低，不利于企业的长期成长；另一方面，高端市场被合资品牌占据，而合资品牌的外资方依靠核心技术的自主知识产权而取得了高端市场的大部分收益，车市利润大多流入国

外，总体来看，不利于我国汽车产业的发展。

（三）企业规模小、效益普遍较低

在我国汽车产业的发展过程中，由于早期的汽车企业重复建设以及自主品牌真正起步较晚，导致目前我国汽车生产企业多达上百家，汽车企业数量居世界首位，而2008年产量超过万辆的只有15家，全国自主品牌汽车年产量尚不如通用、福特等大企业一家的产量。汽车产业作为一个高投入、高技术含量、研发周期长的大型产业，规模经济的重要性尤为重要，而我国大多数自主品牌汽车企业由于产量少、规模小，尚不能实现规模经济性，导致生产成本过高、生产效益低下，严重制约了我国自主品牌的发展壮大。

我国已连续10年成为全球最大汽车市场，总共有120多个汽车品牌在销售，竞争非常激烈而且有加剧趋势，中国品牌汽车加快并深入实施国际化战略显得非常紧迫。到2018年，国内中国乘用车品牌约80个，但销量超过10万辆的仅20个，超100万辆的仅吉利汽车一个品牌，中国品牌乘用车总销量为997.99万辆，汽车市场份额仅为42.1%，较2017年下降6.7个百分点，始终无法突破50%的市场份额；而合资汽车品牌约41个，销量超过10万辆的有21个，超过100万辆的品牌有大众、丰田、奔腾、日产及别克等五个，市场占比达到57.9%，其中德系、日系、美系乘用车销量分别为508.05万辆、444.63万辆、247.79万辆，分别占乘用车销售总量的21.4%、18.8%、10.5%。

（四）品牌战略意识薄弱

所谓品牌战略就是公司将品牌作为核心竞争力，以获取差别利润与价值的企业经营战略。品牌战略是市场经济中竞争的产物，战略的本质是塑造出企业的核心专长，从而确保企业的长远发展。在科技高度发达、信息快速传播的今天，产品、技术及管理诀窍等容易被对手模仿，难以成为核心，而品牌一旦树立，则不但有价值并且不可模仿，因为品牌是一种消费者认知，是一种心理感觉，这种认知和感觉不能被轻易模仿。近年来，国际汽车知名品牌企业纷纷运用品牌战略的利器，取得了竞争优势并逐渐发展壮大。例如，奔驰给人尊贵豪华的感觉，沃尔沃给人安全稳重的感觉，奥迪给人潮流科技的感觉。

长期以来，受计划经济思想束缚和市场经济发育不完善的制约，我国自主品牌汽车企业缺少依靠品牌带动企业发展的战略意识。目前我国自主品牌的品牌战略意识还不是很强，一方面由于自主品牌主要集中于低端市场，企业在营销过程中，缺乏品牌营销的概念，主要还是依赖于产品、价格、渠道、促销等传统手段，导致自主品牌企业在竞争过程中上容易被模仿、被超越，企业自身缺乏独特的核心竞争力。另一方面，企业对品牌的自我保护意识差，在品牌管理方面还缺乏经验，一个强势品牌的建立是需要长时间的培育和沉淀，当企业对自主品牌进行准确定位进而赋予其特殊情情感和文化价值后，企业的一切生产、经营、定价、销售、推广环节都应该以该价值为核心，时刻向消费者传达一个确定的品牌信息，在消费者脑海中形成一个独特的品牌形象，但我国汽车自主品牌在这方面做得还很不好，例如，曾经被誉为“国车”的红旗轿车，在上市初期定位于高端市场，消费群体是成功的商业人士、高级公务人员等社会上层群体，但随着市场竞争的加剧，“红旗”的价格和定位一降再降，最后甚至沦落到了出租车的地步，这就是由于品牌保护意识差，品牌管理不科学所造成的。

（五）品牌溢价低，利润率低

一直以来，我国自主品牌汽车都是以超低的价格进入市场，低价几乎成为自主品牌的共有特征，低价低利润也成为自主品牌占领市场份额的重要手段，但从品牌的溢价方面来看，自主品牌比欧美的车型品牌溢价要低10%～20%，比日本的产品可能是要低5%。2005年，国内汽车自主品牌知名企业奇瑞汽车年度销量18万辆，而利润却只有9500万元，单车利润只有500元，而同年广州本田销售整车23万辆，利润46亿元，单车盈利高达2万元，上海通用销售32.5万辆，实现利润50.9亿元，单车利润1.5万元。自主品牌单车利润与合资品牌之间的巨大差距使自主品牌在对抗合资品牌过程中越来越艰难。虽然低利润在短期内会带来一定市场份额，但从长期来看，如果一直采取低价策略，而忽视品牌的知名度和美誉度的提升，那么品牌所带来的附加值、品牌溢价将会越来越低，企业的抗风险能力将越来越弱，这对我国汽车企业打造强势自主品牌是不利的。

（六）企业人才缺乏，管理水平有待提升

随着汽车产业的迅速发展，我国对汽车人才的需求猛增，目前，汽车人才的增长速度远远落后于汽车产业的发展速度，我国汽车企业高素质管理人才和技术人才供给不足严重制约了我国自主品牌汽车的发展。一方面，汽车企业管理人才的缺乏使我国自主品牌汽车企业整体管理水平不高，大多处于粗放式的管理或者纯粹照搬国外汽车企业管理模式，不能形成一个适合自己的高效管理体制，相比较日本丰田生产方式精益生产方式，以及本田精英五则，国内自主品牌汽车企业在管理方面与外资品牌存在很大差距。另一方面，技术人才的缺乏使我国自主品牌汽车企业研发能力薄弱，据《中国汽车工业年鉴（2008）》统计显示，2007 年我国各类汽车企业从业人数为 204.6 万人，其中工程技术人员为 24.5 万人，仅占从业人数的 11.9%，从事研究开发工作的人员只有 10.9 万人，仅占 5.3%，而欧美发达国家汽车研发人才一般占全行业从业人员的 30% 以上。据中国汽车研究会有关资料显示，我国发展自主品牌需要技术人才约 10 万以上，而目前我国仅有 2 万余人，缺口巨大。除此之外，在我国众多轿车生产厂家中，具有国家级技术中心的只有奇瑞、吉利、比亚迪等为数不多的几个企业，相当一大部分的自主品牌企业都还没有自己的独立研发人员和研发中心，技术人才缺乏、研发能力薄弱已经成为制约我国自主品牌自主创新的重要因素。

第五节 已经和或将消失的中国汽车品牌

中国品牌汽车在发展历史过程中曾经出现多很多品牌，但由于缺乏核心技术难以适应市场变化，最终导致许多中国品牌汽车退出市场。本节分析一些已经消失的中国汽车品牌，分析这些品牌退出市场并消失的原因，对汽车产业双转型期下还可能消失的中国品牌汽车进行展望。总体上看，已经和或将消失的中国汽车品牌主要原因是技术掌握和创新不足，汽车产品竞争力不强，难以适应汽车行业技术转型或消费转型，最终导致退出市场。

一、已经消失的中国汽车品牌

1. 云雀汽车

云雀汽车源于1988年中国贵州航空工业集团的“军转民”项目，通过与日本斯巴鲁汽车的合资合作生产微型乘用车，在严格管控的汽车工业发展初期，云雀汽车的优势非常明显，即竞争对手非常少（仅有同为微型车的奥拓汽车），但云雀汽车最终没能够发展起来，于2004年被浙江青年汽车兼并重组而退出市场。总体上看，云雀汽车最终退出市场的主要原因在于企业决策方面的失误：一是没能及时打开当地的出租车市场导致错失政府方面的扶持。1992年云雀汽车于CKD方式下线后，贵州省政府希望运用经济和行政手段在云雀汽车发展初期给予扶持，希望购买云雀轿车作为贵阳的出租车而云雀汽车却拒绝，理由竟然是“新车要先满足集团和企业内部的需要”，导致错失出租车市场份额和政府方面的扶持。二是零部件国产化策略过于急躁导致汽车产品质量下降。在错过了出租车市场份额和政府扶持后，云雀汽车又做出了全面国产化的决策，但当时云雀汽车的技术研发和生产能力非常弱，零部件过于着急国产化导致云雀汽车产品质量快速下降，进而导致销量始终难有起色。到2000年，云雀汽车的销量只有1470辆，导致合资方斯巴鲁汽车对云雀汽车丧失信心。截至2001年底，云雀汽车10年的汽车销量仅为1.2万辆。2003年开始云雀汽车走上重组道路，最终浙江金华青年集团于2004年正式入主贵航云雀，意味着云雀汽车正式退出市场。

2. 华利汽车

华利汽车是由天津汽车制造厂（1965年成立）与日本大发汽车合资合作于1984年推出的微型面包车品牌，华利汽车产品主要定位于出租车市场，由于竞争产品少，华利汽车在早期发展势头非常良好，先后占领了天津、北京等城市的出租车市场，其中北京到1992年已经有3万辆华利品牌的出租车。然而好景不长，国内汽车产业发展逐渐转向轿车领域，而华利汽车的技术来源于合资合作，难以根据市场变化及时进行产品更新，最终导致衰落退市。天津汽车制造业旗下的夏利牌轿车投产后迅速取代华利牌的微型面包车，成为当时各大城市出租车领域的主要车型。华利微型面包车到2001年底已全面停产，累计产量达到50万辆，其中90%都是供给国内的出租市场。2002年6月，天津汽车工业集团与一汽集团公司采取股权转让方式联合重组，天津华利汽车有限公司更名为一汽华利汽车有限公司，由于当时我国刚加入WTO，日产汽车、丰田汽车等越来越多合资品牌进入国内市场，轿车成为国内市场的主流，而仍以微型面包车为主的一汽华利始终难有起色，一汽华利于2008年3月18日在天津产权交易网站挂牌出售，最终被并购重组，意味着华利汽车正式退出市场。

3. 奥克斯汽车

奥克斯是主要生产空调的家电企业，曾在2003~2005年尝试造车，但由于缺乏技术、对市场调研不足且并未获得真正的造车资质，导致很快就退出市场。奥克斯汽车代表了2000年以来民营企业进入汽车行业的一种尝试，由于国家实施严格的汽车行业准入政策，一方面使汽车制造行业的利润较为可观，另一方面使民营企业要进入汽车行业非常困难，“借壳入行”是最常见方式，早期的奇瑞汽车也曾依托上汽集团进入汽车行业，奇瑞汽车早期产品的尾部印有“上汽奇瑞”。因此，奥克斯采用与已有生产资质汽车企业合作的方式进入汽车行业，2003年奥克斯选择与沈阳农机集团旗下的双马轻型车制造有限公司进行合资合作，但由于双马轻型车制造有限公司已经与山东黑豹集团合资成立了沈阳富桑黑豹有限责任公司且其产品黑豹牌汽车均已登录发改委公告，因此奥克斯通过斥资5000万元收购沈阳双马95%的股份并于2003年9月28日成立的沈阳奥克斯汽车有限公司并没有独立的汽车生产资质，其汽车产品要顺利上市必须冠以“黑豹牌”汽车，因此并没有真正意义上的奥克斯牌汽车。奥克斯的首款SUV车型“原动力”于2004年4月正式上市，该车定位于7万元左右的低端SUV市场，这款SUV借鉴了五十铃汽车产品的理念设计，零部件大部分是与长城、大迪等经济型SUV通用，其动力系统搭载了源于丰田技术的2.3升XG491Q-ME直列4缸多点电喷发动机，最大功率103马力，匹配5速手动变速箱。但国内汽车消费市场在2004年出现短暂性下滑，导致奥克斯汽车未能一炮而红，奥克斯汽车2004年的销量仅2000多辆，这与公司最初的预期相差太远导致萌生退出汽车行业的想法，沈阳奥克斯汽车有限公司于2005年3月23日向奥克斯集团申请终止SUV和皮卡的生产，至此奥克斯全面退出了汽车制造行业。总体上看，奥克斯并没有对进入造车行业制订长远计划和进行充分市场调研，加上没有任何技术底蕴，最终只能草草收场。

4. 波导汽车

波导汽车是民营企业——波导科技公司于 2003 年创立的汽车品牌，没有生产资质的波导科技公司先后与南京汽车制造厂（2003 年）、宁波神马汽车（2005 年）、长丰汽车（2007 年）等有生产资质的汽车企业合作造车，由于没有掌握汽车制造核心技术、与合作方意见不统一、难以适应市场变化等因素，波导汽车的销量一直非常低，如与南京汽车制造厂合作推出的“新雅途”轿车于 2004 年 3 月上市后两个月的销量为 2000 多辆，但 2004 年 8 月波导与南汽的合作就终止了；与长丰汽车合作与 2008 年 3 月推出的“骐菱”轿车，产品竞争力不足加上金融危机的影响，最终销量非常惨淡，与长丰汽车的合作于 2009 年初终止。随着国内新能源汽车的兴趣，波导科技公司试图通过宁波神马汽车加入新能源汽车造车行列，但产品一直未能上市，而宁波神马汽车也于 2012 年被上海大众收购，意味着波导汽车退出市场。

总体上看，这些已经消失的中国汽车品牌主要原因在于技术研发动力非常弱，都是通过组装模式造车，难以制造出竞争力较强的汽车产品，随着国家对汽车行业的管控不断开放以及越来越多合资品牌进入国内市场，最终导致这些汽车品牌的消失。

二、或将消失的中国汽车品牌

总体上看，中国品牌数量还比较多，但大部分品牌的产销量不高，总体竞争力弱，在汽车产业技术和消费双转型期下的绝大部分中国汽车品牌将会面临被兼并重组或者直接退出市场的命运。截至 2019 年底，我国汽车市场还有 84 个中国汽车品牌，而超过 100 万辆的只有吉利一个品牌，超过 10 万辆的品牌有 19 个，分别为哈弗、长安、宝骏、比亚迪、荣威、奇瑞、广汽传祺、MG、东风风光、北京汽车、捷途、长安欧尚、江淮、领克、奔腾、东风启辰、众泰、东风风行、WEY 等（见图 5 - 1）。超过 1 万辆但不足 10 万辆的品牌有 28 个，分别为金杯、

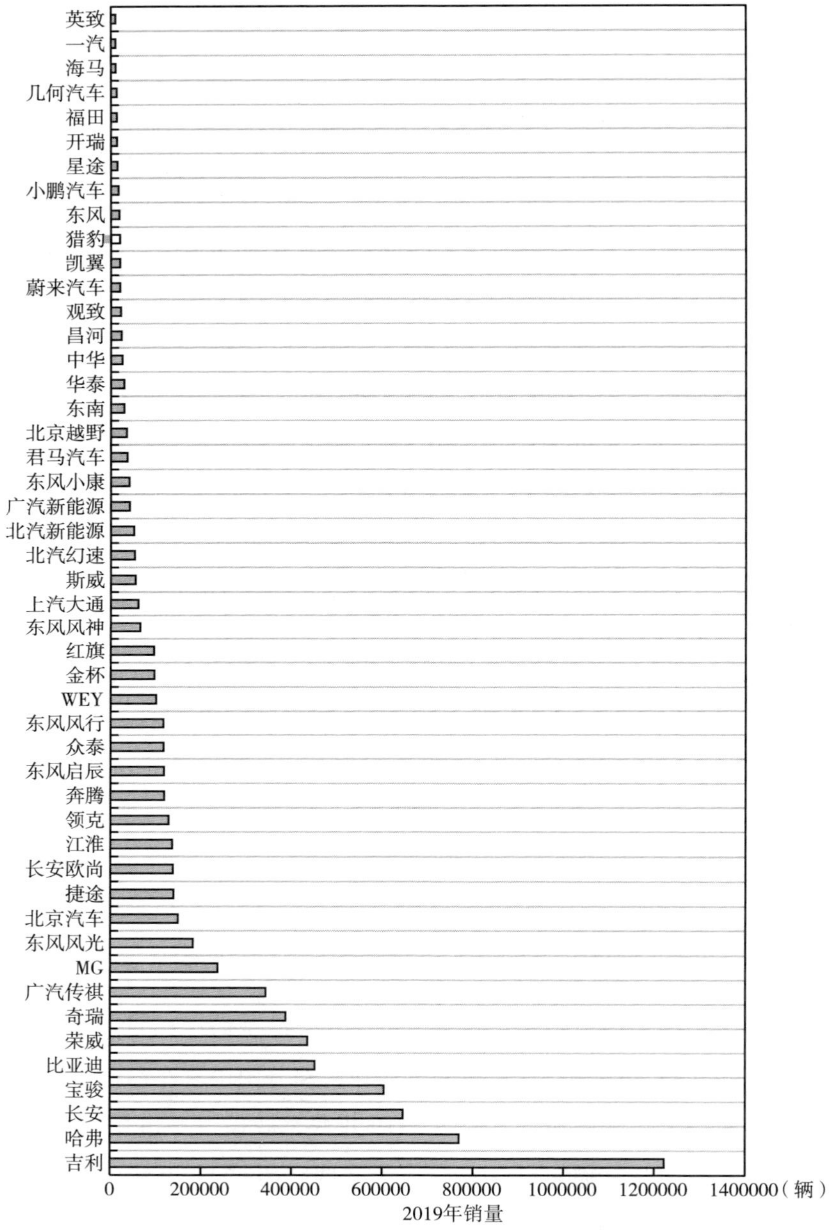

图 5－1　2019 年销量超过 1 万辆的中国汽车品牌销量情况

资料来源：搜狐汽车产销数据库，http：//db. auto. sohu. com/cxdata/.

红旗、东风风神、上汽大通 MAXUS、斯威、北汽幻速、北汽新能源、广汽新能源、东风小康、君马汽车、北京越野、东南、华泰、中华、昌河、观致、蔚来汽车、凯翼、猎豹、东风、小鹏汽车、星途、开瑞、福田、几何汽车、海马、一汽、英致等；而北汽威旺、比速、野马汽车、长城、北汽制造、力帆、云度、福汽启腾、知豆、陆风、东风风度、福迪、一汽吉林等品牌的销量还不足 1 万辆，像哈飞、华颂、黄海、康迪、瑞麒、威麟、中兴等品牌面临着被重组兼并或者退出市场的命运。

第六节　小结

纵览我国汽车产业发展历史，我国汽车企业的升级模式主要有国有汽车企业依托合资合作的升级模式、民营汽车企业从模仿创新到自主创新的升级模式以及新能源新势力企业跨界融合的升级模式。国有汽车企业长期主导着我国汽车行业发展，体制机制的特点使国有汽车企业缺乏创新活力，尽管国有汽车企业通过合资合作的发展对我国建立现代汽车产业体系并促使其融入全球汽车产业价值链具有重要意义，但难以成为我国汽车技术创新的核心引擎并打造出具有全球影响力的汽车品牌。而通过模仿起步的民营汽车企业，在发展过程中依托灵活的体制机制不断实现创新和突破，成为我国汽车产业主要的创新引擎。本节主要分析了我国国有汽车企业、民营汽车企业、新能源造车新势力企业等不同类型汽车企业的升级模式和特点。不同国家的汽车品牌发展具有明显差异性，分析国外汽车发展模式并总结经验启示，对中国品牌汽车企业升级具有很好的借鉴意义。此外，尽管我国拥有全球最大的汽车市场，但中国品牌汽车的市场份额从未超过 50%，与国内汽车市场的合资及外资品牌相比，中国品牌汽车在技术创新、品牌影响力、营销能力、国际化水平等方面还有较大差距，因此必须促进中国品牌汽车转型升级，但升级过程中还面临不少问题。

第六章

比亚迪模式：垂直整合和集成创新模式

比亚迪是中国品牌汽车发展历史上民营汽车企业的典型代表，在汽车产业双转型期下依托技术创新和产业链整合实现企业转型升级并初步培育出全球性竞争力。作为民营企业的比亚迪依托模仿创新、垂直整合和集成创新模式并顺应国内汽车产业双转型期发展趋势，发展成为全球最大的新能源汽车企业，实现了对传统汽车核心技术的逆向研发以及实现对新能汽车核心技术的引领。比亚迪经过23年发展，到2018年已经成为一家大型集团公司，集团业务主要包括电子信息、汽车制造、新能源及轨道交通四大产业，同时产业下分成20多个事业部，涵盖电子产品到几乎所有汽车零部件的制造，有22万名员工。尽管垂直整合是比亚迪发展壮大的核心战略，但随着国内外汽车产业双转型期的到来及发展，长期过于依赖垂直整合模式的比亚迪面临全新挑战，过于封闭的零部件供应体系使比亚迪对复杂多变的市场响应不够灵活，比亚迪的垂直整合模式也做出了适当调整，对旗下的优势部门进行拆分并实现开放合作新发展模式。

第一节

比亚迪汽车发展历程及现状

与大部分中国品牌汽车不同，比亚迪汽车在成立之前并没有任何造车经验，起源于做电池出身的比亚迪实业有限公司。从收购秦川汽车后，比亚迪汽车通过逆向研发掌握了传统汽车造车技术、造车工艺和造车流程，充分发挥规模经济效应实现了汽车产销量的连续多年高速增长。积极并主动顺应国内汽车产业技术及消费双转型期，通过垂直整合和集成创新模式，实现新能源及智能汽车领域的快速崛起，从2015年开始连续四年成为全球最大新能源汽车企业，逐渐形成世界级影响力和竞争力，这对作为民营汽车企业的比亚迪而言非常不易，发展过程充满了各种艰辛。比亚迪已经成为我国汽车产业迈向全球价值链中高端的重要旗帜，纵览其发展历程，一方面与企业掌舵人——王传福独特的战略布局有密切关联，另一方面则是积极顺应汽车产业发展新形势，坚持以技术研发为核心，紧跟国家宏观汽车产业政策并顺势而为。

一、比亚迪实业起步阶段：1995～2003年

要回顾比亚迪汽车的发展历程，就离不开比亚迪早期非汽车领域业务的发展，特别是电池及电子代工等业务的发展，这对比亚迪汽车后来发展新能源汽车、智能汽车等汽车产业新兴领域具有重要影响。

1995年2月，比亚迪汽车创始人王传福通过市场调研认为电池市场缺口很大，进入电池制造业大有可为，决定辞去深圳比格电池有限公司（公司隶属于北京有色金属研究所，王传福从这里获得硕士学位）总经理职位，下海经商，从亲戚手中获得250万元的投资后于深圳注册了比亚迪实业有限公司（现为比亚迪股份有限公司），主要生产镍镉电池。1995年下半年，比亚迪实业凭借电池产品优秀的品质及低廉的价格，从中国台湾最大无绳电话制造商大霸获得了原本属于日本三洋的电池订单，从此走上了高速发展的快车道。到1997年，比亚迪实业已经从一个名不见经传的小角色，成长为一个年销售近1亿元的中型企业。这一年，全球电池产品价格受到席卷东南亚的金融风暴强烈影响，价格普遍暴跌20%～40%，日系厂商处于亏损边缘，而比亚迪实业凭借低成本优势得到了飞利浦、松下、索尼、通用等跨国企业的大额电池采购订单。在镍镉电池市场，比亚迪实业只用了3年时间，便抢占了全球近40%的市场份额，比亚迪成为镍镉电池当之无愧的老大。2000年，比亚迪打败了来自台湾的电池行业对手，获得摩托罗拉的订单。2002年上半年，比亚迪在中国香港上市，有了金融资本的助力及锂电池产品的突出优势，赢得诺基亚手机电池订单，使比亚迪实业创始人——王

传福成为名副其实的“电池大王”。此时，比亚迪实业电池业务发展规模逐渐触及发展“瓶颈”，迫切需要全新的投资发展渠道。经多方考察，王传福最终选择了技术及资本门槛更高的汽车行业，当然王传福的这个决定没有得到大部分股东的认同，但王传福准备造的车显然与大家认为的车不一样，而是依托自身优势但前景尚未明朗的新能源汽车。后来比亚迪汽车在新能源领域的发展证明，王传福的这一战略眼光具有非凡之处。

二、比亚迪汽车起步发展阶段：2003～2005年

到这一阶段，已经发展成为全球第二大充电电池生产商的比亚迪实业选择了汽车作为全新开拓的新领域，通过收购秦川汽车获得了整车生产及销售资质，奠定了比亚迪汽车的发展基础。

2003年，比亚迪实业就成为全球第二大充电电池生产商，面对电池事业的发展“瓶颈”，王传福力排众议决定进军技术和资本门槛更高、发展空间更大的汽车行业。但当时的汽车制造业是国家管控较为严格的行业，必须有资质才能生产或者销售汽车，发展更早的吉利汽车为了获得造车资质可谓费尽周折。比亚迪选择策略是收购兼并——收购位于西安的秦川汽车获得必要的资质。2003年1月22日，比亚迪实业与秦川汽车公司股东方签订股权转让协议，比亚迪以1.995亿元购得陕西省投资集团有限公司持有的西南秦川汽车有限责任公司57%的股权，以7000万元购得西安北方秦川机械工业有限公司20%的股权，正式组建了比亚迪汽车，其中比亚迪占股77%，陕西省投资集团有限公司占股10%，西安北方秦川机械工业有限公司占股13%，比亚迪汽车成为继吉利之后国内第二家民营轿车生产企业。获得资质的比亚迪汽车在初期则完全处于摸索阶段，在初期发展的2年中没有开发新车型，主要聚焦于低端市场——微型车市场，这种“摸着石头过河”且没有足够技术人才支撑的发展模式使比亚迪汽车难有起色。

在比亚迪汽车早期发展的两年中，只有一款车型——从秦川汽车接手而来的福莱尔车型，由于这款微型车的技术和平台来源于日本铃木汽车的奥拓车型，没有根据市场需求进行足够改进，产品与当时的长安铃木奥拓等车型相比，没有明

显的比较优势，因此福莱尔的销量并不理想。此外，比亚迪汽车还请外面的设计公司设计了一款成为“316”的车型（发动机为 1.6 升排量，4.2 米长家用轿车），由于上市之前经销商一致认为造型难以被市场接受，最终这款车也没能成功上市。在这种条件下，难以完全靠自身力量从头到尾设计出有市场竞争力的车型。最终，比亚迪汽车采用“逆向研发”模式进行新车型开发，购买多款外资品牌汽车进行拆解，这种模式对起步阶段的比亚迪汽车非常有效，一方面可以给比亚迪汽车省下大量的新车型研发经费，另一方面可以大幅度缩短新车型的开发周期。此外，比亚迪汽车还充分利用当时国内丰富廉价的劳动力，使第一款新车型 F3（模仿车型为日本丰田花冠）的性价比非常高。比亚迪 F3 是比亚迪汽车下线的一款紧凑型轿车，于 2005 年 4 月 16 日正式下线，同年 9 月 22 日在山东济南召开了上市发布会，比亚迪 F3 最大的亮点就是性价比高、空间宽敞、外形大气时尚、高配车型配置丰富，而消费者只需 7.38 万元就可以买到一辆“丰田花冠”，这些优点使 F3 刚上市就受到消费者热捧，上市当年 F3 就勇夺“2005 中国年度汽车总评榜”中含金量最高的“最佳性价比轿车”大奖。F3 的成功上市及良好市场响应，表明比亚迪的“逆向研发”模式取得了初步成效。

在这个阶段，比亚迪汽车作为国内汽车领域的新进入者，在零部件供应方面遇到了众多困难，由于对汽车技术和行业了解不够，大部分零部件供应商不愿与比亚迪汽车开展合作。在这种情况下，比亚迪汽车决定沿用在电池及 IT 行业的成功经验，开始自己设计研发和生产零部件。比亚迪汽车开始采用垂直整合模式进行汽车技术研发和生产制造，这种模式使比亚迪汽车快速掌握了汽车技术，同时培养了大量的技术人员，为比亚迪后来在新能源及智能汽车领域的大放异彩提供了强大支撑和保障。

三、比亚迪汽车快速扩张阶段：2006~2010 年

首款新车型 F3 的热销使比亚迪汽车规模快速扩张，不到五年时间使比亚迪汽车年销量突破 50 万辆，汽车销量由 2006 年的 5.5 万辆快速增长到 2010 年的 51.9 万辆，年均增速高达 75.3%，形成了中国汽车行业的“比亚迪速度”这种

快速发展的新模式，超越奇瑞汽车成为中国品牌汽车销量冠军。越来越多零部件在垂直整合发展模式下，通过逆向研发被纳入比亚迪汽车的研发生产体系，使比亚迪汽车在短期内积累了大量汽车及零部件技术，同时培养了一大批汽车制造业产业链的技术人才，为新能源汽车的研发设计奠定了扎实基础；同时汽车销量的快速增长使比亚迪汽车在资本市场获得了巴菲特的支持，比亚迪在这个阶段成为中国品牌汽车的一股新生力量，这个阶段大部分国有汽车集团的中国品牌汽车发展基本还处于起步发展阶段。

2006 年中国车市竞争进入白热化，各细分市场车型战、价格战、渠道战纷纷展开，比亚迪 F3 的销量节节攀升，2006 年上半年就是实现销售 3. 25 万辆，增幅达到 614. 2%，在国内所有车型中位列第一，进一步巩固了 F3 在中级车市场的领先地位。2006 年，F3 实现了 63153 辆的销量；2007 年 1 月和 3 月，F3 单月销量就突破 1 万辆，使 F3 成为中国品牌中第一款月销量突破万辆的车型；到 2007 年 6 月 18 日，F3 仅用 14 个月就实现累计销量 10 万辆，成为最快突破 10 万辆的中国品牌紧凑型轿车。到 2010 年 F3 年度销量达到 26. 39 万辆，领先第二名朗逸 1. 23 万辆，成为 2010 年度单一车型销售冠军，F3 车型的热销为比亚迪汽车的下一步发展奠定了基础。通过“逆向研发”模式开发的 F3 取得了非常好的销售成绩，使比亚迪汽车继续通过这种模式陆续推出了比亚迪 F0、比亚迪 F3R、比亚迪 G3、比亚迪 L3、比亚迪 F6、比亚迪 M6 等车型。随着销量的提升，比亚迪汽车的经销商网络同样呈现快速扩张趋势。2006 年比亚迪汽车只有约 500 家服务网点，到 2010 年达到了 1200 家左右，比亚迪汽车把这些服务网点分成四个大的销售网络分别销售当时旗下车型，其中，A1 网销售车型包括 F3、F6、S6；A2 网销售车型包括 F3R、F0、S8、L3；A3 网销售车型包括 F3R、G3；A4 网销售车型则只有 M6。总体上看，经销商的快速扩张及分网销售策略，使比亚迪汽车与经销商及不同网络经销商之间的矛盾不断激化，最终为比亚迪汽车的扩张埋下隐患（见图 6 – 1）。

此外，早将目光瞄准新能源汽车市场的王传福一直在投入大量资源开发新能源汽车产品，得益于垂直整合和集成创新模式，比亚迪的第一款搭载磷酸铁电池的 F3e 电动车在 2006 年研发成功，纯电动车续航能力达 300 公里（40 公里/小时

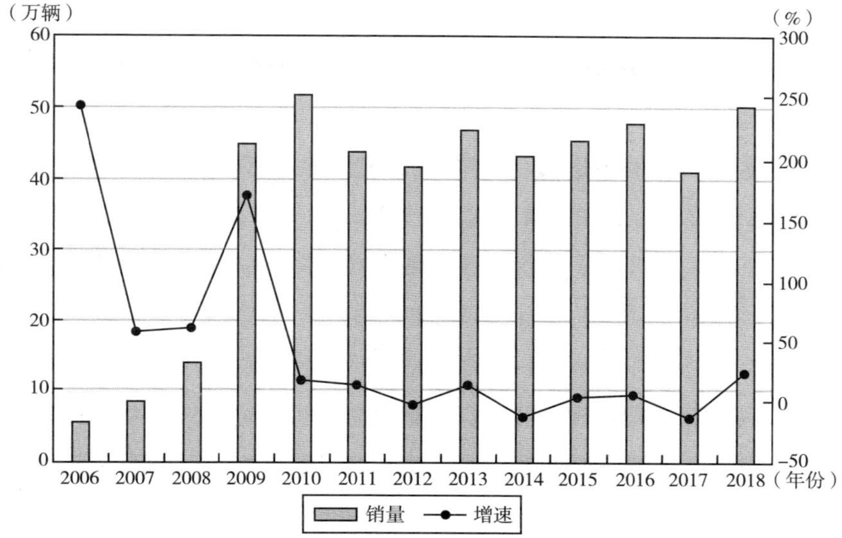

图 6－1　2006～2018 年比亚迪汽车销量及增速

注：数据来源于历年比亚迪年报，http：//www. byd. com/cn/Investor/InvestorAnnals. html.

匀速状态下的理想值），最高时速 150 公里/小时。F3e 虽然使用的是 F3 的车身、内饰和悬架，但是其电动机、减速器、电池组件以及控制系统全部由比亚迪自行研发自行生产。由于国家对新能源汽车产业的政策以及充电设施的不充分，比亚迪最终没让纯电动车型 F3e 上市，但没有让比亚迪汽车放弃新能源汽车的研发，只是将重点转向插电式混合动力车型，最终比亚迪将汽车及手机电池领域获得的利润投入比亚迪汽车第 1 代混动技术——DM 混合动力系统（DM 为 DUAL MODE 的缩写）。DM 双模电动车采用电动系统（EV）和混合动力系统（HEV），该系统是将汽油发动机和电机有机结合融合为一体，配合动力电池，形成由电机和电机配合发动机向车辆输出动力的两种驱动模式（见图 6－2）。不仅降低了油耗及排放，更极大地提高了动力和操控性能，实现了既可充电又可加油的多种能源补充方式，实现了真正意义的双动力混合系统。比亚迪 F3DM 输出功率为 125kW，并达到排量为 3. 0L 发动机的动力输出水平。在起步阶段，比亚迪 DM 双模电动车的瞬间加速性能，远超过 3. 0L 级别的发动机所能达到的水平，纯电动续航里程达 100 公里。F3DM 是我国汽车工业史上具有里程碑意义的一款车型，第一款真正量产的新能源汽车，为比亚迪汽车继续完善 DM 混动车型奠定了基础，使比

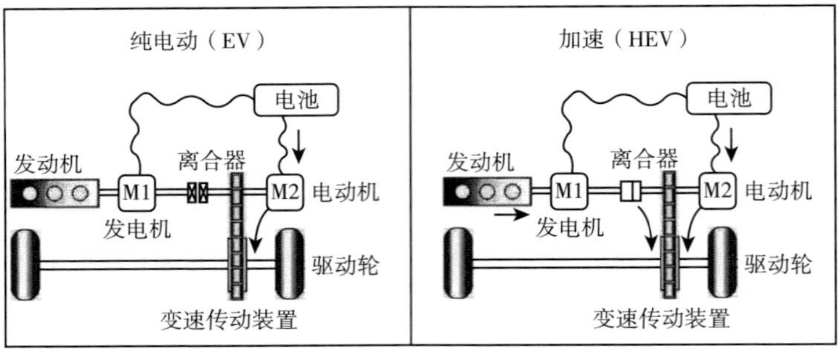

图 6－2　比亚迪 F3DM 的两种工作模式示意图

亚迪汽车成为我国最早量产新能源汽车的整车企业。

随着比亚迪汽车的快速崛起及在新能源汽车领域的前瞻性布局，受到了国际资本市场的关注。巴菲特的伯克希尔·哈撒韦公司旗下的中美能源控股公司于 2008 年 9 月 29 日宣布斥资 2.3 亿美元入股比亚迪，占 10% 的股份，巴菲特的投资表示了其对比亚迪发展前景和品牌价值的认可，促使比亚迪在电动车项目上的快速发展，也对提升比亚迪汽车品牌影响力起到巨大推动作用。鉴于国家对新能源汽车的政策还没有头绪，竞争激烈的乘用车市场似乎不是发展新能源汽车的最好突破口，比亚迪将发展新能源汽车的突破口扩大到商用车和专用车领域。2009 年 7 月 24 日，比亚迪成功收购湖南美的客车制造有限公司的全部股权并获得了制造电动大巴的能力。同年，比亚迪成立了洛杉矶分公司，准备将旗下的新能源车 F3e、规划中的 S6DM（唐）和电动大巴（K9）投入环保意识更强的美国市场并在同年底开始电动大巴的测试。

四、比亚迪首次调整阶段：2010～2012 年

汽车销量的过快增长使比亚迪高层有些冒进且忽视了潜在的巨大风险，如对汽车品牌建设投入不足、汽车质量的管控不够、对经销商把关不严并未有效地控制经销商数量增长，导致经销商退网、大规模裁员、汽车质量问题暴发等负面事件集中出现。总体上看，这些问题使比亚迪汽车年销量止步于 60 万辆大关，汽车销量由 2010 年的 51.9 万辆下降至 42 万辆，年均下降幅度达到

10.1%，但比亚迪汽车坚持发展新能源汽车的战略目标一直在推进。自 2009 年我国跃居全球最大汽车市场以来，国内汽车市场竞争日趋激烈，比亚迪汽车暴露出来的不足使其必须进行深度反省并有计划整改，否则在激烈的竞争中极有可能被市场抛弃。从 2010 年经销商退网事件开始比亚迪汽车就进入了品牌整改期，总体上看这个阶段的全方位调整为比亚迪汽车下一阶段的发展奠定了良好基础。

基于之前的高速增长趋势，比亚迪在到 2010 年初定制了销量突破 100 万辆的目标，为了达到销售目标，比亚迪汽车采取了降价、对经销商实施"销售返点"等政策，其中降价虽然能在短期能提升销量，但比亚迪汽车在发展过程中对品牌经营的关注和投入不足，使比亚迪汽车被标注"模仿""廉价""质量不好"等负面品牌标签。由于"销售返点"政策给各地经销商都制定了过于高估的销售指标，虽然完成销售任务有极高的返点，但比亚迪对市场判断有误，导致大部分经销商库存较高，使流动资金变少，经营困难。到 2010 年 4 月，比亚迪汽车暴发了经销商退网事件，包括四川成都、湖南、山东等一些比亚迪汽车经销商陆续退出了比亚迪的销售网络。然而，最初比亚迪并没有立刻正视经销商退网背后的深层次问题，处理措施针对性不强，导致宣布退网的比亚迪经销商多达 308 家，经销商退网比例高达 22.6%。2010 年的销量仅从 2009 年的 44.8 万辆增长到 51.7 万辆，离 2010 年初制定的 100 万辆的目标相去甚远，2010 年净利润同比下跌 33.48%，其中汽车业务利润从 2009 年的 35 亿元下滑至 17.4 亿元，下滑幅度接近 50%。

经销商退网事件的影响是深远的，还直接引发了比亚迪汽车销售有限公司总经理夏治冰离职、大幅度裁掉销售人员等"裁员"事件。此外，少部分比亚迪 F3 车型安全气囊问题被媒体广泛报道，形成了所谓"气囊门"事件，使比亚迪汽车质量不佳的品牌形象被竞争对手广泛宣传。受到国内汽车大市场的变化以及比亚迪汽车的各种负面事件的集中暴发，2011 年比亚迪的汽车销量较 2010 年继续有所下降，共销售汽车 43.7 万台，同比下降了 13.33%。比亚迪公布财报显示，其 2011 年净利润同比下跌了 45.13%，汽车业务的利润再次下降为 13.85 亿元。为了应对突如其来的下滑颓势，比亚迪在这一阶段加快推出新产品，包括比亚迪S6、G6、速锐等SUV和轿车，并通过模仿创新推出了高性能动力总成——1.5升涡轮增压发动机、6速双离合变速箱，同时推出通过集成创新模式研发的遥控驾驶功能，这一功能被率先装载在速锐车型上。尽管新车型及汽车品质的改进有效地止住了比亚迪汽车销量下滑态势，但产品外观及动力总成过于模仿其他品牌的做法，使销量提升有限。

尽管比亚迪汽车在传统燃油汽车领域遇到了较大困境，但王传福坚持发展新能源汽车的目标未被动摇。在纯电动车领域比亚迪同样有突破性发展，积极响应国家发展新能源汽车的新趋势，于2011年10月推出了E6纯电动车，其动力电池和启动电池均采用比亚迪自主研发生产的ET-POWER铁电池，首批E6在深圳作为出租车交付使用，公共交通电动化是比亚迪新能源汽车发展的重要突破口。比亚迪在新能源汽车领域的持续创新得到广泛关注，促使跨国汽车巨头与比亚迪汽车开展新能源汽车领域的合资合作。2012年的3月30日，比亚迪和戴姆勒各出资50%推出了合资品牌“DENZA腾势”，并同时宣布双方在中国合作研发电动车事宜全面展开。腾势品牌的成立意味着全新合资合作模式的出现，这对提升比亚迪汽车品牌具有重要意义，表明随着汽车产业技术转型期的到来中国品牌汽车可以通过“技术换设计与质量”的模式与跨国汽车巨头进行合作，而非千篇一律的“用市场换技术”合资模式。

五、比亚迪新能源快速发展阶段：2013~2016年

在这一阶段，比亚迪汽车依托垂直整合模式实现了大部分汽车零部件的自主研发制造，推出了多款配置较高而且性价高的新车型，但前期过快扩张造成的品牌形象不佳以及国内汽车市场竞争更加激烈，尽管传统燃油车的下滑态势得到缓解但整体销量提升有限，这促使比亚迪将战略重点逐步转移到新能源汽车领域，我国在这一阶段出台了大量支持新能源汽车产业发展的政策，深耕多年的新能源汽车产业乘势而起，集成创新模式的优势得到体现，比亚迪在2015年和2016年连续成为全球最大的新能源汽车生产企业，初步培育出全球性影响力。

比亚迪从 2010 年下半年开始的为期近三年的调整期已经结束，从 2013 年开始将进入“二次腾飞期”的发展阶段。随着国内汽车市场的竞争不断加剧，传统燃油汽车市场高速增长的趋势已经远去，需要在品牌打造方面进行深耕细作。传统燃油汽车新产品上，2013 年比亚迪推出了思锐、秦、比亚迪 S7（搭载了比亚迪最新研发的 PM2.5 绿净技术）等新车型，在车型配置上搭载了许多超同级别车型的电子配置，但这些车型的外观仍然有较为明显的模仿痕迹，使得这些新车型的推出对比亚迪整体销量提升的效果有限。值得一提的是 2013 年推出的新车型——比亚迪秦，作为继比亚迪 F3DM 之后的 DM 双模动力的第二代产品，体现了比亚迪在技术研发方面逐步摆脱了“逆向研发”模式，逐步通过“集成创新”模式实现技术革新并推出领先同行的高技术产品。比亚迪秦的动力可以在电动和混动两种模式之间随意切换，强大的动力总成是比亚迪秦最为突出的亮点：最大输出功率可达 303 马力，百公里加速时间仅为 5.9 秒，这是中国品牌汽车第一款百公里加速能跑进 5 秒区间的量产车型，同样是中国汽车工业历史上具有划时代意义的车型。此外，比亚迪和戴姆勒的合资品牌腾势电动车终于实现了新车型量产上市，在 2014 北京车展期间正式上市，由于品牌知名度及车型平台过于小型，新车售价为 36.9 万～39.9 万元，尽管有补贴，性价比不高导致销量一直不温不火。

到 2014 年，国家发改委、工信部等部门明确表示要大力发展新能源汽车产业并将陆续出台多项财政补贴政策，在强有力的产业政策扶持下，比亚迪新能源汽车业务快速增长，2015 年开始连续成为全球最大的新能源汽车生产企业，比亚迪 E6 电动出租车 K9 电动大巴已经成为中国品牌汽车在国际上颇有影响力的明星车型，尤为值得一提的是 K9 车型，已在深圳、广州、汕尾、南京、杭州、武汉、大连、西安、长沙等国内城市以及日本京都、英国伦敦、美国纽约、比利时布鲁塞尔、新加坡等全球逾 48 个国家及地区的 200 多个城市示范或商业化运营，并实现全球六大洲市场布局。比亚迪逐渐成为全球性的新能源汽车企业，大力发展新能源汽车的王传福随政府首脑频繁出访而被国人和世界所关注，而比亚迪总裁王传福因为大力发展以新能源汽车为主的绿色产业获得 2014 年度的素有新能源界“奥斯卡”美誉的“扎耶德未来能源奖”个人终身成就奖。

比亚迪 E6 及 K9 等车型的成功，比亚迪汽车继续深耕新能源汽车市场。2014 年 4 月 20 日在北京车展上发布了“542”战略，其中“5”代表百公里加速 5 秒以内，“4”代表全时电四驱，“2”代表百公里油耗 2 升以内，借助插电式混合动力技术使比亚迪汽车产品在动力性能和油耗方面具有同级车型的领先优势。在传统燃油车时代，加速性能、全时四驱及油耗这三个数据指标或为豪车专属，或为性能极限。但在电动车及电子时代，比亚迪通过技术集成革新，彻底打破跨国企业的汽车性能、安全、油耗标准，不但提高了比亚迪汽车产品的核心竞争力，而且使性能车也能普及普通百姓家庭。搭载“542”战略技术的新车型——比亚迪唐成为比亚迪汽车销量的新增长点。此外，得益于在新能源及汽车领域的垂直整合模式，比亚迪在 2015 年 4 月正式发布了“7 + 4”全市场战略布局，这意味着比亚迪新能源汽车产品领域将得到极大扩张，其中，“7”代表 7 大常规领域，即城市公交、出租车、道路客运、城市商品物流、城市建筑物流、环卫车、私家车；“4”代表 4 大特殊领域，即仓储、矿山、机场、港口。比亚迪力争把中国道路交通领域所有用油的地方全部用电搞定，逐步实现全市场布局，将电动化进行到底。

乘着国家新能源汽车产业政策的春风，比亚迪新能源汽车业务快速增长。到 2016 年，比亚迪新能源汽车销量同比大幅增长 69.85% 至 9.6 万辆，销量蝉联全球第一，其中新能源乘用车销量近 8.6 万辆，增速达 65.41%；纯电动大巴销量超 1 万辆，同比增长 120.68%，新能源商用车市场份额大幅提升。比亚迪整体营业收入首次突破 1000 亿元，达到 1034.7 亿元，其中汽车及相关产品业务收入约 570 亿元。新能源汽车销售收入也首次超过传统燃油汽车销售收入，新能源汽车业务收入为 346.2 亿元，在汽车业务板块中占比高达 60.7%，占比亚迪总收入的 33.5%，比亚迪也因此成为全球首家新能源汽车业务收入超过燃油汽车业务的传统整车企业。比亚迪之所以有这种成绩，除了自身掌握了新能源汽车核心技术并超期布局外，来自国家强有力的财政补贴同样不可缺少。2016 年，比亚迪获取的与新能源汽车相关的政府补助为 7.11 亿元，占其 50.44 亿元全年净利润的 14.1%。

六、比亚迪多元化发展阶段：2016年至今

积极主动顺应国内汽车产业双转型期发展新趋势，这个阶段的比亚迪逐步在新能源汽车领域核心技术及市场份额方面取得更明显了领先优势，由于国内汽车市场竞争激烈，面对高速增长的新能源汽车市场，各大合资及中国品牌汽车企业都加入新能源汽车市场份额抢夺大战，为了继续巩固作为全球最大新能源汽车生产企业的地位，比亚迪充分发挥其在新能源、IT及汽车领域的集成创新优势，相继推出了一系列具有战略意义、技术含量较高的产品，同时大力引进国际知名的高顶级汽车设计人才，重点围绕新能源、智能汽车等领域实施多元化发展战略，有望到“十三五”期末成为世界500强企业。这一阶段比亚迪多元化发展战略，核心目标是通过太阳能电站、储能电站、电动车和轨道交通，改变传统的能源消耗方式，改善环境，实现人类的可持续发展。到2018年7月，比亚迪成为全球第一家“新能源车销量超越燃油车”的传统车企。

（一）新能源汽车：纯电动和插电式混合动汽车

到这一阶段，领先同行多年的新能源汽车技术研发使比亚迪发展成为一家同时掌握新能源汽车电池、电机、电控及充电配套、整车制造等核心技术以及拥有成熟市场推广经验的企业。从2008年开始，比亚迪成功推出F3DM、E6、E5、K9、秦系列、唐系列、宋系列、元系列以及豪华电动车腾势（与戴姆勒合资）等新能源汽车，并且率先提出“公交电动化”战略。比亚迪在新能源汽车领域的技术、供应链、品牌等竞争优势明显，使长期居国内新能源产销量首位，同时引进沃尔夫冈·艾格（原奥迪品牌设计总监）、胡安马·洛佩兹（法拉利外观设计负责人）、米开勒·帕加内蒂（前奔驰内饰设计总监）等国际一流汽车设计大家，着重围绕比亚迪一直以来的产品短板，即外观设计及底盘调校等，力求从技术和设计两个方面提升比亚迪汽车产品竞争力。到2018年，比亚迪新能源汽车销量突破20万辆规模（包括新能源商用车），2018年12月的销量接近5万辆，新能源汽车的单月销量超过了大部分企业的全年销量，且纯电动和插电式混合动

力车型的销量较为均衡（见表6－1），已经连续四年成为全球最大新能源汽车生产企业。

表6－1　　2018年比亚迪汽车销量情况

车型类别	2018年12月销量	2018年销量
新能源汽车	46650	247811
乘用车	37010	227152
纯电动	21005	103263
插电式混合动力	16005	123889
商用车	9640	20659
燃油汽车	22987	272876
轿车	6453	59161
SUV	7478	72647
MPV	9056	141068
合计	69637	520687

资料来源：比亚迪汽车工业有限公司。

从营业收入看，比亚迪在2018年的营业收入达到1300.55亿元，其中汽车及相关产品业务的收入约为人民币760.07亿元，新能源汽车业务收入达到524.22亿元，占比亚迪收入比例进一步提升至40.31%，新能源汽车业务已经逐渐成为比亚迪的核心业务（见表6－2）。此外，依托新能源汽车大力推进全球化战略，纯电动双层大巴已在伦敦顺利投入运营，K9成功登陆韩国、拿下美国最大的电动卡车订单、赢得意大利首个纯电动大巴招标等，比亚迪新能源汽车已在全球六大洲的50个国家和地区，约240个城市运营，表明比亚迪在乘用车和商用车领域具有较为明显的竞争力，全球性影响力不断增强。

表6－2　　2015～2018年比亚迪新能源汽车业务发展情况

指标	2015年	2016年	2017年	2018年
新能源汽车业务营收（亿元）	193.42	346.18	390.6	524.22
占汽车业务比重（%）	47.57	60.72	70.22	68.97
占整体业务比重（%）	24.17	33.36	36.88	40.31

根据EVsales发布的数据显示，国内外新能源汽车均呈现快速发展势头，到

2018 年 12 月全球新能源乘用车销量达到创纪录的 28.6 万辆，从全年累计来看，全球新能源乘用车销量突破 200 万辆，达到历史性的 201.82 万辆，新能源汽车渗透率达到 2.1%，全球汽车产业技术转型趋势非常显著。2018 年，全球新能源乘用车销量排行榜中，前 20 名企业有 9 家为中国品牌汽车（见表 6－3）。

表 6－3　　2018 年全球新能源乘用车销量 Top20 企业销量

排名	企业	销量（万辆）	排名	企业	销量（万辆）
1	特斯拉	24.52	11	华泰	5.17
2	比亚迪	22.74	12	雪佛兰	5.07
3	北汽新能源	16.49	13	江淮	4.99
4	宝马	12.94	14	吉利	4.98
5	日产	9.69	15	江铃	4.93
6	上汽荣威	9.28	16	丰田	4.57
7	奇瑞	6.58	17	三菱	4.27
8	现代	5.31	18	东风	3.99
9	雷诺	5.31	19	起亚	3.77
10	大众	5.18	20	沃尔沃	3.59

注：此表仅为新能源乘用车销量。
资料来源：第一电动网，明艳，https：//www.d1ev.com/news/shuju/86558.

从全球范围来看，热销新能源车型主要为中国品牌，在 2018 年的前 20 车型销量排行榜中，有 11 款为中国品牌新能源车型，比亚迪就有 5 款车型上榜，这些车型包括纯电动和插电式混合动力车型（见表 6－4），可见比亚迪在全球新能源汽车领域的实力。

总体上看，随着全球环保压力及产业升级的需要，汽车工业的未来必然是新能源汽车（包括燃料电池汽车），而比亚迪已经成长为全球少数的同时掌握新能源汽车电池、电机、电控及充电配套、整车制造等核心技术以及拥有成熟市场推广经验的企业。无论行业如何变化，坚持核心技术研发的比亚迪已经抢占先机。按照比亚迪未来的战略规划，新能源汽车 2020 年在比亚迪汽车业务中将占到 90%，而到 2030 年比亚迪将完全实现私家车电动化。

表 6-4　　2018 年全球新能源乘用车销量 Top20 车型销量

排名	车型	销量（万辆）	排名	车型	销量（万辆）
1	特斯拉 Model 3	14.58	11	雷诺 Zoe	4.03
2	北汽新能源 EC 系列	9.06	12	宝马 530e	4.03
3	日产聆风	8.71	13	奇瑞 eQ EV	3.97
4	特斯拉 Model S	5.00	14	比亚迪宋 PHEV	3.93
s	特斯拉 Mode l X	4.93	15	北汽新能源 EU 系列	3.73
6	比亚迪秦 PHEV	4.74	16	比亚迪唐 PHEV	3.71
7	江淮 iEVE/S	4.66	17	比亚迪元 EV	3.57
8	比亚迪 e5	4.63	18	宝马 i3	3.48
9	丰田普锐斯 PHEV	4.57	19	荣威 Ei6 PHEV	3.33
10	三菱欧蓝德 PHEV	4.19	20	北汽新能源 EX 系列	3.28

资料来源：第一电动网，明艳，https：//www.d1ev.com/news/shuju/86558.

（二）轨道交通：云轨与云巴

借助在汽车及新能源产业链的垂直整合与集成创新优势，比亚迪不断拓展除汽车之外的新能源终端产品，致力于为城市提供绿色、高效、便捷的一揽子城市公共交通解决方案（见图 6-3）。基于已有优势和战略设想，比亚迪在这个发展阶段正式进军轨道交通，主要产品为云轨和云巴。是否拥有轨道交通，已经成为衡量我国城市发展水平的重要标准之一。特别是随着城市化进程的不断加快，我

图 6-3　比亚迪城市立体化新能源交通解决方案示意图

国每年有大量人口从农村迁到城市，人口与机动车辆快速积聚，使交通拥堵、停车难、环境污染等城市问题越来越严重，比亚迪云轨和云巴的推出将以立体化交通模式解决城市拥堵和污染的问题，进一步满足城市主、支线以及旅游线路等交通运输上的需求，非常适用于人口及财政规模较小的三线、四线城市主城区。

云轨是一种跨座式单轨电车，比亚迪投入1000多人的研发人员、投资50亿元才掌握了轨道驱动、电机、底盘、通信信号系统等跨座式单轨全产业链的核心技术。在比亚迪推出云轨之前，只有两家国外的大型企业掌握该项核心技术。比亚迪云轨于2016年10月13日在深圳举行全球首发仪式，而首条云轨路线已于2017年9月在银川正式通车并开始营运。云轨的亮点主要包括：①搭载铁电池储能系统，确保在紧急情况下，即使车辆断电也能通过启用储能电池继续行驶5公里以上；②永磁轮边直驱电机，电机轴直接驱动行走轮，而电机采用永磁同步技术，具有体积小、重量轻、扭矩大、精度高、运行声音小以及便于维护等特点；③轻量化车体，云轨采用轻型铝制车身，轻量化效果显著，扭转刚度强，使用寿命长；④单轴转向架，云轨的转向架采用单轴设计，具有曲线通过能力强、转弯半径小、轮胎磨损小、能耗低等特点；⑤能量回馈及通讯系统，云轨配备了能量回馈系统，可在制动时实现能量回收，降低能耗；⑥无人驾驶，云轨采用全球领先的列控技术，可真正实现无人驾驶，类似旅客自动输送系统。

相比较其他的轨道交通，定位为中小运量的云轨，拥有独立路权，大多采用高架方式可在道路分隔带或绿化带上建设，具有噪声低、景观好、拆迁少、施工简便等优势，建设工期短，为地铁的1/3，建设成本仅为地铁的1/5，因此这种云轨较为适用于一线、二线城市的交通接驳线、加密线，三线、四线城市的交通主干线，在大型旅游景区的观光线、大型楼盘的通勤线路等场景也非常适合。随着国家大规模推动轨道交通建设，预计未来比亚迪云轨业务将呈现较快发展趋势。比亚迪云轨项目自发布以来，截至2018年底已获全球100多个城市客户来访与参观，并与广东省汕头市、深圳市，安徽省蚌埠市，四川省广安市，吉林省吉林市等多个城市达成战略合作，订单总额超过100亿元（见图6－4）。

云巴是比亚迪的第二款轨道交通产品，一种在高架线路上运行的电动大巴。云轨和云巴区别在于，云轨属于中量运输系统，而云巴属于小量运输系统，比较

图 6-4 比亚迪云轨和云巴示意图

适合作为机场摆渡、景区观光等使用，不适用于大、中量运输线路。两者的供电方式也存在较大差异，云轨是采用的轨旁供电和自身搭载的动力电池，但动力电池只是在轨旁供电故障后用来应急，平时都不使用；而云巴则和新能源公交车一样，运行过程中用动力电池供电。云巴采用的是到站充电方式，同时也可以在运行过程中利用云巴到站后乘客上下车的期间进行快速补电。

（三）储能电站

随着国内外电力需求逐年增长，用电高峰和低谷的负荷差距越来越大，电池储能电站作为一项新兴技术，将给电网储能领域带来革命性的技术更新，具有巨大的社会效应和经济效应。比亚迪的储能电站是基于铁电池核心技术实现能源储存，可以满足能源存储、削峰调谷的需求，通过均衡用电，解决智能电网在建设中的储能难题，形成对智能电网的技术支持，对风能、太阳能等新能源功率波动进行平滑（见图 6-5）。相比于抽水蓄能、压缩空气储能、飞轮储能等现有储能技术，比亚迪储能电站具有明显的成本和运行寿命优势，储能效率更是高太阳能电站达 90% 以上，远高于抽水蓄能的 60% ~70%，经济效益突出，需求巨大，应用前景广阔。

在国内，比亚迪已成功与中国国家电网、南方电网、中广核等行业权威合作，其中中广核应急蓄电池电源系统是全球第一个应用于核电后备铁电池电源系统；比亚迪于 2014 年在深圳坪山新区建设的全球最大用户侧铁电池储能电站落成，该储能电站建设容量为 20MW/40MWH。在国外，比亚迪成功与杜克能源、

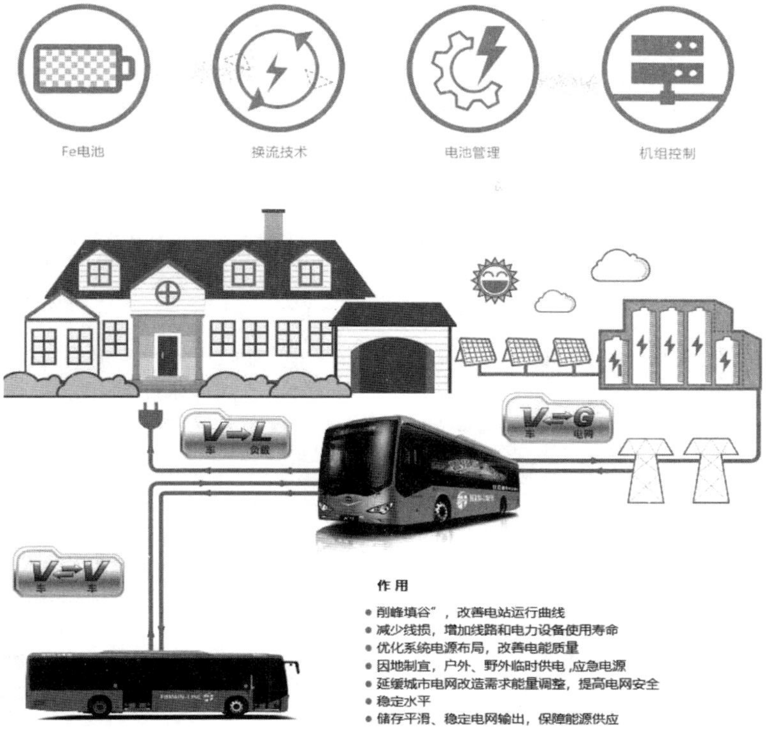

图 6－5　比亚迪储能电站示意图

资料来源：比亚迪汽车，http：//www.bydauto.com.cn/energy－dream.html.

雪佛龙、RES 等世界知名企业展开合作，完成多个集装箱储能项目，运行稳定可靠。北美 PJM 调频市场，成功与 RES 共同完成两个 4MW/2MWH 的集装箱调频项目。比亚迪在国际市场上的成功，意味着比亚迪的储能系统在技术、质量、安全等各方面皆已达到了国际主流技术标准，使比亚迪赢得了在全球储能领域的竞争力。比亚迪在储能领域占据巨大的先发优势、技术领先优势以及成本领先优势，未来将会形成与电动车相媲美的优势产业（见表 6－5）。目前，依托于安全稳定和长循环寿命的磷酸铁锂电池技术，搭载自主研发高效 PCS、集成 HVAC 等辅助设备使 BYD 集装箱式储能系统可用于多种场景，未来 BYD 将继续为全球客户提供更为全面、可靠的产品和技术服务。与 LG、三星、特斯拉、KOKAM 处在同一阵营，比亚迪储能排名全球第三。

表 6 – 5　　比亚迪储能电站进展概况

年份	主要进展
2008	电力科学研究院在深圳坪山比亚迪总部成立
2009	比亚迪坪山 1MW 储能电站建成（比亚迪首个储能电站）；比亚迪 200kW 移动式储能示范电站验收完成
2010	比亚迪与中国南方电网 3MW 商用储能电站项目顺利签约，该项目是全球首个商用的铁电池 MW 级储能电站，也标志着全球储能技术难题又实现了新的突破。同时比亚迪是唯一一家提供储能电站整体解决方案的企业
2011	成功中标华北电网有限公司国家风光储输示范工程一期项目（6MW×6h）；光伏逆变器顺利通过 UL、VDE、TUV、CEC 等权威机构认证；第一个海外储能项目机组正式落户美国 EPRI；长沙比亚迪 10MW 储能电站示范工程项目获批；第一个集装箱式储能项目出货发往美国加利福尼亚州
2012	成功中标中广核储能项目，第二代储能技术助力核电站安全升级；储能电站正式亮相多哈联合国气候变化大会；通过美国最大电力公司之一的杜克能源验收；500kW 光伏逆变器在国网电力科学研究院国家能源太阳能发电研发（实验）中心一次性通过低电压穿越（LVRT）全功能测试；500kW 光伏逆变器在国网电力科学研究院国家能源太阳能发电研发（实验）中心一次性通过低电压穿越（LVRT）全功能测试
2013	比亚迪首次通过核能级储能设备全套鉴定试验
2014	首个调频储能电站在美国 PJM 实现并网发电，全球用户最大铁电池储能电站在坪山比亚迪总部落成
2015	比亚迪赢得扎耶德未来能源奖大型企业类奖，这也是中国企业第一次获此殊荣；美国 40 台集装箱移动储能系统顺利交付，荣获 2015 年度集中式储能创新奖并被《电力工程和新能源世界》杂志提名为年度最佳新能源项目
2016	在拉斯维加斯举行的 2016 年国际太阳能展会（SPI）上推出新型家庭并网“能源 + 太阳能 = 零排放”理念和产品；获得多个英国储能电站订单
2017	中标美国 NextEra 能源公司 170MW 太阳能组件采购项目，用于美国境内多处太阳能电站的建设；美国西佛吉尼亚州 31.5MW 调频储能被授予 2017 年度全球储能“科技驱动者”大奖
2018	比亚迪储能获签英国 18MW 集装箱储能项目，这是继拿下英国 43MW、50MW、35MW 集装箱储能项目的又一订单；成功签约巴西首个锂电池集装箱式储能项目

资料来源：比亚迪新能源，http://www.bydenergy.com/BYDEnergy/pages_ch/about/EPRI–Events.htm.

这个阶段的比亚迪汽车充分发挥在新能源产业链的垂直整合优势，重点围绕电池大力推进多元化发展战略，大规模提高各种电池产能并积极推进电池技术革新，不但大幅度降低电池综合成本而且确保技术水平的领先优势，使比亚迪在新能源汽车及关联领域取得显著进步。总体上看，从诞生之初就决定了汽车并不是比亚迪汽车的唯一主营业务，大力依托垂直整合和集成创新模式实现了技术研发的创新和突破，积极开发多类型新能源产品，使新能源汽车与其他产品形成有效的良性互动，最终实现比亚迪世界级品牌竞争力的形成，有望在“十三五”期末进入世界500强企业行列。

第二节　双转型期下比亚迪升级模式分析

尽管比亚迪汽车的发展历史较短，但通过顺应汽车产业双转型的发展新趋势，重点依托模仿创新、垂直整合与集成创新模式实现自身对汽车核心技术的消化、掌握并在汽车产业新兴领域实现技术创新和领先。比亚迪在汽车产业双转型期快速发展成为全球最大新能源汽车企业，离不开模仿创新、垂直整合及集成创新三大升级模式的强大支撑。

一、依托模仿创新模式实现快速起步发展和技术掌握

比亚迪汽车的前身与传统汽车制造业并无明显关联，要进入竞争激烈且技术门槛较高的汽车行业，模仿创新模式是比亚迪汽车创立初期最好的发展模式之一。通过模仿创新模式，一方面可以快速熟悉传统汽车核心技术，特别是发动机和变速箱等关键零部件，为后来比亚迪在新能源汽车领域的混合动力总成的研发提供了技术积累；另一方面，可以通过模仿成熟车型，节省大量新车研发设计时间，节省的大量成本可以使新车型价格大幅度下降，从而抢占中低端汽车市场。尽管模仿创新模式使比亚迪在品牌建设方面备受舆论攻击，但为比亚迪技术研发创新提供了强有力支持。

（一）模仿经典产品快速打开市场

模仿是发展中国家企业常采用的一种新产品开发策略。对于后进入汽车行业的企业而言，模仿在低成本、低风险、保证质量及更好地满足目标市场需求等方

面具有优势。模仿者必须依靠自己的努力，尽可能多地理解技术要素和它们结合的特征，以缩短存在的差距；或者通过各种途径，向先驱者充分地学习以获得技术帮助。这需要模仿者自身具备相当高的鉴别能力，并且能够充分地消化吸收引进技术，使之适应特定的市场需要。模仿在技术上不能给模仿者提供充分的竞争优势，但是，由于中国企业劳动力成本低廉，并且模仿者不需要在研发和信息渠道上进行大规模投资，即在价格上优势明显。因此，对于处于工业化早期低工资的奋起直追国家中的企业来说，模仿是一条精明的策略。因为通常这些技术已经成熟，而且容易找到，对于成熟技术的模仿相对来说也容易做到。从这个意义上来说，比亚迪从模仿经典产品入手进入汽车市场是明智的选择。

（1）整车产品模仿。比亚迪汽车成立初期的汽车产品以中低端为主，比亚迪的目标市场选择是基于对中国消费者特征的深刻分析。中国有 7 亿人处于“金字塔”的低端，这是一个巨大的市场，价格敏感度较高，轿车的需求弹性较大，因此，低价的小排量轿车往往是首次购车族的首选。比亚迪瞄准“金字塔”的低端市场，开发大规模、低收入人口市场，这样的目标市场选择是比亚迪 F3 成功的重要原因之一。针对目标消费者的需求，比亚迪汽车必须具备物美价廉的特征，这就要求比亚迪的研发、生产、销售等环节成本要远低于同行企业。显然，模仿创新非常适合创业初期的比亚迪汽车。除了最初的 F3 模仿丰田花冠之外，后来比亚迪很多产品都是对已有热销车型的模仿，如 S6 模仿雷克萨斯 RX、F3R 模仿别克凯越两厢版、S8 模仿奔驰 CLK、M6 模仿丰田普瑞维亚。这种汽车产品外观尽量模仿的发展模式直到 2016 年 11 月前奥迪设计总监沃尔夫冈·艾格加盟比亚迪汽车之后才彻底改观。

（2）核心零部件模仿。比亚迪汽车早期产品的发动机、自动变速箱等核心零部件的来源与其他中国品牌基本类似，均来自沈阳三菱等合资汽车零部件企业，早期这种组装模式也使整车企业获得足够的利润，但要做强做大，还需要足够的技术研发实力，对于民营企业出生的比亚迪，模仿创新模式仍然是不二选择。比亚迪 F3 上市热销成功后，要继续保持传统燃油汽车产品的竞争力，则需要进一步降低零部件成本，而外购模式则受制于人，比亚迪同样采用模仿创新模式实现发动机与自动变速箱等核心零部件的研发。

比亚迪通过模仿研制的动力总成包括自然吸气发动机、手动变速箱组成的普通动力总成和涡轮增压发动机、双离合自动变速箱组成的高性能动力总成。其中，普通动力总成通过模仿三菱、马自达等品牌的发动机，陆续研发了比亚迪的BYD371QA + 5T09（1.0 升发动机 + 5 速手动变速箱）、BYD473QB/QE + 5T14（1.5 升发动机 + 5 速手动变速箱）、BYD483QB（2.0 升发动机 + 5 速手动变速箱）[①] 三个系列的动力总成（见图 6 - 6），这三个动力总成从 2009 年就已经全面取代了之前外购的合资动力总成（如三菱 4G15S 等），这三大动力总成分别搭载在 F0、比亚迪 3 系车型（F3、G3、L3）和比亚迪 6 系车型（F6、G6、M6、S6）上。在开发和制造汽车普通动力总成的过程中，比亚迪在汽车动力总成研发设计方面的能力得到了显著提升。

BYD371QA发动机
1.0升全铝发动机
用于F0

BYD473QB/QE发动机
1.5升全铝发动机
用于F3、G3、L3等车型

BYD483QB发动机
2.0升全铝发动机
用于F6、G6、S6、M6

图 6 - 6 比亚迪自然吸气发动机示意图

在 2009 年我国跃居为全球最大汽车市场后，比亚迪早期过于依赖的“低价”策略已经难以应对竞争日趋激烈的国内汽车市场，必须推出有亮点的汽车产品，期间大众汽车产品凭借装载小排量增压发动机实现热销，因此对比亚迪而言推出小排量增压发动机则是一个很好的选择。通过模仿大众汽车的“1.4TSI + DSG”动力总成，其中 TSI 是 Twincharged Stratified Injection 的简写，T 指双增压，S 指分层，I 指喷射，属于大功率、低转速大扭矩的发动机；DSG（Direct Shift Gearbox）指双离合自动变速器。比亚迪则在 2011 年 9 月上市的 G6 车型上搭载了比

① 范鑫．逆向研发也是本事 揭秘比亚迪动力技术［OL］，汽车之家，https：//www.autohome.com.cn/tech/201206/347123.html？pvareaid = 3311700.

亚迪全新的动力总成：1.5TID（T指涡轮增压，I指缸内直喷，D则指双离合变速器）。从数据上看，比亚迪的这款1.5TI发动机最大功率达到154马力（113kW）、240牛·米的峰值扭矩甚至已超越了传统2.0升自然吸气发动机的水平，而且1750～3500rpm的峰值扭矩输出区间也足以满足日常的使用需求。从技术上看，尽管与大众的“1.4TSI+DSG”动力总成相比，两者在结构、布局等方面都有着高度的一致性，但比亚迪在模仿基础上也有自己的创新，例如，使用了铝合金的压铸缸体，使1.5TI在轻量化和发动机热效率上都较1.4TSI更有优势，发动机的ECU（Electronic Control Unit）程序也是由自己开发匹配的。而G6顶配车型落地价格不到13万元，相比之下大众汽车车型上双离合自动变速箱总成价格就超过了5万元。可见，通过技术模仿创新后，同期还没有其他中国品牌实现高性能动力总成的自研自产，比亚迪汽车产品的竞争力再次得到提升。

二、基于垂直整合模式实现产业链整合

随着我国经济的持续发展和市场经济体制的建立，一些企业从激烈的市场竞争中脱颖而出，在短时间内完成了资金积累，迅速发展到了一定规模。现代企业所追求的最终目的已经不仅仅是利润最大化而是可持续的成长与扩张。企业要保持必要的成长速度和进一步的拓展，就必须考虑在既有的事业范围之外的成长，这就是越来越多的企业开始选择多元化经营的原因。比亚迪就是利用多元化下垂直整合的经营模式在短时间内获得巨大成功的典型案例。总体上看，比亚迪垂直整合模式应用于供应商产业链整合、企业内容部产业链整合、全产业链整合等多个领域。

（一）汽车零部件供应商产业链整合

比亚迪收购秦川汽车后开始进入汽车产业，其后收购了北京吉驰汽车模具有限公司，目的是尽可能降低产品成本。为了保证整车上各个零部件的成本都能达到最低，比亚迪几乎整合了供应链上的每个节点，除了玻璃、轮胎等通用零件外，其他零部件都是比亚迪内部的众多事业部（见图6－7）生产制造。这种全

方位的整合虽然增加了固定资产投入，但实现了供应链上下游及时的沟通与合作，节省了大量供应链上的交易成本，从而使零部件的整体成本达到最低，同时也带来了决策效率的提高。

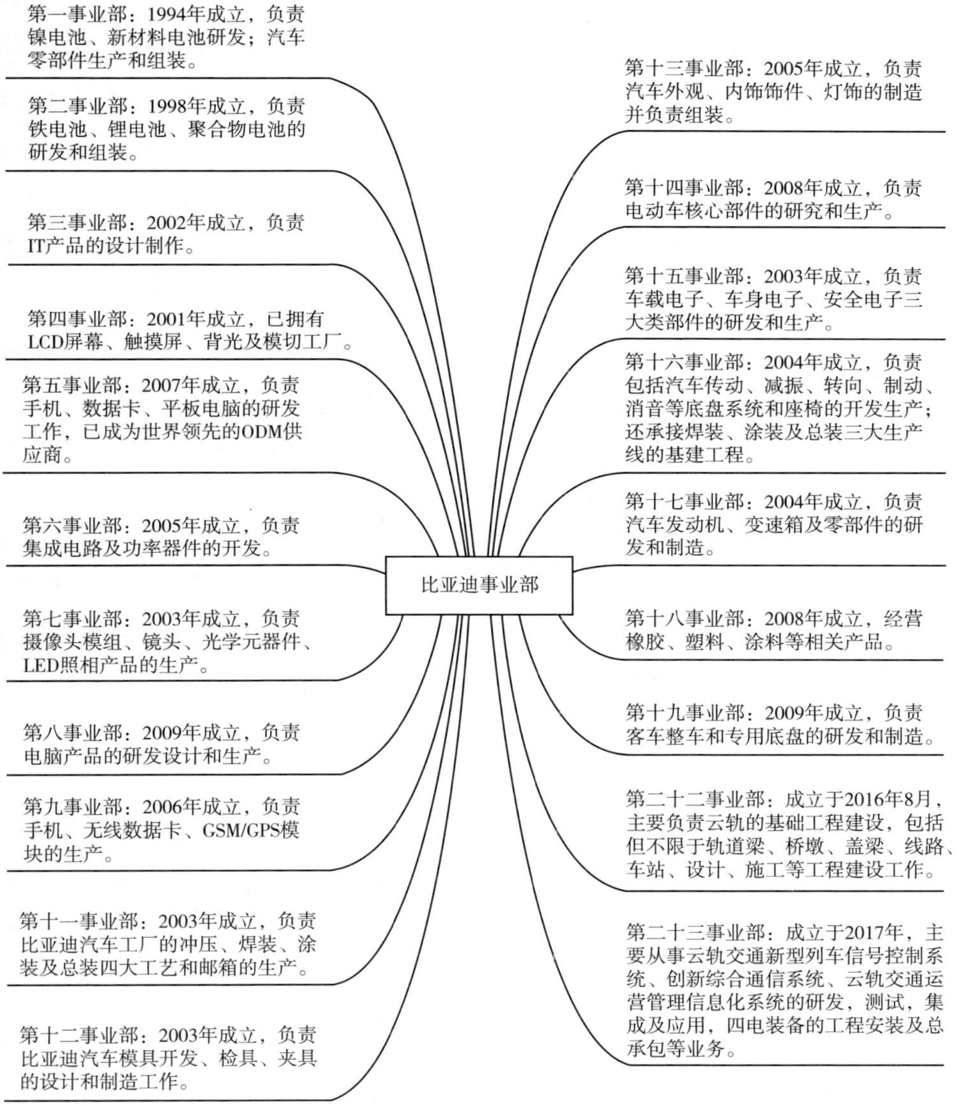

图6－7 比亚迪众多事业部示意图

比亚迪整合汽车产业链上下游，将供应链上的一个个环节进行分解，纳入比亚迪自己的制造体系当中，至少 70% 的零部件由公司内部事业部生产。除了东安三菱 4G18 发动机和变速箱之外，F3 整车多数零配件都实现了自给自足。这种产业链纵向整合模式，极大地增强了比亚迪的竞争力。首先，它形成了规模经济和范围经济，使其能够以较低的价格来控制投入产出比，提高了资源利用率，并且减少企业赋税。其次，它增强了竞争力，削弱了供应商和顾客的议价能力；同时也缩短了产品设计和更新周期，降低了公司和客户之间的沟通成本。在这个过程中，比亚迪掌握了更多的核心技术，通过改善产品制造的各个环节来提升产品的质量，拥有全方位的质量控制力，实现成本降低与品质提升。最后，整合模具制造、电子技术等方面的优势，提升了生产效率；自行研发生产设备和零部件，降低了设备采购成本；大量采用非专利技术，降低了专利应用成本，以及新产品开发风险。这种自上而下的垂直整合能力，使比亚迪从设计到组装再到零部件的制造中获得了更多的超额利润。而且，这种相关产业的多元化发展可以充分利用比亚迪原有的技术、资金、人才、管理信息系统等资源，打破了进入新产品领域的壁垒，降低了成本。总体而言，比亚迪通过垂直整合模式实现的创新不在于某个零部件或单个生产设备的自主研发和生产，在于全产业链的有效整合能够实现发展初期产品成本降低并有效保证产品质量，也为比亚迪在汽车产业技术转型期期间实施集成创新奠定强有力基础。

（二）全产业价值链整合

比亚迪力图打造全产业价值链，通过对价值链各个环节的整合，寻求更大的利润空间。从电池产业到 IT 产业，再到汽车产业，无不包含低成本创新的基因。比亚迪进入汽车产业并不是消极地实施外延式扩张，而是积极地寻求与电池产业和 IT 产业之间的技术契合点，沿着电子化、电动化的发展路线延伸产业链，进一步挖掘成本降低空间。一方面，比亚迪整合 IT 零部件资源，生产了汽车上大部分的电子产品，同时将高端电子智能配置平民化，提高产品竞争力；另一方面，充分发挥电池制造的成本技术优势进入电动汽车领域，实现了对新能源产业链的高度垂直整合（见图 6－8）。

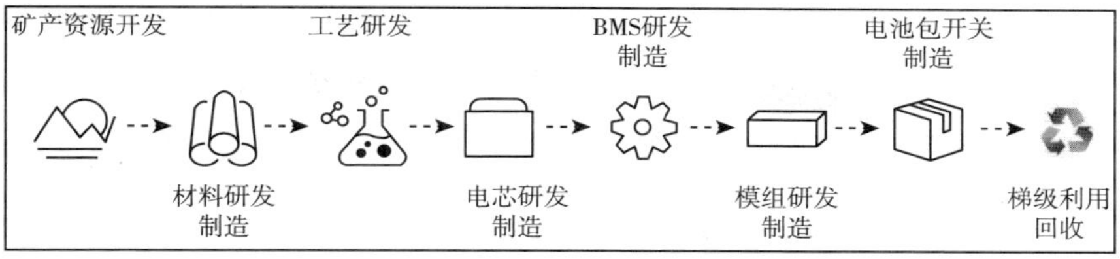

图 6－8 比亚迪动力电池全产业链布局示意图①

总体上看，比亚迪汽车通过垂直整合实现了资源的最优配置，发挥了资源效用的最大值。从短期来看，比亚迪垂直整合战略提高了资源利用效率和节约成本，为比亚迪产品实现较高的性价比提供有力支撑，有利于提高比亚迪产品的竞争力。比亚迪之所以能够面向新能源汽车市场推出“7＋4”战略，围绕城市公交、出租车、道路客运、城市商品物流、城市建筑物流、环卫车、私家车、仓储、矿山、机场、港口等 11 个领域推出电动化的交通运输工具，得益于比亚迪在汽车及新能源产业链的高度整合。从长期来看，比亚迪不仅是在制造高性价比的产品，还在不断地进行技术资源、生产工艺、管理流程、员工素质的整合，不断巩固企业的内核，增强企业的核心竞争力。比亚迪采用的垂直整合本质上是通过产业链的整合来实现价值延伸，这种管理模式为企业带来了低成本竞争优势，大大提高了企业内部资本配置效率。

三、依托集成创新模式形成的竞争力较强的产品

随着汽车也朝电气化、智能化及联网化方向发展，比亚迪汽车充分发挥在IT、汽车及新能源领域的技术基础，顺应汽车产业双转型期发展新趋势，大力推动集成创新模式，推出一批极具竞争力的汽车产品，包括新能源汽车领域的核心零部件、汽车电子零部件及类型多样的新能源汽车产品。比亚迪在新能源汽车领域的快速发展得益于其对该领域的持续布局。早在 2014 年，比亚迪发布了新能源领域的“542”战略，其中“5”代表性能加速不超 5 秒，“4”则为全时电控四驱，“2”则为混动车百公里油耗低于 2L；“542”战略发布一年后，比亚迪又

① 比亚迪汽车，https：//www. byd. com/cn/AboutByd/CompanyIntro. html.

公布了“7+4”战略，表示比亚迪新能源车未来将形成乘用车和商用车两大产品系列，涵盖7大常规领域和4大特殊领域，其中7大常规领域包括私家车、出租车、公共交通等，4大特殊领域则代表港口、机场、矿山以及仓储方面等特殊领域。

（一）新能源汽车动力总成——插电式混合动力系统

比亚迪双模动力系统（Double Model，DM），这套动力总成集成了比亚迪自主研发的高性能涡轮增压发动机、双离合自动变速器、电机、铁电池及电子控制系统等，比亚迪之所以能够率先实现DM动力总成的大规模量产，关键在于比亚迪掌握并拥有较为完整的汽车产业链，汽车及关联产业链的技术人员能够有效沟通互动，能够快速响应复杂多变的汽车市场并领先同行推出新能源汽车产品，目前比亚迪DM动力系统已经进化到第三代，第四代DM系统的研发也将在2020年实现量产上市（见图6－9）。

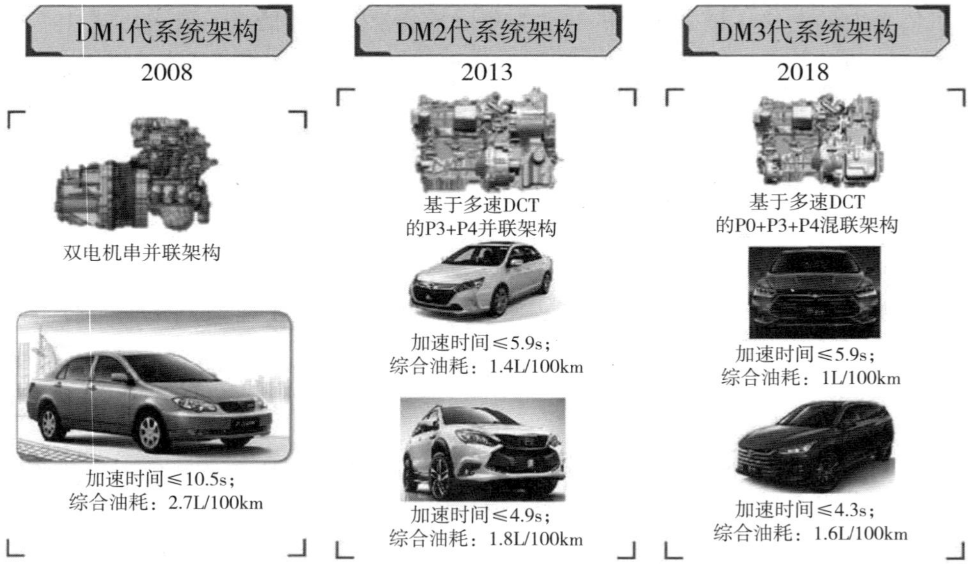

图6－9　比亚迪三代混合动力系统示意图

资料来源：皆电汽车网，https：//img0. geeknev. com/geeknev/1906/05/2656787_3_thumb. jpg.

通过 DM 系统使比亚迪汽车产品的性能得到大幅度提升，使中国品牌汽车的百公里加速性能能够媲美跑车，如比亚迪秦的百公里加速达到 5.9 秒、比亚迪唐的百公里加速进一步提升到 4.5 秒、宋 Pro 的加速性能达到 4.7 秒（见表 6－6），未来的第四代 DM 系统能够使得比亚迪汽车产品的百公里加速低于 3 秒。

表 6－6　　　　　　　　比亚迪第三代 DM 系统性能指标

动力名称	动力位置	动力作用/优势	动力数据	
P0 电机	发动机前端皮带上	怠速启停、辅助换挡、能量回收、扭矩辅助	超 20kW	—
内燃机	变速箱输入端前	1.5L 涡轮增压汽油发动机	118kW	245N·m
P3 电机	前轴	纯电驱动强，动能回收强	110kW	250N·m
P4 电机	后轴	实现“全时电四驱”，加速与越野性能增强	120kW	280N·m
综合最大输出			348kW	775N·m

在第二代 DM 系统中创新性地实现了混动四驱功能，这种四驱系统减少了对车底传动轴的依赖，不仅打破了外资企业对汽车四驱零部件的垄断，而且使公路四驱系统的性能和响应速度更好（见图 6－10），同时实现了五种动力模式选择：①纯电模式（EV），电池组提供能量，驱动电机直接驱动车辆，适用于城市路况上下班通勤；②极速四驱模式（HEV），发动机、驱动电机同时发力，动力迅猛，适用于中高速超车；③低速串联模式（HEV），发动机仅带动 BSG 电机发电，为电池组和驱动电机提供能量，电机单独驱动车辆，适用于城市路况，中低速走走停停；④并联驱动模式（HEV），发动机驱动作为主要动力输出，BSG 电机发电，（驱动电机补偿），发动机一直工作在经济区，适用于高速巡航工况，保证经济油耗；⑤能量回收模式（HEV），驱动电机和 BSG 电机实现制动和滑行状态的动能回收。

比亚迪 DM 系统支持多种驾驶模式，可以根据不同的使用场景和路况进行自主选择驾驶模式，有条件充电的可以在日常通勤实现纯电行驶，不同车型的纯电续航里程达到 60～100 公里，同期国内大部分同类产品只有不到 60 公里，多年实施的垂直整合策略可以大幅度降低比亚迪 DM 总成的价格，使比亚迪在新能源汽车的插电式领域能够多年领跑行业。

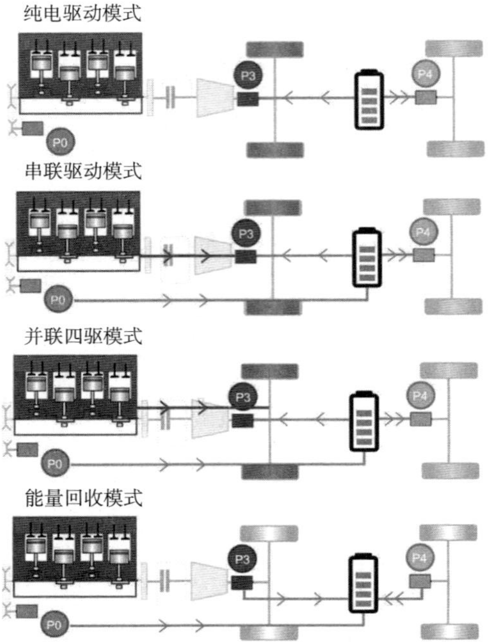

图 6－10　比亚迪 DM 动力系统示意图

资料来源：皆电汽车网，https：//img0. geeknev. com/geeknev/1906/05/2656787_3_thumb. jpg.

此外，比亚迪还率先在大规模量产的新能源汽车上实现了双向逆变充放电功能，使新能源汽车成为一种移动电站。双向逆变充放电技术是比亚迪集成创新模式下的新能源汽车功能创新，通过集驱动电机、车载充电器、直流充电站三者功能于一身，既可把电网的交流电变成直流电实现充电，又能把电池里的直流电反向变成交流电对车外用电器供电。对于充电来说，这项技术摆脱了专业的充电设备，不再受电动汽车专用充电标准的约束，可以像家用电器一样随处可以使用当地电工标准充电，对于放电来说，其已经变成一个移动的储能电站，可以平稳地对外输电。该项技术对于推广电动车或者新能源车具有极大意义，因为其集合了直流电功率大和交流电便携性两大特点于汽车本身的电机控制器，也就是省略了充电站的建设成本，可以有效降低充电设施投资。比亚迪的双向逆变充放电功能可以运用于以下三种典型场景：①V↔G（车对电网），指可以由车辆向单相或者三相电网并网提供 220V 交流电。一旦电动车普及，在电网高峰时期汽车可以将储备的电反馈给电网实现削峰填谷，而在应急、救灾等特殊情况下，汽车则可以直接对学校、消防或者医院并网供电。②V↔V（车对车），指汽车直接的相互充电功能，不仅可以作为紧急救援车对因电力不足导致无法运行的普通燃油车进行充电，也可以对电力不足的电动车进行充电。③V↔L（车对负载），这是车主使用这项技术最为普遍的一种场景，在家庭断电或者外出郊游时，这种功能可以为家用电器提供可靠的电力支持，如比亚迪唐可以给功率3kW以内的电器供电。

（二）集成创新模式下汽车电子产品及解决方案

随着汽车产品的电子化和智能化水平不断提升，比亚迪充分发挥多年耕耘IT领域的优势，通过集成创新模式在硬件和软件两大领域大力开发集成度高的汽车电子产品，使比亚迪汽车产品的配置明显高于同价位产品，大幅度提升比亚迪汽车产品性价比和竞争力。

通过多年的汽车电子产品开发，比亚迪在汽车电子的软件及硬件领域都积累了大量经验，最终于2019年3月发布了“33111”全新e平台战略，这是比亚迪汽车电子领域的高度集成化解决方案，也是比亚迪集成创新模式的重要应用和体系。其中，两个“3”指的是驱动3合1和高压3合1；3个“1”则指1块板、1块屏和1块电池；“驱动3合1”指高度集成驱动系统的电机、电控和变速器；“高压3合1”指高度集成高压系统的DC-DC、充电器和配电箱；第一个“1”是1块PCB板集成仪表、空调、音响、智能钥匙等10个控制模块的功能；第二个“1”是指1块搭载了“DiLink系统”的智能自动旋转大屏；第三个“1”是1块长续航、性能稳定的电池（见图6-11）。

值得一提的是DiLink系统，标志着比亚迪进入智能网联的新时代，这套汽车操作系统的发布意味着比亚迪在汽车电子产品及集成系统领域迈出了开放发展步伐，使比亚迪有望与汽车电子产业链上下游企业共同打造汽车领域的“安卓生态系统”。DiLink系统由“Di平台，Di云，Di生态，Di开放”四部分构成[①]。

① 汽车之家．详细体验比亚迪DiLink系统［OL］．http：//news. bitauto. com/qichejishu/20180621/0607446361. html.

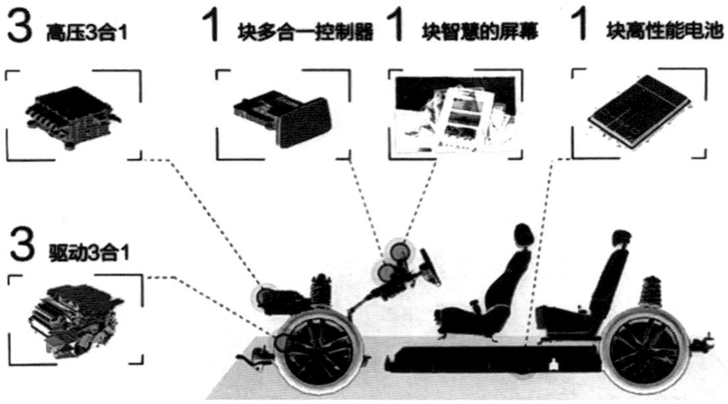

图 6－11　比亚迪全新 e 平台战略示意图

其中，①Di 平台指搭载在比亚迪汽车中控上的平板电脑，对汽车的绝大部分控制可以通过平板电脑实现，可以采取触摸或者语音进行控制。②Di 云是比亚迪与阿里云合作打造的基于云平台的多元应用，通过云端可以实现车、手机及各种应用之间的无缝连接，如通过手机可支持远程控制车辆并对车辆进行车况监测、位置查看、数据查看、24 小时紧急救援服务。③Di 生态，指基于安卓的车载操作系统，可以兼容各类手机应用，如微信、QQ、抖音、网易音乐、美团等 APP 都可由车主自主进行安装，还可支持 DiLink 系统和整车的远程更新。④Di 开放，指 DiLink 系统对整车数据层和包括 341 个传感器在内的控制层进行开放，开发者可以通过开放的接口获取汽车安全驾驶、行车信息、网联娱乐、舒适便利、底盘操控、健康保障等六大类数据及对应的 66 项控制权限，在此基础上开发类型丰富多样的 APP。

（三）集成创新模式下汽车平台的模块化架构

为了提高新车开发速度和降低设计成本，汽车平台的模块化设计成为汽车行业的新趋势。比亚迪依托在汽车、电子及新能源领域的技术集成优势，在 2019 年初首次推出了其模块化的汽车平台架构——BNA 架构（BYD New Architecture），该平台架构可搭载燃油、DM（插电式混合动力）、电机三大动力系统，使三种不同动力车型可以在同一平台进行生产。BNA 平台架构还适用于轿车、

SUV、MPV 等不同车型，适用于两驱、四驱等不同驱动形式。BNA 架构平台已应用于比亚迪秦 Pro、比亚迪宋 Max、比亚迪唐等车型上，燃油、纯电动、插电式混合动力车型均可实现在线升级（见图 6－12）。

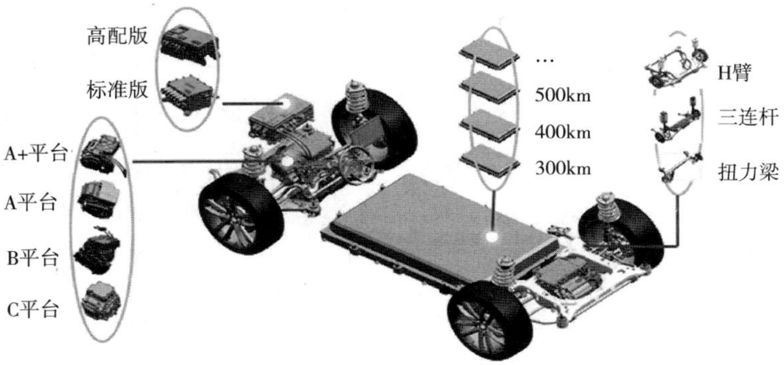

图 6－12　比亚迪 BNA 架构平台示意图

资料来源：比亚迪汽车，https：//www. byd. com/cn/AboutByd/CompanyIntro. html.

四、以新能源汽车为重点推进国际化战略

比亚迪作为我国发展速度最快之一的中国汽车品牌和全球新能源汽车行业的领导者，其汽车的消费市场几乎覆盖整个世界，其中传统燃油车的经营市场集中在亚洲、拉美洲、非洲、中东及以俄罗斯为代表的独联体等地区，新能源汽车经营市场则集中在欧洲、北美洲、南美及中日韩等国家和地区。

（一）比亚迪传统燃油车国际化发展历程

比亚迪早在 2003 年就以出口 300 辆汽车开启了国际化进程。2005 年，比亚迪 F3 出口马来西亚，这也使其成为继奇瑞、吉利之后第三个出口马来西亚的我国自主汽车企业；同年，福莱尔轿车出口俄罗斯，受到了当地汽车市场的青睐。比亚迪汽车在 2010 年进入伊拉克市场，这也是公司首次进入中东地区汽车市场。2012 年 6 月和 10 月，比亚迪分别获得伊拉克 5500 辆（车型包括 G3、F3、F0）、6500 辆（全部为 G3）汽车订单。2015 年 7 月，比亚迪向古巴政府出口了 719 辆与旅游项目相关的燃油车，这也是当时比亚迪在古巴市场收获的最大订单。同年

7月，苏丹订购的50辆SUV乘用车型也顺利出口，后续还将有总量达1万辆的乘用车出口苏丹，该批汽车订单不仅创造了比亚迪拓展非洲市场以来获得的最大汽车采购数量之最，还是我国自主车企在非洲市场的单笔订单新纪录。

总体上看，比亚迪汽车传统燃油车的国际化主要采用的是出口方式，但出口数量有限，并且无法获得诸如欧美等发达国家消费者的认可，只能选择发展中国家或地区的汽车市场。究其原因，一方面是因为这些发达国家和地区的汽车市场早已高度饱和，市场份额也已被拥有百年历史的传统车企瓜分完毕，消费者对这些车企的认可度是作为后起之秀的我国自主车企所无法比拟的；另一方面，同时也是最关键的环节：不管是从设计研发到生产装配，还是从产品质量到售后服务，我国车企都处于相对落后的状态。虽然近几年经过“精益化生产”的方式在不断提高产品质量，改善服务水平，但与知名车企相比仍存在不小差距，这无疑严重影响了比亚迪传统燃油车在这些国家的销路。

（二）比亚迪新能源汽车国际化发展历程

积极顺应新能源汽车市场的发展趋势，比亚迪汽车紧抓新能源汽车快速发展带来的机遇，积极推进国际化进程。2011年，比亚迪汽车与新加坡公共交通系统运营商SMRT公司签订了共同成立合资销售公司的协议，计划在新加坡公共交通系统引入比亚迪新能源车，开启了比亚迪进军新加坡市场之路。同年，比亚迪与智利圣地亚哥两家最大的巴士运营公司签订了在未来5年提供1000辆K9纯电动巴士和E6纯电动出租车的订单。

在欧洲市场上，比亚迪就新能源汽车领域的相关项目与多个国家展开了合作。2011年初，比亚迪相继与丹麦、荷兰签订了关于新能源汽车的运营协议；2012年上半年，比亚迪同伦敦出租车公司Greentomatocar签署了出口E6纯电动车的合同，这是比亚迪E6车型首次批量出口到海外市场。2013年第一季度，比亚迪获得了在欧盟投资建厂生产新能源相关产品的准入资格，并且也已在欧洲投资建设了生产电动大巴的工厂。这些事件都标志着逐渐走出国门走向世界的比亚迪，在欧洲汽车市场又迈出了坚实的步伐。

比亚迪位于北美的电池及大巴工厂于2013年5月落地美国加州兰卡斯特市，

这标志着比亚迪汽车正式进入美国市场。在美国，比亚迪已经不止一次的斩获大额订单：2015 年，获得加州长滩市 20 多亿元的订单；2016 年初，获得加州羚羊谷交通运输局 30 多亿元的纯电动大巴订单；美国斯坦福大学也宣布采用比亚迪纯电动大巴作为校内公共交通工具。2014 年，比亚迪又投资 9100 万美元在巴西投资建厂，这是其在国外市场成立的又一个与新能源汽车相关的项目。同年年底，比亚迪汽车与澳大利亚本土最大的机场巴士运营公司 Carbridge Pty Ltd 合作，将其旗下的主打产品 K9 纯电动大巴作为摆渡车引入悉尼机场。经过以上多年的战略部署，比亚迪汽车成功完成其在六大洲的运营布局。2015 年，比亚迪的 K9 纯电动巴士顺利出口日本，这是中国汽车品牌 30 多年来首次进入日本汽车市场，是中国汽车产业具有里程碑意义的大事件。

比亚迪为推动其汽车业务更加深入欧洲市场，于 2016 年 10 月投资 2240 万美元在匈牙利建立了电动巴士工厂，并于 2017 年 4 月建成运营。

随着新能源车型逐步获得国际市场认可，比亚迪汽车的国际化之路也越来越明朗。与传统燃油车相比，其新能源汽车国际化的进程明显更快，并且改变了中国车企过往的模式，直接跳过了亚非拉的传统目标市场，主要进入美洲、欧盟、日韩等发达国家和地区汽车市场。虽然新能源车在全球市场的份额仍然较小，但随着市场消费结构的不断转型，新能源汽车将有望打破传统格局，不断提高在全球汽车市场的份额占有率，引领汽车产业进入新纪元。

到 2018 年底，比亚迪推出的纯电动大巴 K9 和纯电动出租车 E6 已在全球 6 大洲，50 多个国家和地区，超过 300 个城市成功运营，为洛杉矶、伦敦、阿姆斯特丹、悉尼、香港、京都、吉隆坡等城市带来绿色环保的公共交通解决方案。

（三）比亚迪汽车国际化模式分析

比亚迪汽车进入国际市场的路径主要有 3 种，分别是出口贸易、战略联盟和在海外直接投资建厂。从分类来看，传统燃油车通常采用直接出口方式进入国际市场，而新能源汽车国际化经营采用的是战略联盟和直接投资建厂方式。

（1）出口贸易。对于传统燃油车，比亚迪主要采用的是贸易出口方式。从 2003 年首次迈出国门开始，比亚迪不断深耕国际市场，逐渐拓展了马来西亚、俄罗斯、伊拉克、古巴、苏丹等传统燃油车市场；而对于未建立生产基地的新能源汽车市场，如日本、澳大利亚等，也采用了出口贸易方式。比亚迪公司牢牢把握住了这些国家消费者对汽车的迫切需求，通过在这些国家建立和完善汽车销售及服务网络，抓住机遇，采取出口贸易国际经营方式，不断增加对国外市场的汽车出口量。

（2）海外建厂。比亚迪海外经营过程中进入国际市场的一大方式就是海外建厂。近年来，为加快国际化进程，比亚迪海外建厂的步伐明显提速。2012 年 12 月 11 日，比亚迪汽车在海外的首个合资工厂正式落地于欧洲的保加利亚布雷兹尼克市。该工厂是比亚迪为了在欧洲当地实现 K9 大巴的本土化生产而与能源公司 Bulmineral 正式签约成立的合资公司。这表明了比亚迪新能源汽车进军保加利亚市场，并以此为基础逐渐渗透到欧洲其他国家和地区的帷幕正式拉开。这是比亚迪汽车国际化经营战略进程中的重要一步，对其新能源汽车在欧洲汽车市场的未来发展具有重大意义。

设在美国兰开斯特市的工厂是比亚迪首个真正意义上独立投资建造的新能源项目工厂。该厂于 2013 年 5 月开设，主要目的在于生产纯电动大巴以满足北美市场的绿色环保公共交通需求。目前，比亚迪汽车已经和美国多家企业签订了生产和销售不同型号新能源汽车的合同，实现了我国自主汽车品牌进军美国，立足北美市场的梦想。此外，比亚迪纯电动大巴早在 2013 年 4 月 18 日就获得加拿大机动车辆安全标准（CMVSS）认证，这也标志着比亚迪可以正式进入加拿大汽车市场。

2014 年，比亚迪投资 9100 万美元在巴西投资成立其在拉美地区的首家工厂，标志着比亚迪进军拉美汽车市场的序幕已正式拉开。也是继在保加利亚及美国建立电池和电动客车工厂之后，比亚迪在海外市场中设立的又一个新能源汽车相关项目。2016 年和 2017 年，比亚迪又分别在匈牙利和法国投资建厂，用以生产新型电动巴士。

比亚迪汽车海外工厂的相继落成说明其海外经营布局已经全面铺开且正快速发展。这些工厂主要位于欧美等从政府到民众均重视节能环保的发达国家和地区，这与比亚迪在 A 股上市时提出的在布局海外市场时，应优先进入对新能源补贴力度大，市场认可度高的国家和地区，并加快新能源车的商业化普及进程，推动新能源汽车产业的加快发展的战略相吻合。

（3）战略联盟。比亚迪在国际化进程中首次采用战略联盟可追溯到2008年。此时，比亚迪引入了著名国际战略投资者——“股神”巴菲特所拥有的伯克希尔哈撒韦公司，该公司是比亚迪的第三大股东，持有8.77%股权。借助于伯克希尔哈撒韦公司的持股，比亚迪在资本市场上的地位得到显著提高，并且公司产品在全球市场的形象和知名度也得到了大幅度提升。

五、优势部门的拆分与开放合作

随着国内外汽车产业双转型期的到来，国内外汽车市场及产业发展出现了重要变革，长期过于依赖垂直整合模式的比亚迪面临全新挑战，过于封闭的零部件供应体系使比亚迪对复杂多变的市场响应不够灵活，旗下的零部件事业部需要开放化发展，一方面有利于提高产品市场范围，扩大比亚迪汽车零部件品牌知名度和影响力；另一方面适度竞争有利于提高旗下企业产品质量，提升专业化水平。因此，到了新发展阶段，比亚迪的垂直整合模式必须做出适当调整，对旗下的优势部门进行拆分，实现开放合作新发展模式。

截至2018年底，负责比亚迪汽车动力总成研发与生产任务的第十七事业部将率先正式对外开放，意味着比亚迪汽车将对其他汽车品牌供应其汽车动力总成，汽车动力电池也将逐步对外供应。第十七事业部自2004年8月成立以来，到2018年其员工队伍达到14000名，其中研发人员有1500名，已开发成功的产品包括七款系列发动机，排量涵盖1.0L、1.2T、1.5L、1.5T、1.8L/2.0L、2.0T、2.4L；九款变速器，包括干式/湿式双离合自动变速器；纯电动总成NT31、NRT20、NT38等；三款系列车桥：轮边桥、卡车集成桥、同轴桥。动力总成（涵盖燃油车、混动车、商用车及纯电动车）装车量累计达到104万台，关键零部件累计产量达到391万件。此外，比亚迪尽管作为国内汽车动力电池行业的领军企业，但面对快速发展的国内新能源汽车市场，自产自销的业务模式使比亚迪滞后于后来居上的宁德时代。为了改变动力电池自产自销的发展现状，2018

年比亚迪开始与长安汽车、长城汽车等多家主机厂建立了战略合作关系，计划将电池业务拆分出来并争取独立融资上市。截至2019年底，比亚迪新成立了5家“弗迪”系列公司，分别是弗迪电池有限公司、弗迪视觉有限公司、弗迪科技有限公司、弗迪动力有限公司、弗迪模具有限公司（见表6－7）。

表6－7 比亚迪5家弗迪系公司简介

公司名称	注册时间	前身	主营业务
弗迪电池有限公司	2019年5月	比亚迪锂电池有限公司	动力电池及储能产品研发制造、梯次利用
弗迪视觉有限公司	2019年12月	—	车用照明及信号系统相关产品的研发与制造
弗迪科技有限公司	2019年12月	比亚迪第十五事业部和第十六事业部	汽车电子和底盘研发、生产、销售
弗迪动力有限公司	2019年12月	比亚迪汽车工业有限公司下属事业部	汽车动力总成及新能源整体解决方案开发
弗迪模具有限公司	2019年12月	比亚迪汽车模具中心	模具研发、制造

第三节 小结

本章详细分析了比亚迪汽车的发展历史及在双转型期的升级模式，相对于具有百年历史的国际一流汽车品牌，尽管比亚迪汽车的发展历史较短，但通过顺应汽车产业双转型的发展新趋势，重点依托模仿创新、垂直整合与集成创新模式实现自身对汽车核心技术的消化、掌握并在汽车产业新兴领域实现技术创新和领先。比亚迪在汽车产业双转型期快速发展成为全球最大新能源汽车企业，离不开模仿创新、垂直整合及集成创新三大升级模式的强大支撑。尽管垂直整合是比亚迪发展壮大的核心战略，但随着国内外汽车产业双转型期的到来及发展，长期过于依赖垂直整合模式的比亚迪面临全新挑战，过于封闭的零部件供应体系使比亚迪对复杂多变的市场响应不够灵活，比亚迪的垂直整合模式也做出了适当调整，对旗下的优势部门进行拆分并实现开放合作新发展模式。2019年五家“弗迪”

系列公司的成立意味着比亚迪的垂直整合模式有了新的变化，这并不意味着比亚迪不再坚持垂直整合，只是将高度内部化的整合变成了相对开放松散的整合，有利于比亚迪将旗下的优势技术部门打造成行业里的“独角兽”企业，实现比亚迪集团整体与部门的良性互促发展。

总体上看，比亚迪升级模式的核心在于依托模型创新、垂直整合及整合创新模式实现对汽车核心技术的掌握和整合，积极顺应汽车产业技术和消费双转型发展趋势，顺势而为抢占新能源汽车新兴领域发展高地。从 2015 年起连续多年成为全球最大的新能源汽车企业，比亚迪新能源汽车产品已在全球五大洲 200 多个城市运营，尽管同期的特斯拉等新能源汽车企业同样发展迅猛，但至少表明比亚迪的发展模式是成功的。未来，比亚迪仍需要积极主动适应汽车产业技术及消费市场的变化，依托现有技术基础不断实施整合创新策略，成为我国汽车产业迈向全球价值链中高端的重要引擎企业。

第七章

广汽集团模式：横向整合与产业融合模式

广汽集团作为广州地方国有汽车企业，具有央企汽车集团相对容易获得政府扶持的特点，同时也具有民营企业的灵活性和更好的市场敏感性，因此研究双转型期下的广汽集团的升级模式与路径对中国品牌汽车企业转型升级具有重要的参考价值。与民营汽车企业不同，广汽集团借助作为地方国有企业及在资本市场的优势，更容易通过横向整合和产业融合模式实现企业规模及产业链的扩展，但体制机制的不灵活性使企业创新活力不足，同时对市场变化的反应不够灵敏，导致其在迈向全球化过程中存在固有的困境和不足。为此，研究广汽集团的发展历程及在双转型期下的升级模式及做法，研究分析广汽集团在双转型期的不足并其提出升级路径，对广汽集团深入实施国际化战略并发展成为国际一流汽车企业具有重要参考价值。

第一节 广汽集团发展历程及现状

广汽集团从 1997 年成立到 2013 年开始跻身世界 500 强榜单，主要依托合资企业实现快速发展，在此基础上大力发展自主品牌——传祺，到 2018 年广汽集团已发展成为我国第五大汽车集团，是广州乃至我国汽车工业发展的缩影。广汽集团从汽车产销不足 1 万辆，营业收入只有 11.54 亿元起步，经历了重组广州标致、扩大合资合作版图、发展自主品牌、打造完整的汽车生态产业链，最后发展成为汽车年产销 220 万辆，营业收入近 4000 亿元，先后在香港（H 股）、上海（A 股）两地上市的大型汽车企业集团（见图 7－1）。

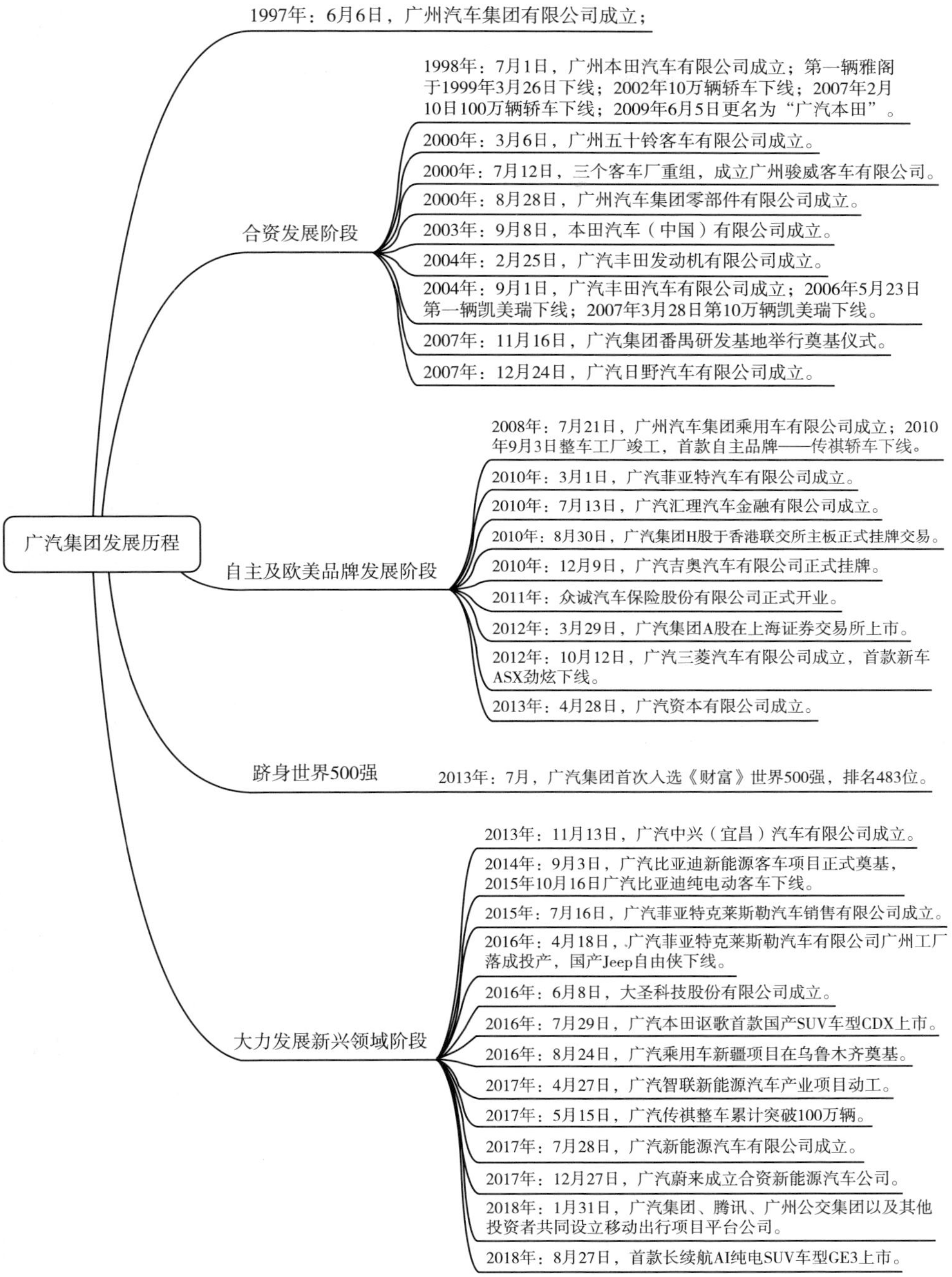

图 7－1　广汽集团发展大事记

资料来源：姚斌华．追梦传奇　广汽二十年［M］．广州，广东人民出版社，2017.

一、广汽集团发展历程

广汽集团与广州汽车产业的发展紧密相连，广汽集团的发展历程折射出广州汽车产业的变迁。

（一）成立广州汽车集团有限公司

1954 年，广州的第一汽车修理厂手工装配出第一辆“华南牌”铁木结构的大客车，每年产量 30 多辆，改变了广州市公交车完全依靠进口的局面；1960 年，“华南牌”客车改型为金属结构的“越秀牌”大客车，使广州市公交车的水平又前进了一大步，“越秀牌”大客车曾经作为中国外交部礼宾司迎送外国贵宾的常用车辆；1966 年，“越秀牌”客车改型为“广州牌”大客车，年产量达到 500 多辆，产品打入石油系统和部分省区市的公交系统，“广州牌”大客车曾经作为国务院总理赠送给利比里亚国家元首的礼物；之后，广州汽车制造厂、广东省客车厂分别生产“珠江牌”和“高登牌”大客车，广州客车技术水平不断提高，产品品种增多，产品畅销祖国各地，美誉传遍全国。

1969 年，同生机器厂改名为东方红机器厂，开始批量生产“红卫牌”货车，1974 年，“红卫牌”货车载重量改为 4 吨，车身也适当加长，最高年产量超过 2000 辆；1984 年，广州市汽车制配厂成立，1989 年改名为广州羊城汽车厂，生产“羊城牌”轻型货车，最高年产量超过 6000 辆。

1983 年 4 月，广东省人民政府行文将广州标致汽车“项目建设书”上报国家外经贸部、国家计委和国家经委，1985 年 7 月 22 日，工商部门给“广州标致汽车有限公司”（简称广州标致）核发了营业执照，广州成为全国小汽车生产定点的“三大三小”之一，最高年产量超过 2 万辆。1993 年开始，广州标致汽车库存积压，经营恶化，负债累累，积重难返，最后不得不重组调整。广州标致曾辉煌一时，在中国汽车工业的发展史上有过一定的历史功绩。随着广州标致合资项目的失败，在“广州能不能搞汽车工业”的一片质疑声中，广州市人民政府为打造汽车工业生态产业链，培育广州市支柱产业，1997 年 6 月 28 日，重组交通系统、建设系统和机电系统的汽车及零部件企业成立广州汽车集团有限公司（简称广汽集团）。广州汽车工业从近30亿元的负债重新起步。

（二）成立广州本田汽车有限公司

1998年7月1日，广汽集团在重组广州标致的基础上，与日本本田汽车合资成立广州本田汽车有限公司（2009年改名为广汽本田汽车有限公司，简称广汽本田），坚持走“少投入、快产出、滚动发展”的道路，坚持“起步就与世界同步”理念，同时引进日本本田最新车型、产品生产制造技术及先进和成功的品质管理标准，根据自身情况和世界质量管理方法趋势，建立起一套行之有效的质量管理体系，首创“四位一体”的4S销售模式，产品行销全国，取得很好的成绩，掀开了新的发展篇章，产生了良好的带动效应，吸引了日本的日产汽车、丰田汽车、五十铃客车、日野载重车相继来广州投资。

目前，广汽本田旗下有本田、讴歌及理念三个品牌，总部及整车工厂均在广州，其中一个整车工厂位于黄埔区，另外两个整车工厂位于增城区。到2018年，已成立20年的广汽本田于2018年3月19日累计生产汽车达到600万辆，成为广汽集团旗下首家累计产量达到600万辆级别的企业。2018年，广汽本田旗下的本田、讴歌及理念三大品牌累计完成销量74.14万辆，在国内汽车企业销量排名中居第10名，其中雅阁、凌派、缤智、飞度等四款车型销量突破10万辆。具体车型看，雅阁凭借燃油、节能混动等多种动力车型以及年轻化的外观设计，全年累计完成销量17.68万辆，其中雅阁混动版全年销量1.87万辆，促使雅阁成为2018年度日系中级轿车的销量冠军；更新换代后的凌派在2018年9月上市之后当月就实现破万的销量，全年累计完成销量10.18万辆；飞度作为广汽本田旗下的常青树，得益于优秀的车内空间、油耗低、动力好等优点，2018年继续保持热销态势，完成销量12.92万辆；缤智则借助国内SUV市场热销实现销量14.16万辆，成为广汽本田旗下的又一主力车型；大中型SUV冠道的销量则不温不火，销量与2017年基本持平，达到8.08万辆。此外，广汽本田旗下的讴歌品牌市场接受度不甚理想，年度销量仅为0.67万辆，下滑较为明显；合资自主品牌“理念”仍然处于低迷状态，传统燃油车型基本处于停产状态，总体销量非常小。广汽本田开始于 2018 年迈出电动化战略发展步伐，在广州车展上发布了首款纯电动 SUV VE－1 和首款插电式混动 SUV 世锐。

（三）多个日系欧美系合资企业相继成立

在广汽本田成功发展的带动下，广汽集团与多家日本、欧美汽车制造商相继成立合资企业，并获得高质量发展。

（1）本田（中国）汽车。2003 年 9 月，广汽集团与日本本田、东风汽车共同出资成立本田（中国），这是中国汽车史上建立的首个产品 100% 出口的整车制造企业。2018 年广汽本田通过收购本田、广汽集团、东风汽车持有的本田（中国）汽车股份，实现了 100% 控股本田（中国）汽车，通过收购增加广汽本田产能。受重组影响，本田（中国）汽车在 2018 年累计完成销量 1.28 万辆，总体呈现下滑趋势。到 2018 年，本田（中国）产品出口的国家与地区达到 11 个，建立相关整车销售据点 17 个。

（2）成立广汽丰田。2004 年 9 月，广汽集团与日本丰田合资成立了广州丰田。2006 年 6 月 17 日广州丰田生产的凯美瑞轿车在全国正式上市，当年实现汽车销售 61254 辆，原预计亏损 9.6 亿元的广州丰田，全年却盈利 5 亿元，开创了当时中国汽车企业“当年投产、当年盈利”的先河。到 2018 年，广汽丰田旗下只有丰田品牌，未来将有望引进雷克萨斯高端品牌，总部及三大整车工厂均在广州。2018 年，广汽丰田凭借过硬的产品品质和车型更新换代，实现销量 58.00 万辆，在国内汽车企业销量排名中居第 15 名。在轿车方面，雷凌家族累计完成销量 19.13 万辆，成为广汽丰田单车型销量最高的一款车，尤为值得一提的是混动版的节能车型销量达到 4.27 万辆；换代后的全新第八代凯美瑞一改过于保守的外观设计，上市即受到年轻消费者的热捧，销量快速增长，全年实现销量 15.88 万辆，其中双擎版凯美瑞销量 2.41 万辆；雅力士家族的致炫和致享累计完成销量 9.57 万辆。在 SUV 方面，汉兰达市场表现依旧供不应求，全年实现销量 10.49 万辆；C－HR 自 2018 年 9 月上市以来，市场接受度逐步提高，累计完成销量 2.27 万辆。

（3）成立广汽日野。2007 年 12 月，广汽集团与日本日野合资成立广汽日野，主要生产重卡和驱动桥等关键总成。2009 年 9 月，广汽日野从化工厂正式竣工投产，首款 700 系列重卡成功下线，填补了广东省缺少重卡产品的空白。2018 年广汽日野销售重卡 4303 辆，同比增长 65.44%。

（4）广汽菲克。2010 年 3 月，广汽集团与意大利菲亚特合资成立了广汽菲亚特，2012 年，完成长沙生产基地并投产首款国产车型；2016 年，建成广州生产基地；2017 年增加全新 Jeep 自由侠、全新 Jeep 指南者产品的生产。2018 年，广汽菲克销售汽车 12.4 万辆。

（5）广汽三菱。2012 年 10 月，广汽集团与日本三菱合资成立广汽三菱。三菱汽车定位于“SUV 世家”，广汽三菱专业生产 SUV，主要汽车品牌有劲炫、帕杰罗、劲畅和欧蓝德。2018 年，广汽三菱销售汽车 14.4 万辆，同比增长 22.69%。

（四）大力发展中国品牌

广汽集团在合资合作中取得了巨大成功，为广汽集团的自主发展在资金、人才、技术和管理等方面提供有效资源打下了基础。为打造自主品牌乘用车，广汽集团开始建设自主研发和生产基地。2006 年 7 月 10 日，广汽集团成立广汽研究院，标志着广汽集团加大自主研发的投入，迈向了自主研发和自主品牌发展的新阶段。2008 年 7 月 21 日，广汽集团成立广汽乘用车，广汽集团投入巨资建设乘用车生产基地，实施合资和自主品牌双轮驱动发展模式，完善了广汽集团产品线，有利于降低市场、经营风险及广汽集团的长远发展。

目前旗下仅有传祺品牌，总部及部分整车工厂在广州，杭州工厂的产能已经逐步释放，为广州第四大规模的整车企业。尽管受国内 SUV 市场下滑影响明显，但得益于车型多样化，2018 年广汽乘用车同样实现逆市增长，全年实现销量 53.52 万辆，连续第二年超 50 万辆（见图 7－2），在国内汽车企业销量排名中居第 17 名。到 2018 年，广汽乘用车的传祺品牌已经连续 6 年获得 J. D. Power 新车质量报告（IQS）中国品牌第一，连续 3 年售后服务满意度自主品牌第一，这也是广汽乘用车实现逆市增长的有力支撑。具体到车型看，2015 年 4 月 18 日上市，当年完成销量 12.9 万辆，2016 年翻倍增长并达到最大年销量，为 33.3 万辆，占广汽乘用车总量的 88.1%；2017 年达到 31.9 万辆，随着 SUV 市场的竞争加剧，

GS4 销量下滑较为明显但仍然超过 20 万辆，总体上看，GS4 是广汽集团自主品牌快速崛起的功臣车型，也是广汽集团快速响应国内汽车消费转型新趋势所取得的成效。GS8 累计完成销量 6.18 万辆；GS7 增长明显，达到 2.54 万辆；GM8 作为广汽乘用车旗下的首款 MPV 车型，2018 年 12 月销量已经快速升至第 12 位，全年累计销量已经达到 3.08 万辆，取得了初步成功。

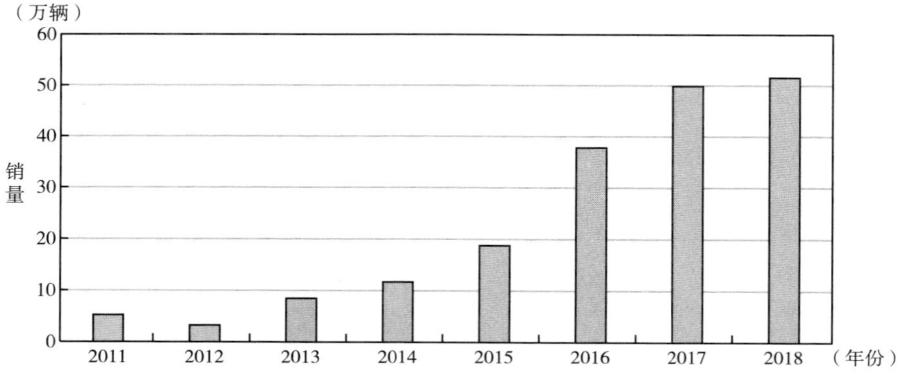

图 7-2　2011～2018 年广汽乘用车销量

资料来源：广汽集团网站。

此外，广汽乘用车在新能源汽车市场逐渐发力，发展势头较好。其中，插电式混合动力车型——GS4 PHEV 销量破万，成为广汽集团下第一款年销量突破万辆的新能源汽车产品，达到 1.04 万辆，旗下的 GE3 纯电动车已大规模投放广州出租车市场，取得了良好的市场反应。此外，广汽比亚迪新能源客车有限公司（简称广汽比亚迪），总部位于广州从化明珠工业园，成立于 2014 年 8 月 4 日，比亚迪和广汽集团合资股比为 51∶49，主要生产新能源商用车。得益于广州大力推动公交车电动化，广汽比亚迪产销量翻倍增长，2018 年累计完成销量 0.505 万辆，增幅高达 222.02%。随着广州公交车电动化接近尾声，未来广汽比亚迪将面临严峻考验，急需开拓新市场。

二、广汽集团发展现状

广汽集团经过 20 年的发展，形成了研发、整车、零部件、商贸、金融等五大板块的完整产业链，成为国内首家 A + H 股上市的大型国有控股股份制汽车企业集团。20 年前，广汽集团汽车产销 1 万辆，销售收入仅 27 亿元，亏损 29 亿元；20 年后，广汽集团汽车产销突破 200 万辆，销售收入 3500 亿元，从 2013 年起连续五年入围世界 500 强，2017 年排名世界 500 强中第 283 位。随着新能源及智能网联汽车的快速发展，广汽集团不断拓展与汽车产业关联的新领域。广汽集团旗下的企业涵盖了汽车研发设计、乘用车与商用车整车制造、汽车零部件、汽车金融、汽车商贸物流、汽车电子、摩托车等诸多领域（见图 7 - 3），目前广汽集团已发展成为国内第五大汽车集团。

图 7 - 3　广汽集团投资企业示意图

资料来源：广汽集团，http：//www. gagc. com. cn/.

得益于旗下日资企业的逆势增长，广汽集团 2018 年的汽车产销规模再次突破 200 万辆，其中产量达到 219. 4 万辆，销量 214. 79 万辆。值得一提的是商用车增长较为明显，累计实现销量 0. 93 万辆（见表 7 - 1）。2018 年广汽新能源车表现惊艳，全年累计完成新能源车销量 2. 41 万辆，同比增长 359. 7%；其中广汽新能源首次突破 2 万辆。根据广汽集团公布的 2018 年度业绩报告显示，2018 年营业总收入约 723. 80 亿元，归属于母公司股东的净利润约 109. 03 亿元。到 2018 年，广汽集团已连续六年入围《财富》世界 500 强，排名进一步提升，居第 202 名，比 2017 年排名上升 36 位，整体呈现较快发展势头，而在 2018 年度的中国企业 500 强排名中居第 45 名。

表 7－1　　2018 年广汽集团汽车产销情况　　单位：万辆，%

产品类别	产量			销量		
	2018 年	2017 年	增速	2018 年	2017 年	增速
乘用车	218.49	201.3	8.54	213.85	199.69	7.09
轿车	101.19	82.45	22.73	98.65	82.42	19.69
MPV	8.26	3.79	117.92	7.82	3.76	108.02
SUV	109.04	115.06	－5.25	107.38	113.5	－5.40
商用车	0.91	0.41	122.55	0.93	0.42	124.30
客车	0.5	0.16	224.92	0.5	0.16	222.02
货车	0.41	0.25	59.86	0.43	0.26	65.44
汽车合计	219.4	201.71	8.77	214.79	200.1	7.34

资料来源：广汽集团，http：//www.gagc.com.cn/.

三、广汽集团国际化发展

在 20 年多年发展过程中，广汽集团坚持合资合作和自主创新两条腿走路，通过合资合作引进国际技术，购买国际技术开展自主创新，聚集全球精英引进国际人才，借助国际平台打造世界品牌，借助“一带一路”开拓国际市场。

（一）引进国际技术开展合资合作

广汽集团在开展合资合作过程中，首先，使用中外双方股比对等的方式引进国际知名汽车企业的先进产品和制造技术，先后与国际先进的汽车企业一道建立合资合作企业共同经营。其次，积极吸引多种经济成分参与国有企业的改制重组，开创国企与民企合资造车的先河，共同开拓国际市场。广汽集团与国际先进汽车企业的合作，一方面吸取了先进的生产制造技术和管理经验，另一方面创造了一系列在业内具有标杆意义的事件。如合资企业成立初期，分别引入雅阁、凯美瑞等全球同步车型，打造了轰动一时的销量佳话，之后根据国内汽车消费市场的升级特点，将原来单一产品结构延展到轿车、SUV、MPV 多种车型并存。而合资企业开创的 4S 特约销售服务模式，深刻影响了中国汽车后市场的发展，成为行业的标杆。

广汽集团在引进国际技术的同时，向合资合作企业输出产品技术，翻开了国际化相互合作崭新的一页。广汽研究院已逐步实现向合资企业输出自主品牌新能源车型及技术，陆续帮助合资企业解决新能源车型不足的问题，开创了中外合资汽车企业导入中国汽车自主品牌产品的先河。协助广汽丰田开发的纯电动车产品GT03；广汽三菱从广汽集团导入PHEV技术，在广汽三菱生产制造的首款车型——祺智PHEV已上市正式销售；广汽菲克也正在加快速度导入广汽集团的PHEV技术，标志着广汽集团合资企业进入了国际合资新阶段。同时，广汽集团在推进国际化品牌全新战略中，将合资股东双方的品牌标识应用于广汽本田、广汽丰田、广汽三菱、广汽菲克、广汽日野等合资企业产品，体现了平等、互利、共赢的国际合作关系，进一步增强广汽品牌国际影响力。

2017年广汽集团与国际汽车阵营中日系、欧美系合资合作的整车企业全部实现正增长。日系合资品牌方面，广汽本田销量超过70万辆，实现两位数增长，顺利完成2017年初制订的目标；广汽丰田累计完成销量近45万辆，实现质与量的均衡稳健增长；广汽三菱再次突破10万辆大关，达到11.5万辆，大幅超额完成目标，增幅高达105%。基于传祺GS4车型打造的广汽三菱“祺智”于2017年12月19日成功下线，进一步体现广汽集团对中外合资公司的支持和贡献，更开创了中国汽车产业合资历史新的篇章。欧美合资品牌方面，随着广汽菲克Jeep品牌车型的增多，尤其是广州生产的指南者实现大幅度增长，力助广汽菲克销量突破20万辆，增幅达到36%。另外，广汽集团开展全球广泛合作，自成立以来，广汽集团零部件公司先后与电装、东京座椅、丰田纺织、普利司通、斯坦雷、昭和、三叶、林天连布、安道拓、菲亚特克莱斯勒控股、麦格纳、木桥等世界著名零部件企业成立了近40家合资企业。

（二）购买国际技术实现自主创新

广汽集团在成功开展国际化合资合作的基础上，举全集团之力发展自主品牌事业，整合全球资源为己所用，开展自主研发核心技术的资本运作，开创性地探索和实践了如购买国际汽车企业先进的整车和发动机产品技术、购买国际先进的产品设计服务等国际化合作模式。一开始就从中高端车型切入，坚持正向开发和自主创新。截至目前，广汽自主研发累计投资达130亿元，成功地将广汽研究院打造为国家级企业技术中心，整体研发实力达到国内先进水平。与此同时，建成了世界级的整车及发动机工厂，成功推出自主品牌“传祺”。广汽“传祺”系列车型自2010年正式上市以来，销量从1.7万辆快速增长到2017年突破50万辆，打造了行业瞩目的“传祺速度”。依托国内SUV长期热销趋势，成功将GS4、GS8等打造成为明星车型，GS4年销量突破30万辆规模。

广汽集团致力于从单一整车制造到全产业链的升级，通过与日本、法国等国家的保险经纪企业、金融企业等合资合作，成为国内汽车行业首家拥有汽车金融、汽车保险、融资租赁、股权投资等多块非银行业金融牌照的企业集团，形成以制造业和服务业良性互动发展的产业格局。

广汽集团积极在汽车新兴领域谋划布局，以“智能制造+创新研发+生态小镇”为特色的智联新能源汽车产业园已进入施工建设阶段，重点围绕汽车研发、汽车制造、汽车商贸、汽车金融、汽车文化、汽车旅游等领域开展新兴业态培育。此外，广汽集团在2016年初获得代表世界顶级智能汽车水平的科研联盟MTC（美国移动交通中心）组织认可，成为国内车企中仅有的两家组织成员之一。

（三）布局国际中心引进国际人才

广汽集团自主创新的前瞻性布局在多年前就开始启动，其中位于硅谷的研发中心已于2017年4月正式运营，定位集聚国际人才、整合全球前瞻技术、加强对外开放合作，承载着技术研发、设计以及产品企划等工作，而底特律研发中心和洛杉矶前瞻设计中心的筹建工作也正在紧锣密鼓的推进之中。

国际化布局，首先要看企业能否有国际人才的流入。2017年广汽集团在美国硅谷、底特律、波士顿三地首次举行大规模海外人才招聘，开展大规模的招聘面试，范围包含工程、技术、研发以及网络和销售等方面的国际化人才，面向全球吸纳和引进智能网联、新能源、车辆工程与工艺、市场与传播、金融与保险等领域的高端人才，吸引来自北美各城市精英人才近700位参与应聘，最终23人被录用。

（四）借助国际平台打造世界品牌

随着中国汽车业进入全球化竞争时代，竞争可谓最为激烈。尤其是最近几年，传统企业受到互联网模式的冲击，汽车业也处在变革与颠覆的关口，转型成为躲不掉的命题。在此过程中，广汽集团不断夯实产品品质和品牌实力，广汽品牌已获得业内认可，为顾客带来更好的品牌认知度和认同感。这是广汽集团的技术实力、产品品质、品牌形象得到市场高度认同的结果。

广汽乘用车三度参加北美车展，广汽传祺旗下 GA4、Enverge 概念车、GS8、GM8、GA8、GS7、GS4 等一系列量产车型先后亮相，展出规模和产品数量已经超过现代汽车，并成为北美车展 110 年来首个进入主展馆的中国汽车品牌，与世界知名汽车品牌同台交流。2017 年，广汽乘用车传祺在北美车展上全球首发了插电式混合动力概念车 EnSpirit、“硬派 5 座 SUV”传祺 GS7、“纯电动新能源 SUV”传祺 GE3 三款全新车型，并同台展示了传祺 GA8、新能源动力总成 GMC 变速箱和 1.5ATK 发动机。此外，北美车展组委会执行主席罗德·艾伯茨还亲自为广汽传祺站台。从这一角度看，对广汽传祺进军北美新能源汽车市场是有所帮助的。

2017 年广汽集团与 2017 广州《财富》全球论坛缔结合作关系，广汽传祺成为唯一官方赞助用车，将迎接全球范围高端精英的检阅；2017 年 3 月，在 2017 年博鳌亚洲论坛，中国与世界汽车行业代表纵论第四次工业革命给行业带来的机遇和挑战。

美国拥有高度成熟的汽车消费市场，与之匹配的也就是最严格的排放制度、最先进的审查机制以及最苛刻的汽车碰撞试验等。广汽传祺将按照五大体系的海外战略前进，分别为全球研发体系、海外服务体系、海外营销体系、全球生产体系、全球采购 & 供应链体系。在广汽传祺的国际化战略中，进军美国市场是最重要的一步。广汽集团花了三年多时间去研究北美的相关法规法律、产品适应性等，广汽乘用车传祺的产品技术已经成熟，有了广泛的市场积累，也是中国自主品牌向更高标准所进行的又一轮尝试。计划进入北美市场，全面塑造广汽传祺国际化品牌形象。后续会在伊朗、俄罗斯市场建厂进行本地化组装生产，为广汽传祺在当地的发展提供保障。同时，广汽传祺将成立一些海外公司，也会在一些重要的州建立办事机构，以此来承载广汽传祺的海外发展。2017 年 12 月，总市值在 1600 亿元以上的广汽集团相继被纳入 MSCI 中国 A 股指数和香港恒生国企指数。

（五）借助“一带一路”开拓国际市场

2008 年国际金融危机后，国际经济发展出现复杂、严峻的形势，我国从国家层面正式提出“一带一路”倡议，携手“一带一路”沿线国家，建立经济合作伙伴关系，共同创建利益、责任和命运共同体。这些沿线国家，绝大部分都是新兴经济体，“一带一路”倡议给中国企业带来发展机会。目前，“一带一路”倡议覆盖的国家和地区已达到 65 个，覆盖总人口约 46.7 亿，GDP 总量达 27.4 万亿美元，这些绝大部分都是新兴经济体国家，将给中国企业带来“走出去”发展的机会。以汽车工业为例，有资料显示，“一带一路”沿线的东亚区域，汽车总销售接近 2000 万辆，其他如中东、北非、欧洲、亚洲（除中国）等区域，汽车总销量超过 1200 万，有一定的汽车市场潜力。这一市场潜力，为中国自主品牌汽车出口或在海外建厂发展创造了机会。

依托国家级“一带一路”倡议新机遇，广汽集团积极抢抓新发展机遇并谋求国际化发展。其中，广汽乘用车提出“三步走”海外市场战略，第一步首先进入中东等“一带一路”沿线国家；第二步则稳步发展已布局和突破的重点市场，通过扩大海外市场业务规模以培育广汽自主品牌传祺的中高端品牌形象；第三步则是瞄准北美及欧洲市场，进而在全球范围内构建研发、生产及销售一体化体系，努力将传祺打造为全球一流的中国汽车品牌。目前，广汽乘用车已在尼日利亚建立组装工厂并成功试产，GA3、GS5、GS4 等车型相继导入；在北美建立负责前瞻技术研发、设计创意的研发中心，还与电装、爱信精机、大陆等全球知名零部件企业签署了战略合作协议。此外，广汽乘用车根据不同国家的消费需求，有针对性地开发不同的精品车型组合，不断导入高品质产品以满足消费者多样化需要，同时还高度重视品牌建设和推广。

广汽乘用车高度重视汽车销售服务和汽车售后服务两个方面的建设。在汽车销售渠道布局方面，广汽乘用车创建“GAC－DS（Diversity store）”的海外渠道模式，满足消费者多元化购车需求。在汽车售后服务方面，广汽乘用车以“客户第一”为核心服务理念，努力实现客户关怀感情化、本地化，服务流程标准化、国际化。在应对“一带一路”沿线区域市场上，实施聚焦中东地区、辐射阿盟周边市场的区域渠道策略，初步围绕中东国家构建起全球销售网络和服务体系，完成了中东、东欧、东南亚、美洲、非洲等五大板块 14 个国家的布局。值得一提的是，广汽集团于 2017 年成为北美车展百年历史上首个进入主展馆的中国汽车品牌，同世界级汽车品牌同台竞技。自 2013 年进入中东市场以来，广汽传祺已初步在迪拜、科威特、沙特、菲律宾、巴林、黎巴嫩、阿联酋、卡塔尔等国家和地区构建起汽车营销服务网络，已完成中东、东南亚、东欧、非洲、美洲等五大板块 16 个国家的布局。

第二节

双转型期下的广汽集团升级模式分析

广汽集团作为依托合资合作模式起步发展的地方国有企业，在双转型期下主要依托资本优势、资源整合能力、面向全球的零部件配套模式等实施横向整合及产业融合发展战略，促使旗下广汽传祺、广汽新能源等中国品牌的快速崛起，汽车关联业不断扩张的同时国际化战略不断深入实施，实现广汽集团的整体提升。

一、以产融结合促进产业链协同发展

产融结合是产业资本发展到一定程度，寻求经营多元化并提升资本运营效率的产业发展新趋势。广汽集团 2006 年开始探讨建立产融结合战略，采用“由产而融”的形式发挥自身产业链的协同优势，通过合资合作开展汽车产业与金融产业的结合，在内部上下游企业开展汽车保险、汽车金融等业务组合，释放出上下游企业发展新动能，有效促进了广汽集团的整体升级。

（一）广汽集团产融结合模式的形成

随着汽车市场竞争加剧，广汽集团自身业务规模的不断扩大，产业链上游的配套企业建设资金融资能力不足，下游的汽车销售业务相关配套服务如车辆保险、汽车消费信贷、库存融资等存在诸多环节的限制，产业链运营成本不断增加，集团自身在汽车保险、汽车金融和资本运作方面缺乏强有力的支撑，在一定程度上制约产业的发展。作为一家注重实体产业发展的传统大型汽车企业集团，为更好地支持实体产业的发展，急需在国家政策的扶持下，探讨建立产融结合战略，寻求产业资本与金融机构合作，申请相关金融牌照，通过发起设立或合资合作等方式积极探讨产融结合的经营模式，开展汽车保险经纪、汽车保险和汽车金融等业务，先后成立了广爱保险经纪、众诚保险、广汽汇理、广汽资本等公司，拓展多元化经营，推动产业链各环节健康协同发展，提升广汽集团资本运营的质量。同时保险和金融机构融入汽车产业，可以获得稳定的汽车金融业务，迅速提升业务质量。

1. 成立广爱公司，发展保险经纪业务

为尝试汽车产业与保险机构的融合，更好地促进汽车产业的发展，在国家相关政策的扶持下，2006 年，广汽集团与日本爱和谊保险公司合资组建全国性的广爱保险经纪公司（下称广爱公司），于当年 5 月 8 日获中国保险监督管理委员会批准成立。广爱公司成立后，通过产融结合，结合外资保险公司的业务经验和广汽集团深厚的产业背景，以广汽集团旗下乘用车品牌遍布全国各地的 4S 店为平台，开展具有广汽特色的汽车保险经纪业务，并围绕汽车保险，扩展至企业保险等其他保险领域。目前公司的业务现已覆盖全国 50 多个大中城市。

2. 成立众诚保险，增强保险业务实力

为完善汽车产业链结构，进一步开发专业汽车保险业务，广汽集团在积累广爱公司开展保险经纪业务经验的基础上，2011 年，发起成立了众诚汽车保险股份有限公司（下称众诚保险），主营业务有：各种机动车辆保险业务、与机动车辆保险有关的其他财产保险业务等。经过五年的经营，凭借良好的业绩和实力，2016 年众诚保险成为国内首家挂牌新三板的专业汽车保险公司。众诚保险立足专业化经营，充分发挥保险功能，凭借广汽集团及汽车产业链的技术资源、客户信息、销售网络优势，专注车险，积极打造专业的全流程用车风险管理服务。

3. 成立广汽汇理，发展汽车金融

汽车产业与保险业的结合为广汽集团的汽车销售提供了保障，而资金的支持对汽车销售更不可或缺。2010 年，广汽集团携手法国最大的银行——法农集团旗下东方汇理个人金融股份有限公司合资设立了华南地区首家中法合资的广汽汇理汽车金融有限公司（下称广汽汇理），作为专业的汽车金融公司，广汽汇理致力于为广汽集团相关品牌的汽车终端客户和经销商提供高品质汽车金融服务，推出库存融资、平衡信贷、随心贷、开心信贷、百灵信贷、360 计划以及差额保全服务等金融产品，利用大数据，精准定位，细分客户人群，创新推出多样化的产品，提升消费者满意度。

4. 成立广汽资本公司，发力汽车资本市场

2013 年 4 月广汽集团全资成立广汽资本有限公司（下称广汽资本），致力于塑造“视野全球化、机制市场化、投资专业化”的产融结合典范，依托强大的股东背景开展资本经营，通过战略投资、设立及参股有限合伙基金和资产管理的业务模式，充分运用汽车产业链资源，聚焦汽车新能源、新材料、智能化及互联网等汽车产业链关键领域，同时深挖战略性新兴产业领域的投资机会，缔结多方战略合作伙伴，携手发展。通过独立管理、共同发起设立、合作跟投、杠杆式撬动社会资本等市场化运作方式，支持广汽集团产业结构调整和转型升级，助力广汽集团在多元化发展中实现价值共享。

（二）广汽集团产融结合促进产业链协同发展

广汽集团 2006 年开始探讨建立产融结合战略，先后成立了广爱公司、众诚保险、广汽汇理、广汽资本等金融企业，发挥自身产业链的协同优势，在集团内上下游企业中开展汽车保险、汽车金融、资本运作等业务组合，从两个层次推动了产融结合向纵深发展，释放出了上下游企业发展新动能并取得了很好的效果。一是从汽车产业与保险机构融合的角度推进产融结合。广汽集团早期投资保险业的初衷是为了支持汽车产业的发展，经过多年的发展，广汽集团旗下的金融业与

汽车产业形成了相互促进的良好局面，金融业与汽车产业的融合更加紧密。二是从汽车产业与金融机构融合的角度推进产融结合。随着企业经营规模的扩大和发展阶段的变化，对资金也提出了更加多样化的要求，融资、信贷等金融工具成为企业解决资金问题的重要手段。以满足汽车产业综合金融需求为目的，金融机构不断开展产品创新，有效地促进金融业和汽车产业的融合发展。

1. 实现产业与保险机构结合

广汽集团的保险业务分为汽车保险经纪和汽车保险，两者互为依存又互为补充。广爱公司作为众诚保险的经纪公司，也兼担其他专业保险公司的经纪业务。一方面开展众诚保险的经纪业务，协助众诚保险在广汽集团各整车企业4S店开展保险推广业务；另一方面，为满足消费者对不同专业保险公司业务的选择，及时补充其他专业保险公司经纪业务，既满足了各品牌顾客对不同专业保险公司的保险业务需求，又促进了各品牌汽车产品的及时销售。众诚保险则充分发挥其专业保险公司的特点，开发更多的产品品种，满足广汽集团众多汽车品牌的需要。经过多年的发展，广爱公司在全国已设立21家分公司及营业部，业务网络已覆盖至全国200多个大中小城市，合作主机厂提供派驻及服务的店数达540家，2016年营业收入1.2亿元。众诚保险公司已开设了广东、深圳、上海、浙江、湖南、山东分公司和宁波中心支公司共7家总公司直管机构，在有分支机构覆盖的地区，其资本实力不断提升，偿付能力达到420.06%，2016年实现保费收入10.5亿元，营业收入9.69亿元。广汽集团的汽车保险经纪和汽车保险业务的开展，大大促进了各品牌汽车的销售量，取得了很好的效益。

2. 开展产业与金融机构相结合

作为资金密集型行业，汽车产业虽然在生产周期上比房地产短，但也同样存在巨大的融资需求。汽车企业为了能按期扩能、按时组织生产、及时满足整车企业对零部件配套，在产品研发、设备改造、工厂建设等方面需要金融机构的大力支持。另外，汽车销售等产业链下游的汽车经销商企业为规模化开展营销，加快汽车销售速度，减少商品库存，在库存融资、零售贷款和网络销售及服务等方面需要金融机构的支持。汽车产业链上下游企业面临的资金需求，为广汽汇理提供了巨大的业务空间。广汽汇理在有效防范和控制风险的前提下，一是通过融资租赁手段为相关零部件企业提供业务帮助和资产融资租赁支持，确保零部件企业产能扩建项目按期完成。二是通过加大经销商库存融资和零售贷款支持，帮助各品牌汽车经销商企业扩大营销规模，及时销售汽车产品，减少商品库存，提高经济效益。2016 年，广汽集团经销商总数 1867 家，广汽汇理开通业务的经销商达 1670 家，零售贷款业务覆盖了 90% 的广汽集团经销商，全年完成库存融资发生额 800 亿元，贷款金额 150 亿元。广汽集团产业与金融机构结合大大促进了汽车制造主业的发展。

3. 开展产业与资本运营相结合

广汽资本公司背靠汽车产业积极开展资本运作，运用基金管理、股权投资等形式，先后设立了上海星巢创业投资中心基金，重点关注新媒体、影视及艺术品平台；广州盈锭产业投资基金合伙企业基金，主要投资汽车产业链上下游、先进制造业、大消费和金融服务等战略性新兴产业，同时关注优秀国有企业的混合所有制改革的投资机会，投资阶段侧重成长期、成熟期和未上市成长性企业的股权投资及上市公司定向增发、并购重组、新三板挂牌企业股权投资等；深圳广证盈乾创新技术产业壹号投资基金，重点以汽车产业链上下游为主，重点关注新能源汽车核心技术和智能驾驶先导技术，同时关注工业 4.0、供给侧改革、消费升级等领域，投资阶段覆盖 A 轮之后的 VC 投资和 PE 投资，及上市公司定向增发、并购重组、新三板挂牌企业股权投资等；广州智造创业投资企业基金，投向以汽车产业链上下游为主，重点关注工业 4.0、智能制造、汽车智能驾驶等领域，投资覆盖后 VC 及 PE 阶段，关注新三板挂牌企业股权投资机会。这些基金的设立，一方面广汽资本树立起汽车产业链上下游的投资理念，另一方面也推动了公司在其他战略性新兴产业领域投资的多元化发展。基金项目的推进，积累了经验、培养了人才、锻炼了队伍，为集团扩大资本运作打下了基础。

4. 做好产业与统筹资金相结合

2016 年广汽集团着力做好资金统筹管理工作，强化风险管理。深入开展“存＋贷”业务合计 29 亿元，积极发挥结算中心功能，累计归集资金 555 亿元，顺利开展资金结算业务 3 万笔，给相关投资企业发放委托贷款 12.5 亿元。并根据企业资金需求及项目开展情况，全年对投资企业增资共 66.83 亿元，提高了企业可持续发展能力。委贷续期展期资金 7.81 亿元，有效缓解企业资金周转压力。另外，支持广汽研究院研发投入 13.2 亿元、新能源项目 5.2 亿元，给集团自主创新事业提供强有力的资金支持。集团统筹资金并集中管理，大大提高了资金使用效率和经济效益，促进产业链的快速发展。

5. 推动产业与股权融资相结合

为了抓住智能网联新能源汽车新一轮的发展机遇，确保资金的投入，广汽集团在产融结合模式上作出了新的探索——发起非公开发行计划，募集总额不超过 150 亿元的长期稳定发展资金，募投的项目包括智能网联新能源汽车与前瞻技术、工厂与车型和关键零部件等方面，覆盖了从研发到生产的全过程，涵盖了整车及关键零部件等多品类。项目研发支出主要包括平台开发费用、乘用车整车产品开发费用、关键零部件开发及产业化开发费用、前瞻技术研究费用等。这些项目具有良好的市场发展前景，项目建成投产后，将有助于提升公司的生产和研发实力，进一步加强自主品牌体系建设，拓宽产品谱系，加快延伸产业价值链。通过提升研发能力，进一步巩固核心竞争优势，有利于在新的产业价值链中快速抢占领先地位。同时，也将有效提升公司的资金实力和资产规模，提升公司整体核心竞争力，做大做强，实现广汽集团“十三五”战略规划目标，早日成为先进的汽车集团。

二、打造面向全球的零部件配套模式

从汽车产业链看，零部件产值占整车产值的 50% ~70%，零部件质量是整车质量的重要保障。从全球配套体系的建立、整车与零部件企业的战略关系、零部件配套战略理念、零部件供应商的选择及管理、战略合作关系等多方面分析了广汽传祺零部件配套战略。到 2018 年，广汽传祺能够在 J. D. Power 中国市场新车质量研究排名中连续六年获得自主品牌第一名，主要是借助科学高效的零部件配套战略。广汽传祺采用严格的质量检测标准，创立了广汽采购方式，推行“六大体系”，严控供应商入门资格，加强供应商评价和培育，充分挖掘供应链的价值，不断完善战略合作模式。在建设世界级工厂的前提下，与国际顶级零部件配套商合作构筑世界级的全球供应链体系，确保产品品质。在这个体系中，欧美系零部件企业占40%，国内零部件企业占40%，日韩系零部件占20%，全球前十位的供应商都为广汽传祺提供配套。在配套战略实施中，随着广汽传祺产销规模的快速提升，与国际顶级零部件企业谈判时可以具有更多的话语权，由此形成了更有利于广汽自主品牌发展的整零双方共赢发展的良性循环。广汽自主品牌传祺零部件配套战略的实践也表明，只要整车与零部件企业齐头并举、并肩提高，持续开展技术升级和质量提升，共同面对越来越激烈的市场竞争，就能不断推动中国汽车产业质量水平的提升，中国汽车强国战略目标最终也将会实现。

（一）建立全球供应链体系

零部件质量是整车质量的重要基础，整车企业必须高度重视采购系统的布局和建设。广汽传祺零部件配套战略的第一步就是规划建立一流的全球供应链体系。全球体系包括欧美、日韩跨国零部件企业、国内技术领先的零部件企业，他们的管理先进、技术领先、产品质量高。广汽传祺按国际通行的QCD的原则在全球范围选择优秀的零部件供应商，有效地管理配套供应体系，通过与他们建立战略合作伙伴关系，形成稳定的零部件供应网络，确保整车产品的市场竞争力。目前传祺与世界排名前十名的供应商均开展了紧密合作，其中博世公司为传祺配套了ESP车身稳定系统，行车过程中为车辆保驾护航。TRW（天合）公司提供的EPS电动助力转向系统，让传祺车辆拥有汽车操纵的稳定性和舒适性。大陆公司生产的制动真空助力器，反应敏捷且阻力小。DELPHI（德尔福）公司的汽车线束成为传祺身上的“神经与血管”。FAURECIA（佛吉亚）公司拥有全球第一的排放控制技术，其发动机排气歧管可减少一氧化碳排放，还提升发动机的性能。Johnson Controls（江森自控）公司的蓄电池性能稳定、寿命长，为传祺提保障。ZERO FLAG（采埃孚）公司提供的动力转向油泵，能有效减轻驾驶员操作强度，提高整车可操作性的作用。MAGNA（麦格纳）公司为广汽传祺提供寿命持久、操作灵敏顺畅的玻璃升降器，给车主提供最贴心的呵护。AISIN（爱信）公司为传祺提供优越性能的变速箱，操纵轻便，降低高速噪音。传祺选择DENSO（电装）公司的汽车空调系统，它能对阳光的影响或周围温度的改变进行自动补偿，维持驾乘者预先设定的温度。这些国际顶级供应商为广汽传祺起步发展阶段作出了应有的贡献。

（二）创立广汽采购方式

广汽传祺在零部件采购实践过程中创立了目标明确、技术最优、品质最佳、成本最低和供应最及时的广汽采购方式，通过确立供应链配套的战略目标，建立标准化、规范化的供应链管理，按产品规范和技术标准严控零部件供应质量，构建完整的全球供应链体系，充分挖掘供应链的潜力，将供应商的价值最大化，确保汽车产品的品质持续稳定在高水平，更好地服务于广汽传祺的研发和生产。广汽采购方式的核心是采购管理包括“资格认证、选择配套、价值工程、培育改善、考核评价和战略合作”的“六大体系”。

（三）推进六大体系

广汽传祺严格控制零部件产品品质，推进采购管理的“六大体系”，在选择和管理零部件供应商上，国内外供应商无一例外按管理要求执行。只有质量管控体系规范和稳定下来，零部件供应品质才会更有保证，供应商也会更积极响应广汽传祺高品质的零部件要求，才能给消费者提供品质一致性的优质产品。

（1）资格认证体系。在潜在供应商的选择上，广汽传祺从源头开始严格把控，建立供应商评价标准，采取多种方式对潜在供应商进行多重考察才确定入围供应商初步名单。采购部门会同技术、质量部门三方“会审”圈定供应商入门资格和范围，为符合标准的供应商颁发资质证明。然而，并不是所有通过资格认证的供应商都能直接供应零部件，需要再进行配套选择。

（2）配套选择体系。为选择合适的供应商，广汽传祺建立起全面的供应商综合评价指标体系，采购部门通过公平、公开的项目投标，在研究各供应商提交的建议书和报价之后，按“QCD”，即质量、成本、交付并重的原则，综合考虑供应商的业绩、人力资源开发、质量控制、设备管理、成本控制等多方面可能影响供应链合作关系的方面，对供应商做出全面客观的评价，同时通过竞争有效降低零部件供应成本。

（3）价值工程体系。广汽传祺不仅要管理供应商、严控零部件质量，同时还要通过完整的体系充分挖掘供应链的价值，将供应商的价值最大化。广汽传祺在设计阶段就引导供应商介入，共同开发符合质量与成本要求的产品，提升效率，消除供应链每一个环节的浪费，保持供应链竞争力。通过参与设计，供应商可以有效帮助广汽传祺降低成本，从本质上提升成本竞争力。

（4）培育改善体系。广汽传祺在培养供应商方面，不光要“管”，还要“养”，这个“养”就是培养和融合。广汽传祺将主机厂的理念、文化、管理方式、技术标准，不断向供应商输出，为供应商提供相互学习、借鉴的机会，促进供应商形成自我提升的环境和机制，广汽传祺与供应商通过培养与融合，形成了优质互信的关系。

（5）考核评价体系。整车企业与供应商建立战略伙伴关系、控制双方关系风险和制定动态的供应商评价体系是汽车行业普遍关心的几个问题。广汽传祺将“红牌制度”作为推进品质至上、严格考核、坚决淘汰的一大重措，把控零部件供应商质量以及整车质量。红牌制度，如同市面上消费者选车一样，广汽传祺采购与质量部门手中握有“红”牌，会同包括研发工程师、相关专家顾问、质检人员、生产人员等，对供应商的零部件质量采取一票否决机制，以控制和实施供应商评价，严格把控零部件品质，2～3 年之内，这些被亮“红牌”的供应商不能参与任何项目的配套。

（6）战略合作体系。广汽传祺建立战略合作评选委员会，开展战略合作供应商的评定，持续打造核心供应链体系。广汽传祺在产品设计阶段就让供应商参与进来，把用户的价值需求及时地转化为供应商产品的质量与功能要求。同时供需双方经常开展互访，保持良好的合作氛围，带动整个供应链水平的持续提升。供应商在产品研发前期与研发设计团队融为一体，为广汽传祺提供更科技、更前瞻的技术，保障产品从开发阶段就处于技术领先地位。

三、中国品牌的高端化发展模式

广汽集团旗下的中国品牌——传祺于 2006 年正式起步，2010 年底推出第一款车，2013 年开始实现盈利，2017 年和 2018 年产销量连续突破 50 万辆，其中 2017 年对广汽集团盈利的贡献度排在第一位。广汽传祺的高盈利性源于其品牌的高端化发展战略，传祺品牌的高端化发展模式不仅显著提升了广汽集团中国品牌的盈利水平，为研发提供了资金保障，还带来了传祺品牌知名度的大幅提升。

（一）中国品牌汽车高端化概述

在汽车产业进入双转型期之前，中国品牌汽车企业具有竞争优势的产品主要集中于小型乘用车或部分 SUV 细分车型，所谓中国品牌高端化是指中国品牌汽车企业通过各种途径进行产品创新，积极开发 B 级车型甚至更高级别车型，提升汽车品牌形象和增强品牌溢价能力的企业活动。一直以来，中国品牌在人们心中都是廉价低质的形象，而低价格就意味着低收益、低成本，同样的卖一辆车合资品牌就比中国品牌要赚得多、收益高。长此以往，合资品牌有更多的钱投入研发生产，降低成本，中国品牌只能靠更低价格、更低收益来赢得一些市场，进入恶性循环。虽然当前自主品牌仍然以中低端为主，但是随着消费者对产品要求的提高，以及企业自身能力的提升，另外，无论提升品牌形象，还是生存压力所致，中国品牌高端化都是必由之路。

中国品牌汽车高端化之路并不平坦。从最早的红旗开始，中国品牌就在计划向高端冲击，可在技不如人的情形下却被市场一次次驳回。2008 年前后，华晨中华、奇瑞东方之子、江淮宾悦等国内许多中国品牌向高端突围的不成功，主要是由于技术实力不足、品牌溢价能力不足等多种原因，后续的荣威 950、奔腾 B90、绅宝 C70、比亚迪思锐等高端中国品牌突破行动仍然以失败告终。但随着近几年中国品牌设计、技术、市场份额以及口碑反响的迅速提升，中国品牌又开始了高端化突破之路。比较有代表性的是广汽传祺推出 GA8、GS8 和 GM8 三款高端车型，长城汽车和吉利汽车也相继推出“WEY”和“LYNK&CO”高端品牌汽车，比亚迪王朝系列的混合动力车型唐 DM、宋 DM 及秦 DM 等车型也在动力总成方面实现了升级。其中广汽传祺的 GS8 一经上市推出便受到市场热捧，上市 14 个月销量突破 11 万台，长期蝉联大 7 座 SUV 细分市场销量冠军，实现了中国品牌高端化真正意义的突破。

（二）广汽传祺产品规划概述

在广汽传祺的命名体系当中，轿车为 GA 开头（数字越小表示车型越小），SUV 车型则以 GS 开头（同样数字越小表示车型越小）。传祺品牌 2011 年进入中国乘用车市场后，首款产品 GA5 就瞄准中级车市场，奠定传祺品牌中高端市场档次，后续相继推出了 GS5、GA3、GA3S、GS4、GA6、GA8、GS8、GM8、GA4 等涵盖轿车、SUV 和 MPV 车型覆盖 A、B、C 三个平台的车型。

为了建立一套正向研发体系，大幅提升车型开发效率和降低成本，广汽研究院自成立以来就在开展车型平台化模块化架构研究。2014 年提出“G – CP-MA”（基于跨平台模块化架构）车型开发平台，这种由广汽自主研发的车型开发平台覆盖 A00 至 C 级车型的模块套件矩阵、整车子架构和成套 G – CPMA 正向开发共用工程解决方案，实现了中国品牌多种新车型产品的模块化设计与制造，使广汽传祺旗下的众多车型以及 G 和 GS 系列发动机，XCU 控制器、车载 T – box 及一体机等其关键零部件产品得以批量投产与上市。这项汽车正向开发技术研究与应用项目 2014 年荣膺被誉为中国科技界汽车“奥斯卡”的“中国汽车工业科技进步奖”一等奖殊荣，这是中国汽车行业内最高级别的科学技术奖项。

广汽传祺产品规划基于其跨平台模块化架构定义的 B/C 和 A0/A 级两大车型平台开展。B/C 平台主打中大型车，已经投放市场的 GA8、GS8 和 GM8 均出自这一平台。A/A0 级平台主要针对的是紧凑级和小型车的开发，已经投放市场的 GS4、GA4、GA3 出自这一平台。未来产品将实现 A、B、C 三种级别轿车、SUV 和 MPV 三种车型全覆盖，力争实现 2020 年 100 万辆产销规模目标。

（三）广汽传祺产品高端化发展战略

广汽自主品牌起步之初即邀请了国际知名咨询公司科尔尼联合开展“广汽集团自主品牌乘用车战略及首款车型概念研究”，经过 8 个月的调研对中国自主品牌发展趋势、产品方向、细分市场及对广汽自身特点加以分析后，给予广汽集团的一个参考建议是“广汽自主品牌产品技术路线适合从中高端起步”。一方面，自主品牌往中高端发展是未来的一个方向；另一方面，有广汽本田成功的案例，广汽在中高端汽车领域有自己的经验和心得，另外，“中高端起步”可以实现向下覆盖、向上突破，广汽自主有一个广阔主动的发展空间。反之，如果选择低端起步，也许早期容易，但是外界对广汽自主品牌认识会完全不一样，以后往上走的难度会很大。广汽自主先期推出的GA5和GS5两款车型都是基于B级平台的中高端车型。

近年来，中国汽车市场形势正发生深刻变化，正由价格战向提高产品力和品牌价值转变。面对国内经济转型与汽车消费升级的新趋势，广汽传祺精准洞察消费需求，历经多年精心打磨，相继推出GA8、GS8和GM8，“三8齐发”，全面推动广汽传祺品牌高端化突破。在中国自主品牌中率先构筑涵盖轿车、SUV、MPV的C级高端产品矩阵，广汽传祺三“8”（GA8、GS8、GM8）战略全面落地。其中，广汽传祺GS4凭借时尚潮流的外观设计和国际水准的品质，成为国内SUV领域的明星车型，上市18个月即突破40万辆，销量仅次于长城哈弗H6。传祺GS8上市以来就受到市场的追捧，供不应求，上市14个月销量突破11万辆，刷新中国品牌中大型SUV最好销售成绩，上市稳固形成与汉兰达、锐界三足鼎立的大七座SUV市场格局。GS8的成功给予中国汽车市场极大的鼓舞和自信，也证明了中国品牌在高端SUV领域已经完全具备了与合资品牌抗衡的实力。总体上看，广汽传祺成功走出了一条“定位高端、品质优先、创新驱动”的发展路径，成功将传祺打造为国内汽车市场的中高端品牌。

四、广汽传祺产品高端化发展实践

广汽传祺品牌自成立之初就直接切入中高端市场，从提高供给质量出发，持续在品质和安全上坚持做“加法”，提高供给结构应对市场不断变化的需求，为消费者提供高品质高性价比产品，引领中国汽车品牌价值持续攀升。广汽传祺通过坚持正向开发和国际标准，构建了以广汽全球研发网、广汽生产方式、全球供应链体系为核心的世界级造车体系，形成了传祺品牌持续发展的核心竞争优势。具体而言，广汽传祺产品在高端化方面实现的突破得益于其在产品研发、产品品质、产品服务和产品展现等多方面的高标准实践。

（一）高水平的产品研发

（1）高效率的正向开发技术。广汽集团从开始启动自主品牌项目就采取高起点的技术创新战略，即初期技术购买引进，开展二次开发进而过渡到正向开发的技术研发创新模式。广汽传祺从菲亚特购买了阿尔法罗密欧166平台的核心技术，广汽集团借此形成B级车开发平台并在此基础上打造了传祺首款轿车GA5。随后广汽研究院历经传祺GA5、GS5、GA3、GA3S、GA6、GS4、GS8、GA4等系列车型的正向开发技术的不断实践，成功总结出了“基于跨平台模块化架构（CPMA）”的汽车正向开发技术，构建出广汽传祺家族的跨平台模块化共享架构（G－CPMA），有效降低开发制造成本和技术应用风险、丰富车型谱系、缩短产品家族的开发上市周期、提高自主品牌汽车产品家族的市场竞争力，这项“基于跨平台模块化架构（CPMA）的汽车正向开发技术研究与应用”项目获得“中国汽车工业科技进步奖”一等奖殊荣。

（2）高起点的全球研发网络。广汽集团自主品牌研发起步即坚持以全球化的视野打造全球化的研发网络即广汽全球研发网，它是广汽集团整合全球资源搭建而成的汽车技术开发战略平台。全球研发网络以广汽集团为主导，把世界上大型的研究机构变成自己的网络，同步开发商作为终端，构建强大的全球研发网络，目前已形成具备“全球研发、全球人才、全球配套”的特点。

全球研发即研发合作网点全球化。广汽集团已经布局硅谷（美国）研发中心，正在构建底特律（美国）研发中心，吸取国外先进人才及研发技术，不断提升自主品牌研发能力。广汽集团还在德国、美国、意大利、英国、日本等地建立技术合作网点，通过整合全球知名技术及零部件供应商建立深度合作同盟关系；联合国际知名的底盘调教合作伙伴，深入开展全车型底盘性能优化，实现了底盘操控与舒适的完美平衡。全球人才即研发人员全球化，广汽集团的研发人员除吸纳国内优秀人才以外，还注重引进海外归来的人员和外国人才。为了缩短起步晚的差距，广汽集团实施海纳百川的人才战略，汇聚全球优秀人才，积累世界级的人力资本，为广汽集团打造符合中国市场需求的中高端汽车产品提供保障。全球配套即零部件供应商全球化。广汽集团全球研发网整合全球领先的技术及配套供应商，建成了“国际视野、高品质、低成本”业内领先的全球供应链体系，其中，40%是国内，40%是欧美系，20%是日韩系顶级的零部件供应商，也就是广汽乘用车已经有60%以上是国际化的零部件供应企业。

（二）高标准的产品品质

（1）高水准的质量管理体系。广汽传祺自创立以来就树立了“以智慧和不懈的努力，铸就满足顾客高品质需求和社会信赖的卓越企业”的目标，致力为社会提供高品质的、高性价比的精品汽车，帮助消费者实现美好的汽车生活。通过对供应链与生产过程的严格把控，广汽传祺的产品品质获得了市场巨大的肯定。从2012年开始，传祺连续五年登上来J. D power中国新车质量研究排行榜，并获得了自主品牌质量排名的第一名，甚至高于部分合资品牌汽车，高标准的产品品质为传祺品牌高端化突破提供了坚实的品质基础。

广汽传祺将“顾客满意”作为产品质量的衡量，通过站在顾客的立场进行品质改善。顾客是产品的使用者，顾客对产品质量满意，才是品质合格的标准，因此，广汽在研发中心设立了市场部，根据新车型的不同，设计不同类别调查问卷，从而制订不同的市场巡回方案，其中包括“品质调查”“新车型品质调查”“耐久车品质调查”等，对进入市场的产品进行监查，能够及时把握顾客的真实反馈，从而持续改善品质。在生产过程中，按照标准严格把控，确保产品的故障率为零。在售后，通过主动式的自主IQS调研，市场调研等活动了解消费者对产品的看法，从而对汽车的设计生产作出指导。通过对计划、设计、检查、行动的PDCA的螺旋上升，不断改善自己的产品质量。

在生产上，广汽乘用车公司构建了自己的“6520”质量管理体系。“6”指的是广汽质量生产中的“6大特色管理活动”包括：从标准化作业出发，实施自工序完结，运用关卡前移的方法使问题远离顾客，注重变化点的管理，对顾客疑虑速断速决，持续改善和创新。“5”指的是广汽乘用车在生产的过程中，质量管控实行贯穿整个产品生命周期的“五大监查”机制：对供应商的商品监查、产品监查、市场服务监查、体系监查、第三方监查。广汽传祺质量控制部门在汽车前期设计、中期制造、后期交付过程中，进行多维度监查，可谓无孔不入，保障客户买到高品质产品。“2”指的是广汽传祺为了保障品质，设置了“流入”“流出”两大关卡：流入关卡，传祺对供应商的供货品质，通过主/被动式的各类检查，防止供应商的不良件流入车间；流出关卡，按照“三级检查体制”，一次验证：2871 项全检，二次验证：重点项目全检，以及发车前强化检查，对产品质量进行三重保障。“0”可分解为两个层面：广汽传祺的全面监控标准化生产设备，保证产品生产时“零故障”，更好地保障生产设备的高效运转、高品质作业；通过上述“652”体系外加生产设备“零故障”，传祺保证每台下线的汽车拥有高品质，确保“零不良”。

（2）高要求的供应链管理方式。汽车的生产是对零部件的组装，因此为了保证整车质量，除了对生产过程进行管理，还需要对汽车的零部件进行管理。广汽乘用车在供应链上主要采用“管”和“养”政策。其中，“管”就是对供应商进行管理。广汽在挑选供应商方面十分严格，供应商在成为广汽传祺供应商之前，都需要进行“三方会审”。广汽乘用车的采购部会连同技术部、质量部，“会审”圈定供应商入门资格和范围，对于符合标准的供应商颁发资质证明。这样，供应商才算是“一只脚”踏进了广汽乘用车公司的采购门槛。但是，这并不代表着供应商已经可以直接提供零部件，而是仅仅拥有了进入第二环节的资格。在接下来的流程中，采购部将会通过公平、公开的项目投标，对供应商进行新一轮的甄选，通过让每一个符合资质的供应商进行有效竞争，从而降低采购成本。另外，传祺对供应商采用了“考核评价系统”在采购部和质量部手中，都握有“红牌”，他们对供应商拥有一票否决权，一旦某一个供应商给罚红牌，那么在接下来的 2 ~3 年内，供应商都不能参加任何项目。通过对供应链的严格把控，目前广汽拥有了一大批优秀的供应商。目前，博世、爱信、德尔福、TRW 等全球 10 大顶级汽车零部件供应商都与广汽乘用车具有合作关系。“养”的意思是培养和融合。广汽构建了“培养改善体系”对供应商不断输出文化、管理方式、技术标准等，为供应商提供了相互借鉴学习的机会。同时为了能够使供应商与广汽传祺的生产产生更加密切的融合，广汽乘用车成立了战略合作评选委员会，同时构建了自己的“价值工程”体系，使供应商在产品设计初期就介入，在产品生产阶段零部件就已经能够就位。这样不仅能够使供应商开发符合质量与成本要求的产品为传祺提供更科学和更加前沿的技术，还能提高效率，减少浪费，保持供应链的竞争力。另外，广汽还在与丰田的合作中，学会了“零库存”供应链管理方式。通过库存平台与供应商进行连接，供应商能够实时观察到传祺零部件的剩余情况，一旦零部件剩余量到达警戒线，供应商就能马上联系广汽进行库存补充，这样既加快供应效率，又能够避免过多的仓库管理，保证零部件的崭新程度与合格率。

（三）高质量的产品服务

（1）高品质的服务体系。销量是衡量一款车是否成功的重要标准，但在高销售量的背后，势必离不开车辆的高品质、高质量和完善的服务。一款车如果质量不过关，售后服务差，即使再便宜也无济于事。广汽集团自主品牌传祺也早在2010年，就发布“加分服务”品牌，以“专业、周到、创新、信赖”四大核心理念超越用户对自主品牌传祺品质的期待。在2017年度中国汽车售后服务客户满意度调查中，广汽传祺以87.74的高分跻身行业品牌前列，连续三年居中国汽车售后服务客户满意度中国品牌第一位。2017年由中国质量协会、全国用户委员会开展的中国汽车行业用户满意度测评（简称CACSI）中，传祺再创佳绩，获得中国品牌售后服务满意度第一名。广汽传祺将服务视为立足市场、争取客户、实现销量转化的重要战略方式，早在2010年就郑重提出四大承诺，即：“专业服务，十分品质”“周到服务，十分安心”“创新服务，十分体贴”“信赖服务，十分欢欣”，更提出了24小时救援及三年10万公里的质保承诺，覆盖了售前、售中、售后各个方面的服务。广汽传祺秉承“消费者第一”的宗旨，着力构建全面周到的服务流程，以专业的人员和设备，便捷、周到、体贴的服务，与消费者建立终身信赖关系，让消费者充分体验到广汽传祺的温馨服务。

（2）高素质的销售团队。为保障销售服务团队的整体高素质，广汽传祺在组建销售服务网络时就提出要求，尽可能选择有从业经验的、成熟的销售服务商，特别是对与广汽本田、广汽丰田以及其他中高端乘用车制造企业有过合作经验的销售服务商优先。在首批选定的销售服务商中，超过90%销售服务店满足要求，在这些高素质的销售服务商的带动下，广汽传祺销售服务团队的素质不断提升。目前累计开业销售服务店超过500家。有效整合了市场资源，提升了品牌知名度与美誉度，也带动了公务车市场销售，广汽传祺现在共入围24个省级供货目录，并成功进入了中共中央直属机关、国务院国家机关、公安部警用装备、国税总局及中国银行、建设银行等多个部委和行业的公务车采购目录。为实现共同利益最大化，销售服务既要保障销售服务店的利益，更要全面保障给客户带来维修保养的便利性，实现消费者、销售服务店、企业利益最大化。广汽传祺首先是定期派员开展销售服务店的访问，考察不同时期市场消费者、销售服务店对于产品的品质反馈意见和建议，直接面对和及时听取用户对产品的质量评价和要求，切实加强对产品品质问题的改善，确保产品品质的进一步提高。其次开展消费者体验，深化品牌性试乘试驾活动，并组织销售服务店每月举办消费者讲堂活动，与消费者共享正确用车、安全驾驶的知识交流，并通过车间实操，让消费者将理论与实际结合起来，巩固学习效果，让消费者更好地享受驾驶乐趣。

（四）高端化的产品展现

广汽传祺在国内国际两条线路开展品牌推广。国内品牌推广活动有参加北京、上海及广州三大车展，赞助世乒赛、亚运会及东盟博览会等国际大型赛事，赞助“校花与学神”等综艺节目，助力2017年广州《财富》论坛等重大活动。凭借多年来高质、高速的发展，广汽传祺入选“CCTV国家品牌计划－TOP合作伙伴”，借力中央电视台这个“国家平台”，代表中国参与全球商业竞争和文化交流，全面展示中国品牌的力量。广汽传祺作为2017年《我要上春晚》独家冠名赞助商，代表中国汽车品牌，在这档年度热播栏目中演绎中国汽车品牌向上的文化与力量。作为引领中国品牌高端突破和国际化的典范，2017年广州《财富》全球论坛上，广汽传祺作为官方唯一指定用车，提供380辆包含GA8、GS8和在此即将登场的GM8礼宾用车，为全球政要、世界500强CEO提供高贵、优质的畅享出行礼遇，向世界全面展示广汽传祺的高端产品与品牌魅力。

在国际品牌推广上，早在2013年传祺投入GA5、SUV车型GS5以及概念车E－JET参演《变形金刚4：绝迹重生》，强势出击《变4》电影营销大战，不断树立中高端品牌形象。2015～2018年，广汽传祺连续4年参加北美国际车展。

2017 年广汽传祺第三次参加北美车展，并成为北美车展 110 年历史上首个进入主展馆的中国品牌。2018 年广汽传祺三“8”（GA8、GS8、GM8）阵营联袂亮相北美。这三款豪华 C 级车是传祺在轿车、SUV、MPV 均衡发力的颠覆之作，在高起点上撬动了国内市场的全新增长点，全面展示了传祺家族的强劲产品力和平台化、智能化、高端化的体系实力。

五、打造中国品牌自觉营利模式

营利模式是企业在市场竞争中逐步形成的企业独特的商务结构及对应的业务结构，营利模式可以分成自发的盈利模式和自觉的盈利模式两类。广汽集团旗下的中国品牌——广汽乘用车在研究消费者的需求偏好和分析汽车市场竞争态势的基础上，选择中高级汽车产品和服务为主要业务去吸引消费者，通过有效配置研发、采购、生产、营销等内部资源，创新产品和服务独特性的组合，向消费者提供额外的价值，让消费者用更低价格获得同样利益，从而实现自觉盈利模式，为广汽集团中国品牌汽车的技术研发提供资金保障，实现中国品牌汽车的良性发展。

（一）广汽集团自主品牌盈利模式的形成

广汽集团自主品牌由广汽研究院和广汽乘用车两大部分组成，广汽研究院承担产品的研发，广汽乘用车负责采购、生产、营销等业务。经过 10 多年的发展，广汽集团建成了以广汽全球研发网络、广汽生产方式、全球供应链体系等为重点的造车体系，形成包括研发、采购、生产、营销等各价值链组成的业务结构，在企业经营理念的指导下，各业务之间的资源不断进行整合，在市场竞争中逐步发展成为广汽特有的赖以盈利的商务结构，该模式表现出了不同于其他企业的独特性。

（1）发展历程。早在 2005 年广汽集团就开始自主品牌项目的谋划，广汽研究院于 2006 年 7 月成立，为自主品牌产品和技术研发提供支撑。广汽集团于 2007 年正式成立自主品牌项目领导小组和工作组，随后在 2008 年成为广汽乘用车有限公司，作为广汽集团自主创新和自主品牌建设的实施载体，历经 8 年运作，实现了跨越发展。广汽乘用车于 2010 年底推出了第一款传祺品牌轿车，传祺的销量从 2011 年的 1.7 万辆快速增至 2015 年的 19 万辆，年均增速明显高于其他自主品牌。2016 年广汽集团自主品牌以销售汽车 38 万辆超额完成年度目标，并以 196% 的增速位居中国品牌榜首，实现了优质高速发展。在发展过程中，广汽自主品牌的研发、采购、生产、营销等业务逐步成熟，形成了独特的盈利模式。

（2）经营理念。广汽集团自主品牌秉承“人为本、信为道、创为先”的理念，坚持“以智慧和不懈努力，铸就世界品质和社会信赖的卓越企业”的目标。奉行“融合欧美及日本管理经验，构建以 6C：Challenge（勇于挑战）、Change（积极变革）、Creative（创新思维）、Communication（有效沟通）、Cost（成本递减）和 Continue（持续改善）”为特征的企业文化环境，塑造“有序分工协调作战的卓越团队，铸造世界品质和社会信赖的卓越企业”的企业文化。推行“国企的平台、民企的效率、合资的流程”企业管理，坚持正向研发产品，推行广汽采购方式，打造广汽生产方式，开创集群网络营销服务新模式。

（3）营利模式的形成。广汽自主品牌通过确立自己“正向开发、全球供应、精益生产、精准营销”的独特风格，对消费者悉心研究（界定客户需求和偏好）、对市场细心分析（界定消费者和竞争者）、对产品智能制造（广汽生产方式）、对营销精心策划、对业务开展脚踏实地调研，把营利模式建立在对客户行为的准确理解和假定上，形成了自己独特的研发、采购、生产、营销业务盈利模式。其中，①研发模式。广汽研究院在经营理念的指导下，坚持以市场、消费者为导向的正向研发，为把好设计变成好产品。建立了广汽全球研发网，创建了拓展性良好的广汽跨平台模块化架构（G－CPMA），建成了富有特色的自主研发体系，规划了产品布局，同时加速在动力总成技术、新能源技术、智能互联、无人驾驶等基础领域和前沿技术的研发和产业化布局，拥有了一大批技术创新成果和专利技术，获得了国家企业技术中心认定，形成了自主品牌研发的核心竞争力，产品开发周期缩短，研发成本有效降低，为支撑广汽集团自主品牌的营利模式打下坚实的基础。②采购模式。广汽乘用车按照零库存管理要求，建立国际视野、高品质、低成本，国内领先、国际先进的全球供应链体系，推行广汽采购方式。全球化的零部件配套、及时交货期，先进的零部件制造工艺及质量控制体系，保证了自主品牌传祺产品的研发水准和产品品质，为扩大企业盈利效果奠定了基础。③生产模式。所谓生产，就是以规定的成本、规定的工时，制造出品质均匀、符合标准的产品。广汽乘用车遵照经营理念的要求，借鉴丰田的精益生产方式，建立广汽生产方式，其包括三大核心内容："止、呼、待"，零库存管理和标准作业。"止、呼、待"就是在生产过程中，通过设备发现问题并产生呼叫，同时软硬件设备自动让生产线停下来，等待处理，确保生产线不带病作业，保证产品安全和人身安全，确保产品品质，降低制造成本。零库存管理就是以市场为导向消除一切浪费，并借此开展有计划的采购、有节奏的销售等业务，企业库存量大幅度下降，运输成本不断降低。标准作业，就是将每一操作程序和每一动作进行分解并标准化，工人按一个工序所需的周期时间，按标准化后的程序和动作要求完成作业，有效保障生产过程中不出或少出废品，大幅度削减产品的不良率，降低生产成本。广汽生产方式为广汽集团自主品牌降成本，增效益打下现场基础，企业整体营利能力不断提升。④营销模式。广汽乘用车按照产成品零库存管理的要求，充分吸收国内优秀经销商的成功经验，开创"4S 店 + S 卫星店"的集群网络营销服务新模式，销售渠道下沉，紧贴市场和消费者。在中心城市呈集群建立 4S 店，周边地区密集布局 MS 及卫星店，形成网络集群。推广"加分服务"品牌，以"专业、周到、创新、信赖"理念获得消费者满意度。通过构建最低渠道成本、最高销售效率、最快传播节奏和最大顾客满意、独特的广汽营销方式，让制造商和销售商营利能力共同得到提升。

（二）广汽集团中国品牌营利模式分析

广汽集团中国品牌于 2006 年正式起步，2010 年推出第一款车，2013 年开始实现盈利。从销量上看，广汽集团自主品牌还没有达到长安、长城、吉利、奇瑞的销量高度，但如果从营利能力上分析，广汽集团的中国品牌却已经在短短的 10 年间创造出惊人的营利水平，在国企汽车集团中处于领先，这得益于广汽集团自主品牌"十年磨一剑"创建的研发营利模式、采购营利模式、生产营利模式以及营销营利模式。

1. 正向开发、中高端起步、共享平台，建立了研发盈利模式

广汽集团为保证自主品牌事业的成长，每年按营业收入的6% ~7%的比例向广汽研究院投放自主研发费用。截至2016年，广汽集团自主品牌研发总投资达120亿元。2016年10月，广汽集团正式发布150亿元的定向增发，用于新能源汽车与前瞻技术、工厂与车型、关键零部件等项目。得益于对广汽研究院的巨大投入，广汽集团自主品牌立足国际视野，坚持正向开发思路，确立中高端起步思想，实施共享平台战略，走出了一条“引进、消化、吸收、再创新”的发展道路。广汽集团自主品牌已经形成了国内行业领先的产品研发实力，开始进入收获期。

（1）正向开发提升营利能力。广汽研究院通过购买意大利阿尔法·罗密欧166四门轿车平台，2009年开始了第一款车型的开发，通过快速消化吸收，开发出第一款传祺GA5车型。与此同时，广汽集团注重人才培养，从研发第一款车开始就派了很多技术人员到国外学习，让他们快速积累经验。在第二款车型传祺GS5的集成创新研发上，广汽研究院自己研发团队承担了大部分的工作，发挥了重要作用。同时，广汽研究院通过快速的消化吸收和创新实践，高度凝练自主正向开发汽车系列产品战略和开发思路，总结出了“基于跨平台模块化架构（CP-MA）”的汽车正向开发技术，构建起自主品牌传祺家族的跨平台模块化共享架构（G-CPMA），并充分利用全球优势资源打造广汽全球研发网。从传祺GS4开始，广汽研究院完全实现了正向开发。目前，广汽集团自主品牌已拥有了一套完整的研发体系，构建了一支结构合理的研发队伍，形成了涉及整车制造、动力总成、车身、底盘等多个核心技术领域的开发能力。经过10年的发展，广汽研究院的整体研发实力在国内所有行业中的1100多家技术研究机构中排名位居前10。广汽集团自主品牌构建的正向开发体系已经成为自主事业盈利的重要依托。后续将给广汽乘用车源源不断地提供优秀的产品，计划在2017年推出共计9款新车，其中包括4款全新燃油车，3款全新新能源车以及2款改款车型。广汽集团自主品牌的实践表明，正向开发虽然在前期投入大，但产品销量上去后，企业能够很好地控制开发成本，营利能力持续提升。

（2）中高端起步确保单车利润。广汽集团自主品牌在初创阶段就确立了“定位高端、品质优先、创新驱动”的发展路径，通过导入阿尔法·罗密欧平台166中高级车平台，依靠广汽集团的技术、资金、人才优势，凭借合资车型雅阁、凯美瑞打下的坚实基础，选择中高级车起步，车型的起售价都高于10万元，其中，传祺GS4是传祺的明星车型，主销价格区间在12万元左右，且价格稳定。2016年，传祺GS4在自主品牌传祺销量中的占比超过80%。给自主品牌带来了可观的销售利润。后续推出的传祺GA8和GS8两款中高级车型，传递出广汽自主品牌不断向上冲击的信心。中高端SUV传祺GS8迅速得到市场认可，上市后第3个月销量达近万辆。此外，定位于高端MPV的GM8将随后上市，届时广汽自主品牌将形成轿车、SUV和MPV的完整高端车型布局。GA8、GS8、GM8三款车型同属于C级高端平台，一方面满足了消费者对高端产品需求，推动中国品牌持续向上；另一方面充分展示了广汽自主品牌平台化、智能化、高端化的体系实力。中高端汽车产品具有较高的价值和品质，其附加值高，单车利润空间大。广汽集团自主品牌GA6、GS4、GA8、GS8多款中高端产品的成功热销，大大增强了企业整体营利能力。

（3）平台化战略降低开发成本。如果说快速消化吸收为广汽集团自主品牌争取了时间，正向开发、中高端起步提供了盈利空间，那么平台化研发战略则是广汽集团自主品牌发展和提升盈利的重要手段。传祺GS4是A/A0级平台上的重要车型，它的热销摊薄了这个平台的成本，该平台上其他车型的研发及生产成本也明显降低。GS8作为B/C级平台上最重要的车型，它的月销量近万辆，这个平台的成本也大幅降低。这两大平台上都有一款走量车型，很好地摊薄了整个平台的研发及生产成本，企业的经营效益大幅提升。平台化战略可以实现同产品平台可开发、生产多款不同车型，丰富了车型谱系、缩短了产品家族的开发上市周期、有效降低产品开发及生产成本，为广汽集团自主品牌的发展和盈利奠定了基础。

2. 全球配套、广汽采购方式、六大体系，成就了采购盈利模式

一辆乘用车由1万多个零部件组装而成，用标准化、规范化打造供应链体系也是企业降低成本，提升盈利能力的重要方式。广汽乘用车的供应链体系融合了

欧美、日韩两大国际主流供应链体系的优势，并逐渐培育一批国内优秀供应商成为中坚力量，目前国内供应商占比已达到50%。全球10家顶级供应商以最新的技术、最优的品质、最优惠的价格与广汽乘用车开展深度战略合作。

（1）全球配套商国内外拔尖。要生产高品质的汽车产品必须从选择优秀的零部件供应商开始，广汽乘用车在充分融合欧美和日韩体系优势的同时，以自身技术优势，着重培养国内优秀供应商，创建“国际视野、高品质、低成本”世界级水准的全球供应链体系。目前广汽乘用车全球配套的供应商中，40%是欧美系企业，20%是日韩系，40%是国内顶级的零部件供应商。全球10大顶级汽车零部件供应商都为自主品牌传祺产品配套，其他不少国际优秀汽车零部件供应商也不断提出配套合作的意愿。为与国内供应商一起推动中国汽车产业的发展，在与国内供应商合作时，由广汽研究院主导零部件产品开发过程中的关键技术指标，广汽乘用车派驻技术人员与供应商协调开展产品品质提升。广汽集团自主品牌依托高水平的全球供应链体系，广汽乘用车能够及时调整产能，实现供应保障能力和供应品质的大幅提升，快速有效应对市场的变化，向市场打造出更多的深受消费者喜爱的高品质产品。

（2）广汽采购方式确保品质。广汽集团自主品牌在零部件采购中打造了技术最优、品质最佳、成本最低和供应最及时的广汽采购方式。广汽采购方式的核心是筛选和管理供应商、严控零部件质量，通过完整的体系充分挖掘供应链的潜力，将供应商的价值最大化，更好地服务于广汽集团自主品牌的研发和生产。通过标准化、规范化的供应链管理，确保汽车产品的品质持续稳定在高水平上。

（3）六大体系严控产品质量。六大体系是广汽采购方式严控零部件质量的重要措施。通过“资格认证体系”三方会审发挥各方的专业技能精挑细选供应商；通过“配套选择体系”公平甄选供应商，避免“暗箱”操作鱼目混珠；通过“考核评价体系”一票否决精选供应商，确保供应商的质量；通过“培育改善体系”助供应商自我提升，满足技术创新的需求；通过“价值工程体系”提升供应商的竞争力，应对激烈竞争的市场环境；通过“战略合作体系”整车企业和供应商融为一体，齐心协力创造共赢局面。六大体系严控零部件供应品质，用标准化、规范化打造健康、活力的零部件生态圈。

3. 零库存管理、标准作业，打造了生产盈利模式

广汽集团自主品牌为满足顾客的需要，追求以最少的投入获取最佳的运作效益和提高对市场的反应速度。在生产线建设上充分考虑资源空间最小、设备小型化、操作工位简练、工艺布局紧凑的原则，实现了整车一次合格率超90%，发动机装配线一次合格率接近99%，零部件库存减少70%，质量成本降低30%，投资降低15%，库存资金减少50%，传祺单台汽车制造成本下降44%。在保证品质的前提下大大提升了生产效率，有效降低了产品的制造成本。同时，充分借鉴了广汽丰田和广汽本田的造车与管理经验，并根据自身情况进行调整，形成了一套高效实用、精益求精的生产体系，称为广汽生产方式，并于2013年开始运行。广汽生产方式主要包括三大核心内容："止、呼、待"，零库存管理和标准作业。其中，①"止、呼、待"保安全降成本。"止、呼、待"就是在生产过程中，有设备达不到要求，设备发现问题并产生呼叫，同时软硬件设备自动让生产线停下来，或员工发现异常，采取措施立刻停下生产线，以防止次品流入下一道工序，等待工程师检测，异常问题处理后，才重新恢复生产，确保生产线不带病作业，保证产品安全和人身安全，提高产品品质，降低制造成本。②零库存管理除库存增效益。零库存管理就是以市场为导向消除一切浪费，所谓的零库存，是指包括原材料、半成品和产成品等物料在一个或多个经营环节中，尽量以周转状态替代传统的仓库存储形式，并借此开展有计划的采购和配送到生产线，准时制生产，有节奏的销售，消除中间库存，企业库存量大幅度下降，运输成本不断降低，企业生产率和盈利能力不断提高。③以标准作业减低产品不良率。通过标准作业将每一操作程序和每一动作进行分解并标准化，工人按一个工序所需的周期时间，根据标准化后的程序和动作要求，按作业者能够效率最好地生产合格品的生产作业顺序，完成周期时间内的标准作业，确保生产过程中不出或少出废品，大幅度削减产品的不良率，降低成本。生产中，工人按标准作业要求，实施自工序完结，并坚持"三不原则"即："不接收、不制造、不流出"不合格品，让每个岗位都成为质量检查岗位，保证所有产品在所有工序内100%合格，运用关卡前移的方法使问题点远离顾客。标准作业保证了产品的废品率和不良率得到了大幅度削减，企业整体效益得到不断提升。

4. 集群网络、创新营销策略、加分服务，开创了营销盈利模式

拥有高品质的产品仅是第一步，在高度市场化的大背景下，营销策略对于产品销量的提升起到了至关重要的作用。广汽集团自主品牌借鉴广汽丰田、广汽本田的营销策略和渠道体系上积累的丰富的经验，并总结了国内外经销商先进的运作经验，创新推出了以“4S 店 + S 卫星店”的网络集群营销服务新模式和以“专业、周到、创新、信赖”四大核心理念的“加分服务”品牌，大大提高了产品的销量。其中，①集群网络营销。广汽集团自主品牌推出的“4S 店 + S 卫星店”网络集群营销服务新模式，就是在中心城市呈集群建立 4S 店，结合不同地区的情况进行渠道布局，在周边地区密集布局 MS 及卫星店，加快渠道下沉，经销网络逐渐覆盖三四线城市，实现区县乡镇全覆盖，形成集群，着力打造 30～50 公里服务范围，提供便利的销售及售后服务。通过构建最低渠道成本、最高销售效率、最快传播节奏和最大顾客满意的广汽营销方式。同时，积极运用“互联网 +”创新模式改变营销方式，加强电商布局，实现互联网与实体店的有效融合。以扩大汽车销售量，降低销售成本，提高制造商和销售商的经济效益。②创新营销策略。广汽集团传祺品牌通过各种有效途径获得顾客需求及购买力等相关信息，制订一系列有特色和针对性的营销策略，如通过心驰圣地、冰雪试驾活动和祺乐无比自驾游活动等特色试驾活动不断增强用户体验。在娱乐营销方面，在《变形金刚 4》（好莱坞影片）、《一年级》（综艺娱乐节目）、《电影新青年》栏目（央视节目）和《碧海雄心》（影视剧）等节目中植入广告来提升品牌影响，满足多元化购车服务需求，让消费者对广汽集团自主品牌充满信赖。特别是策划广汽集团自主品牌传祺“上春晚”的活动刷爆了汽车界和媒体的朋友圈。在以“大美中国梦，金鸡报春来”为主题的央视春晚开场视频中，广汽传祺与高铁、大飞机共同展示“中国智造”的新气息，并独家冠名“@ 春晚”网络直播，成为“上春晚”的中国汽车品牌并取得了良好的营销效果。③“加分服务”让客户满意。销量是衡量一款车是否成功的重要标准，但在高销售量的背后，势必离不开车辆的高品质、高质量和完善的服务。一款车如果质量不过关，售后服务差，即使再便宜也无济于事。广汽集团自主品牌也早在 2010 年，就发布“加分服务”品牌，以“专业、周到、创新、信赖”四大核心理念超越用户对自主品

牌传祺品质的期待。在2016年度中国汽车售后服务客户满意度调查中，自主品牌传祺以87.14的高分名列榜首；2016年由中国质量协会、全国用户委员会开展的中国汽车行业用户满意度测评（简称CACSI）中，以78分（平均成绩75分）获得中国品牌销售满意度排行榜榜首。

六、大力发展智能新能源汽车新兴领域

为顺应国内外汽车产业朝新能源及智能网联方向发展大趋势，广汽集团全面落实实现电动化、网联化的“十三五”战略，制订广汽智联新能源汽车产业园规划，加大投入并加强新能源汽车关键核心技术的研究和应用，加快EV、PHEV产品系列的开发且投放市场，按全球领先的标准设计、建造广汽新能源智能生态工厂，广汽集团智能新能源汽车的发展取得了可喜的成绩。截至2018年底，广汽集团销售新能源汽车2.41万辆，较2017年增长359.7%，其中销售主要来自广汽传祺品牌，传祺品牌成为广汽集团新兴领域发展的核心引擎。

（一）广汽智联新能源汽车产业园规划

广汽集团于2015年底正式对外发布“十三五”战略规划，提出了未来五年的总体发展“1513”战略：即完成1个目标、夯实5大板块、突出1个重点、实现3大突破，全方位提升核心竞争力，实现可持续发展。其中3大突破，就是全面实现电动化、国际化、网联化三个方面的重大突破。为尽快让电动化和网联化落地，2016年初，在广州市委、市政府的大力支持和番禺区的配合下，广汽集团着手制订广汽智联新能源汽车产业园（以下简称产业园）规划。

（1）总体规划。位于广州广汽番禺汽车城西南部的产业园总体规划面积约7500亩，主要包括智能制造、创新研发和汽车小镇三大功能区，围绕汽车研发、汽车制造、汽车商贸、汽车金融、汽车文化和旅游等六大业态进行培育打造。产业园建成后有望吸引多家研发机构、超2000名研发人员入驻，预计创造总产值超1700亿元，利税超420亿元，带动就业人口超2万人。形成覆盖创业投资企业、金融、文化商贸等具有核心竞争力的整车制造或核心零部件生态产业园。

（2）智能制造。智能制造区主要用以智联新能源汽车整车制造、核心零部件及动力总成制造。智联新能源汽车整车制造一次规划产能 40 万辆/年，分期实施，首期建设 20 万辆/年产能于 2018 年底建成。新工厂产品将根据市场需求，安排生产的产品将从 A00 级到 B 级全覆盖。核心零部件及动力总成制造携手国内外科技合作伙伴协同发展、资源优势互补，包括电池、电机、电控、新材料工厂以及多个高科技工业项目。

（3）创新研发。创新研发搭建开放式的创客服务空间，制订配套政策，提供相关设施或便利，建设面向全球顶尖研究开发人才、试验检测人才、高端技术等资源的共享平台，吸引来自国内外高端人才，筑巢引凤，实现创业孵化与技术突破功能。广汽集团作为国内最早进入智能汽车研究领域的汽车企业，广汽研究院在智能网联新能源汽车研究开发中已形成了技术积累，为最高级阶段的智能汽车，即自动（无人）驾驶汽车的研发奠定了技术基础。广汽研究院有条件，更有能力落户创客服务空间，提升创新研发氛围，吸引互联网新科技公司及相关同行入园，加快该功能区的发展。

（4）汽车小镇。为满足产业园的生活配套需求和全方位发展，鼓励吸引高端人才落户广州，产业园同步规划了汽车小镇，即配套的人才居住项目，占地面积约 23 万平方米，建筑面积约 60 万平方米，项目总投资约 102 亿元，分三期建设，首期计划于 2021 年竣工并交付使用，建成后可提供住宅及公寓 5100 多套。汽车小镇功能是一个居住小区，将打造未来智能的交通网络系统，通过信息智能和数据共享，建设成为创新驱动、幸福宜居、智能智慧、绿色生态的新型产业生态城区。在汽车小镇，无人驾驶汽车、共享交通出行、智能物流配送的智能城市生活将成为现实。2017 年 4 月，产业园正式动工建设。2018 年 12 月，产业园内广汽新能源智能生态工厂正式竣工，广汽集团与宁德时代合资合作的广汽时代动力电池项目、与日本爱信合资合作的广汽爱信自动变速器项目以及产业园智能网联汽车运行示范小镇等项目也正式揭牌奠基。广汽智联新能源汽车产业园的规划和建设，为广汽集团发展智能新能源汽车打下了坚实的基础。

（二）加快智能新能源汽车的发展

为发展智能新能源汽车，广汽集团加大投入，加强在阿特金森循环 ATK 发动机、G－MC 机电耦合系统、车联网与 Telematics、燃料电池汽车、新能源车用变速器、石墨烯制备、无人驾驶新能源汽车等方面开展关键核心技术的研究和应用；加快 EV、PHEV 产品系列的开发且投放市场，并向合资企业输出自主品牌新能源汽车技术；高质量建设的广汽新能源智能生态工厂已于 2018 年 12 月竣工。关键核心技术的积累、强大的产品阵容，全球领先的制造工厂，预示着广汽集团智能新能源汽车的发展步入快车道。

1. 关键核心技术的研究和应用

广汽研究院在智能新能源汽车研发方面已经取得长足进展，掌握了新能源电池、电机、电控在内主要核心技术。其包括①阿特金森循环 ATK 发动机。广汽研究院采用阿特金森燃烧循环，在 1.5NA 发动机的基础上，应用进排气双 VVT、滚子摇臂配气机构、可变机油泵、OAP 发电机、正时链传动系统、紧凑低张力附件系统等先进技术，开发出阿特金森循环 ATK 发动机，其主要性能指标达到国际先进水平。②G－MC 机电耦合系统。广汽研究院将发电机、离合器、驱动电机、差减及传动齿轮集成为一体，通过控制离合器的分离与接合实现纯电动、混动、增程等多种驱动模式，开发出具有自主知识产权的 G－MC 机电耦合系统。该系统具备电子无级变速传动功能，可替代传统变速器，广泛应用于增程式/插电式电动汽车之中。③车联网与 Telematics。广汽研究院自主研发出可满足从 A00 到 C 级不同级别车型配置要求的 Telematics 系统，即车载远程信息服务系统，T－BOX 实现了车内网络、Internet 互联网络、3/4G 无线网络的三网合一，也就是通常所说的车联网，该技术已在广汽传祺全系车型上得推广应用。此外，广汽研究院将北斗定位导航成功融入智慧传祺，并成功搭载在量产车型。④燃料电池汽车。广汽研究院正在进行燃料电池汽车合作研究开发，计划先掌握燃料电池系统集成和管理技术，进而拓展到燃料电池电堆集成技术。广汽研究院在 2015～2017 年参与国家科技支撑计划项目“面向产业化的燃料电池动力系统”，承担全功率燃料电池轿车整车技术研究。2018 年底完成“广汽燃料电池乘用车技术研发项目”立项。⑤新能源车用变速器。广汽研究院通过集成混动驱动电机、离合器压力、湿式分离离合器与冷却控制模块，在常规 7WDCT 湿式双离合变速器基础上，开发了新能源车用变速器，可实现整车节油率 20%～30%。该技术广泛应用于广汽集团 A、B、C 级整车平台的 EV、PHEV 车型。⑥石墨烯制备及应用。广汽研究院经过多年的研究，已初步掌握多级孔三维石墨烯纳米材料的大批量制备技术，并基于该材料开展了燃料电池新型催化剂及膜电极、下一代锂—硫高能电芯和超轻高强车身复合材料等方面的研发与应用研究。⑦自动驾驶新能源汽车。经过多年的技术研发和实践，目前广汽集团在车联网、电子电器、新能源等方面已形成了技术积累。广汽研究院开发的自动驾驶新能源汽车智多星（Witstar），早在 2013 年广州车展就作为概念车全球首发，其后又在 2014 年北京车展上展示。2015 年 1 月，Witstar 首次登上国际舞台，在五大国际车展之一的北美（底特律）国际车展亮相，受到美国主流媒体的热捧和广泛报道。自主研发的拥有远程控制、紧急救援、车况定位等 18 项强大功能的智慧传祺 3.0 交互系统已经多款传祺车型上应用。广汽研究院与中科院合作开发的自动驾驶传祺新能源汽车，已实现全工况、全开放路面的完全自主驾驶，在国内处于领先地位。到 2019 年，广州将给广汽传祺颁发自动驾驶测试牌照，目前已在广汽传祺 GS8、GM8、GS5 及广汽新能源 Aion S 等车型量产高级驾驶辅助系统；计划 2020 年实现 L3 自动驾驶水平，重点解决高速公路 120km/h 全速行驶、高速公路拥堵跟车、自动泊车三个典型场景；此外已在加快推进 L4 自动驾驶技术的研发。除了不断深入推进的单车智能开发外，广汽研究院紧跟汽车 5G－V2X、人工智能等发展趋势，正在进行基于 5G 的自动驾驶系统及远程自动驾驶系统的开发，搭建 4G/5G 车联网的外场测试平台，实现多个场景的实车测试。下一步，广汽将在广州市番禺区内实现智能网联汽车共享出行示范应用；未来，将向更高水平、融合 V2X 应用的自动驾驶汽车发展。

2. 开发丰富的新能源汽车产品

广汽集团新能源汽车发展路线是：坚持以 EV（纯电）为主，PHEV（插电）为辅，同步发展智能网联。目前，广汽集团已经掌握了电池、电控、电机、机电耦合和系统集成五大关键核心技术，研究开发并形成了 EV、PHEV 两大产品系列，先后推出了 GA3S PHEV、GS4 PHEV 和纯电智联 SUV GE3，形成了强大的产品阵容。与此同时，为帮助集团内合资企业解决新能源车型不足，已向合资企业输出广汽集团自主品牌新能源车型及技术，开创了中外合资汽车企业导入中国汽车自主品牌产品的先河。广汽集团从2019年开始，以每半年一款的速度，密集推出纯电动汽车系列产品。预计到2020年，新能源汽车产品将占集团整车产销规模的10%。主要的产品包括：①插电式混合动力车型：GA3S PHEV。广汽传祺GA3S PHEV是一款插电式混动轿车车型，采用国内创新G－MC机电耦合系统，搭载全新第二代新能源动力－1.5ATK阿特金森发动机和先进防水防尘IP67等级的三元锂电池，可实现纯电、增程及混动三种驱动模式，0～100km/h加速仅9.9秒。GA3S PHEV纯电续航里程大于70公里，最大纯电续航里程超过100公里，总续航里程超600公里，百公里综合油耗1.7升。②插电式混合动力车型：GS4 PHEV。广汽传祺GS4 PHEV是一款插电式混动SUV车型，搭载1.5L阿特金森循环发动机，及G－MC电耦合系统组成的混动系统，其中发动机最大功率为71kW，电动机最大功率为130kW，纯电续航里程为58公里，综合最大续航里程超过600公里，百公里综合油耗低至1.6L。③纯电动车型：GE3。广汽传祺GE3是目前国内唯一的，在纯电专属平台上打造的纯电动SUV车型，采用了前置前驱驱动方式，前悬采用麦弗逊式独立悬架，后悬采用扭力梁非独立悬架。传祺GE3搭载永磁电机，电机动机总功率132kW，电动机总扭矩290N·m，电池组容量54kWh，最大续航里程410公里。GE3其高续航、高科技、高颜值的特点，已成为电动车市场的佼佼者。④纯电动车型：Aion S。2018年11月，广汽集团发布了产品系列命名为“Aion”、全球首款超长续航的、AI纯电定制的智能新能源汽车。集成众多新技术的首款车型Aion S将成为国内首款纯电续航里程超过600公里的电动车型。Aion S拥有智能的AI人机交互和AI自动驾驶技术，使Aion S成为全球首款可实现L4级自动驾驶示范运行的量产新能源车。⑤自动驾驶汽车。广汽集团加强自主研发，并在自动驾驶领域不断实现突破。早在2013年，广汽集团就开发了首款具备自主知识产权的自动驾驶汽车，并掌握了多项自动驾驶技术。2017年11月，广汽集团自动驾驶汽车WITSTAR II在“中国智能车未来挑战赛”中获总成绩第二名，与西安交通大学联合研发的“发现号”获得第一名。2018年4月，广汽集团获得重庆市首批自动驾驶测试车辆牌照。2020年，广汽集团自主研发的L3级自动驾驶汽车将量产，完全自动驾驶预计可在2025年之后实现。

3. 大力建设专业化产业园区

广汽新能源智能生态工厂布局在产业园内，按生产世界级的移动智能新能源汽车产品标准设计并建造，于2017年9月正式开工建设，2018年12月23日竣工。该工厂既是一座拥有大数据、物联网和个性化定制的世界级数字化、智慧型工厂，也是拥有光伏等清洁能源、智慧微电网和用电储能系统的能源综合利用生态工厂，更是面向未来的世界级网联化、智能化新型示范工厂，代表了广汽集团的四个高度，即智造新高度、定制新高度、品质新高度和环保新高度。广汽新能源智能生态工厂拥有四大"全球领先"优势，成为全球领先的智能生态工厂标杆。主要体现在：①钢铝车身柔性制造全球领先。为适应未来铝合金等轻量化材料的应用，新工厂建设了全球首创铝点焊和铆接切换技术以及"钢铝混合"的生产线，这种钢铝车身柔性制造技术，可为用户提供更安全、更优质的轻量化车身。②数字化自主决策全球领先。新工厂应用全球数据云平台进行生产过程分析决策，这在国内整车工厂尚属首次。该数字化自主决策的应用，可大幅提升品质控制能力和生产效率，打造最优品质产品。而智能制造，赋予了机器具备人的智慧，能够实现数据采集、数据分析、逻辑判断和决策应用。③互动式定制全球领先。新工厂可以让用户深度参与汽车的设计和制造，通过APP即可享受互动有趣、形式丰富的流畅个性化体验，实现汽车智造C2B定制化，成为用户专属座驾的智能生态工厂。以Aion S为例，目前面向用户有超过144种的定制方案，后续可定制内容更会持续丰富。④能源综合利用全球首创。新工厂是全球首个能源综合利用的工厂，通过全面运用绿色环保材料和工艺，与生态环境和新工厂的太阳能屋顶建设，采用了5.2万块（8.5万平方米）光伏板，年发电量达1677万千瓦时，可为工厂节约满负荷耗电量的15%。新工厂的涂装车间，采用了先进的液态阻尼材料喷涂环保技术，水性环保LASD材料全自动化喷涂，车内苯醛类VOC可降低49%；而绿色薄膜工艺，采用先进的绿色薄膜工艺（锆化），实现有害物零排放。

七、积极开拓移动出行服务新业务

随着国内汽车保有量迅速增长，停车难、交通拥堵、汽车尾气污染等汽车社会问题愈发凸显，使电动化、网联化、智能化、共享化逐渐成为汽车产业发展的大势所趋。广汽集团把握行业前沿趋势，积极抓住汽车行业智能网联新能源汽车发展的契机，构建交通运输平台，搭建大数据平台，研发新能源汽车和自动驾驶汽车，加强与互联网公司战略合作，应用人工智能改变生活、改变出行，致力成为移动出行服务提供商，为人类移动生活提供更加便利、更加快捷的服务，实现广汽集团的新一轮发展。

（一）积极构建交通运输平台

从2004年开始，广汽集团先后成立了广州长旭汽车销售有限公司、广汽交通运输服务有限公司、广州广汽租赁有限公司和广州丽新汽车服务有限公司，开展汽车租赁服务、交通客车服务和出租汽车服务，构建广汽集团移动出行的交通运输平台。

2004年2月，广汽集团投资企业广汽商贸成立广州长旭汽车销售有限公司并逐步开展汽车租赁服务和二手车交易业务。2006年5月，公司更名为广州广汽商贸汽车服务有限公司，进一步开展汽车经营性租赁和二手车交易服务。

2009年8月，广州广汽商贸汽车服务有限公司与广州公共交通集团的下属企业广州市运输有限公司合资成立广州广汽交通运输服务有限公司，主营交通客车包车业务。

2013年5月，广州广汽商贸汽车服务有限公司变更为广州广汽租赁有限公司，经营范围相应增加融资租赁业务。

2014年初，广汽集团收购广州市丽新出租汽车有限公司100%股权，更名为广州丽新汽车服务有限公司，进一步明确了广汽集团布局移动出行业务的决心。

2016年，为了统一广汽集团移动出行服务领域的布局，广州广汽租赁有限公司将所持1151台经营性租赁车辆（含牌照）以及其所持有的广州广汽交通运输服务有限公司50%的股权通过协议转让的形式转让给广州丽新汽车服务有限公司，将交通运输业务集中发展。随后，广州丽新汽车服务有限公司相继成立湖南、东莞、佛山、杭州、河南、湖北、辽宁、南京、清远、山东、四川、海珠等分公司，主营出租车、网络约租车、汽车经营性租赁等业务。为全国企事业单位提供经营性租赁（长租）业务，为满足国内各重大活动的用车需求以及以广汽品牌汽车销售店为据点开展短租业务，探索可行的分时租赁业务模式，挂靠“滴滴出行”平台开展网络约租车业务。

（二）搭建汽车互联网生态平台

2014年10月，广汽集团正式成立电商项目组，筹建广汽集团第一家线上销售平台企业——大圣科技股份有限公司（简称大圣科技），以打造最值得消费者信赖的买车、租车、用车、换车、修车等一站式平台为发展目标，建立开放、共享的汽车互联网生态圈，更好地为客户服务。

2016年11月，大圣科技首批签约汽车4S店入驻商家超过1000家，并正式推出主营业务平台——大圣车服，以用户为中心，以车生活平台、整车平台为骨架，再扩展至汽车销售、保养、维修和租赁等。面向汽车消费全生命周期，围绕品质、实惠、便捷三大核心价值，向社会提供极致的产品及服务，致力于成为每一位汽车用户“更值得信赖的汽车生态平台”。

2016年大圣科技电商品牌大圣车服，按照电商平台整体规划，完成了新车商城、新车移动端、车生活商城、车生活移动端、公共服务模块、云平台、第三方软件、安全、IM&客服等9个子项目，初步搭建起了广汽集团汽车互联网生态平台。

（三）研发新能源汽车

在研发新能源汽车上，广汽集团走的是以纯电为主，插电混动为辅，同步发展智能网联的发展路线。在电池、电控、电机、机电耦合和系统集成五大方面形成了具有知识产权的关键核心技术，先后向市场推出了GA3S PHEV、GS4 PHEV、纯电智联SUV GE3以及Aion S，产品阵容强大，深受消费者欢迎。

广汽传祺GA3S PHEV插电式混动轿车，搭载全新第二代新能源动力-1.5ATK阿特金森发动机，采用国内创新G-MC机电耦合系统，最大纯电续航里程可达100公里，总续航里程超600公里，可以满足消费者的出行需求。

广汽传祺GS4 PHEV插电式混动SUV，搭载1.5L阿特金森循环发动机及

G－MC 电耦合系统组成的混动系统，为满足消费者的出行需求，GS4 PHEV 纯电可续航 58 公里，综合最大续航里程超过 600 公里。

广汽传祺 GE3 是一款纯电动 SUV，也是目前国内唯一的，在纯电专属平台上打造的车型，采用前置前驱驱动方式，搭载永磁电机和高性能电池组，综合工况续航里程达到 410 公里，已成为电动车市场的佼佼者。

广汽传祺 Aion S，是全球首款 AI 纯电定制、超长续航的智能新能源汽车，首次深度集成高性能“三合一”电驱系统，拥有智能的 AI 人机交互和 AI 自动驾驶技术，成为国内首款纯电续航里程超过 600 公里的电动车型。

今后，广汽集团将以每半年一款的速度，加快研发，不断推出纯电动汽车系列产品。预计到 2020 年，新能源汽车产品将占集团整车产销规模的 10%。

（四）研发自动驾驶汽车

广汽集团在车联网、X－ECU、电子电器、新能源等方面，已形成了众多具有自主知识产权的技术，是国内最早进入智能汽车研究领域的汽车企业，这些技术的积累，为自动驾驶汽车的研发奠定了技术基础。

在 2013 年广州车展上，广汽集团研发的自动驾驶新能源汽车智多星，作为概念车全球首发，其后在 2014 年北京车展上展示，并在 2015 年首次在五大国际车展之一的北美（底特律）国际车展亮相。智多星－Ⅱ无人驾驶汽车，目前已具备全天候、全路况自主行驶能力。

智慧传祺 3.0 交互系统，是广汽集团自主研发的又一核心技术，它拥有远程控制、紧急救援、车况定位等 18 项强大功能，这些技术已率先搭载 GS8 车型并上市，获得消费者好评。

广汽集团开发了多款具备自主知识产权的自动驾驶汽车，并掌握了多项自动驾驶技术。在 2017 年 11 月举办的“中国智能车未来挑战赛”中，广汽集团自动驾驶汽车智多星 II 获总成绩第二名，而与西安交通大学联合研发的“发现号”获得第一名。重庆市在 2018 年 4 月首批向广汽集团发放了自动驾驶测试车辆牌照。按照广汽集团的产品规划，自主研发的 L3 级自动驾驶汽车将于 2020 年量产，完全自动驾驶预计可在 2025 年之后实现。

另外，广汽集团与中科院合作开发的自动驾驶传祺新能源汽车，已实现全工况、全开放路面的完全自主驾驶，在国内处于领先地位。

（五）加强战略合作

广汽集团先后与华为、腾讯、蔚来、中国移动、科大讯飞、思科中国、滴滴出行等公司签署战略合作协议，携手构建跨界融合的智能网联汽车生态圈，合作成果已逐步应用在广汽传祺的产品上并陆续推向市场。主要包括：①与华为的合作，将在企业管理、大数据、云计算、智能驾驶、车联网、新能源和拓展国际化业务等领域展开，以共同推动双方业务的发展。②与腾讯的合作，将在车联网服务、云平台、智能驾驶、汽车生态圈、大数据、智能网联汽车营销和宣传等领域展开，同时探讨在汽车电商平台、移动出行、汽车保险业务以及新能源汽车领域开展资本合作。广汽集团与腾讯合作的车联 AI 系统，其核心功能包括 QQ 音乐、实时导航、社交出行、一键找充电桩及智能语音系统，已在全新的广汽“祺云概念智慧 SUV”传祺 GS4 搭载使用。③与蔚来共同出资设立广汽蔚来新能源汽车科技有限公司，双方致力于智能网联新能源汽车产业技术研发、销售及服务、零部件生产等方面开展合作。④与中国移动合作的内容，主要集中在 4G 车联网、5G 车载通信预研、基础通信服务以及联合营销等方面。⑤与滴滴出行将共同发挥各自优势，深入开展在新能源汽车运营、出行服务、大数据应用等领域的业务合作。⑥与科大讯飞将在智能人机交互技术、人工智能技术、车载智能化、大数据分析、智能车联网平台、智能客服、广告投放、智能销售机器人及营销创新等业务领域展开合作。⑦与思科达成合作共识，广汽集团将利用技术和人才方面的优势，携同思科整合车联网、雾计算等技术和解决方案，搭建智慧交通和出行系统，在交通系统和出行服务的构建方面参与思科（广州）智慧城项目，双方将探讨在新能源汽车、自动驾驶汽车等领域开展更广泛的合作。

（六）布局移动出行

2017 年，广汽集团提出致力成为“移动生活价值创造者，移动出行服务提供者”的发展战略，深度介入移动出行服务之中，布局移动出行，为消费者提供便捷的出行服务。为推进这项战略的开展，广汽集团随后成立了移动出行项目组，由广汽集团执行委员会委员担任移动出行项目组长，这是广汽集团首度将移动出行项目组提升至执行委员会层面。经广汽集团董事会批准，广汽集团拟联合腾讯、广州市公共交通集团有限公司以及其他投资者共同设立移动出行项目平台公司，移动出行项目平台公司的投资总额为10亿元人民币（或等值美元），其中广汽集团、腾讯、广州公交集团分别持股35%、25%、10%，其他投资者合计持股20%（每家持股比例不超过5%），另外预留10%股权用于员工股权激励。

第三节 小结

广汽集团作为广州地方国有汽车企业，旗下经营多家合资品牌和中国品牌整车企业，使广汽集团具有央企汽车集团相对容易获得政府扶持的特点，同时具有民营企业的灵活性和更好的市场敏感性，因此研究双转型期下的广汽集团的升级模式与路径对中国品牌汽车企业转型升级具有重要的参考价值。与民营汽车企业不同，广汽集团借助作为地方国有企业及在资本市场的优势，相对而言更容易通过横向整合和产业融合模式实现企业规模及产业链的扩展，但体制机制的不灵活性使企业创新活力不足，同时对市场变化的反应不够灵敏，导致其在迈向全球化过程中存在固有的困境和不足。因此，广汽集团根据自身特点和资源优势，采取了横向整合与产业融合模式进行转型升级，特别是通过发展中国品牌汽车实现了对汽车核心技术的掌握和突破，带动整个集团关联业务发展。总体上看，在技术和消费双转型期下，广汽集团积极顺应产业及市场发展新趋势，重点围绕旗下的研究院和中国品牌汽车两个版块开展企业升级行动。其中，广汽研究院承担产品的研发，广汽乘用车负责采购、生产、营销等业务。经过十多年的发展，广汽集团自主品牌在研发方面建成了以广汽全球研发网，在采购和生产方面创立了以全球供应链体系及广汽生产方式为核心的世界级自主品牌造车体系，在营销方面创新推出了以“4S店+S卫星店”的网络集群营销服务新模式，形成了包括研发、采购、生产、营销等各价值链组成的业务结构。在企业经营理念的指导下，各业务之间的资源不断优化整合，逐步形成了广汽特色的商业架构，并在市场竞争中逐步发展成为企业特有的赖以盈利的商务结构，即盈利模式。此外，广汽传祺起步便从中高端切入，坚持创新驱动，坚持国际标准，坚持正向开发，构建了以广汽全球研发网、广汽生产方式、全球供应链体系、广汽营销方式为核心的造车体系，打造出拥有世界级品质的中高端汽车产品并获得消费市场的高度认可。广汽传祺品牌汽车在高端化突破方面的实践，可以为中国品牌汽车向高端持续发展提供经验和借鉴。为顺应电动化、智能化、共享化的汽车产业发展方向，广汽集团2015 年就提出了实现电动化、网联化的发展战略，持续在关键核心技术领域开展应用研究，掌握了阿特金森循环 ATK 发动机、G－MC 机电耦合系统、车联网与 Telematics、燃料电池汽车、新能源车用变速器、石墨烯制备、无人驾驶新能源汽车等多方面的核心技术，向市场投放了 EV、PHEV 系列产品，并向合资企业输出自主品牌新能源汽车技术拥有四大“全球领先”优势的广汽新能源智能生态工厂于 2018 年 12 月竣工，更有力地推进广汽集团自主品牌智能新能源汽车的高质量发展。广汽集团的发展实践表明，企业发展智能新能源汽车，要根据自身竞争优势，着力提升系统集成能力和相关核心技术，重视智能新能源汽车包括纯电动、混合动力（插电/增程式）等整车研发能力和“三电”、自动驾驶控制系统核心技术的提升并产业化。此外，广汽集团作为一个具备综合竞争实力较强的汽车企业集团，不仅能向社会提供高品质的汽车产品，通过整合社会优质资源主动向社会提供优质的移动出行服务，尝试交通运输业务，成立公司搭建大数据平台，研发优质的新能源汽车和自动驾驶汽车产业品，致力成为优秀的移动出行服务商。

第八章

双转型期中国汽车升级模式选择及对策建议

纵观国内外学者对企业转型升级的研究，企业转型升级是因为企业迫于外在条件的压力和内在条件的局限，通过转型升级来获得持续的发展；而转型升级可以是通过提高自身科创能力、改进生产技术、完善产品体系、打造企业品牌、重视企业市场营销等多种途径向全球价值链的高附加值端转移、向更适于经济增长的生产方式转变。因此，在汽车产业技术和消费双转型过程中，加强企业核心竞争力是中国品牌汽车转型升级的关键。汽车企业的核心竞争力提升具有多样性，包括提升核心汽车技术、品牌打造与提升、产品市场营销、企业人力资源管理及企业资本运作等多方面。本章在前面章节分析的基础上，围绕汽车行业技术和消费双转型新趋势，分析中国品牌汽车升级模式并提出对策建议。

第一节

中国品牌汽车升级模式的选择分析

一、企业技术升级模式

中国品牌汽车升级的动力主要来源于技术方面的升级，因此升级模式也与技术升级模式密切相关，主要包括自主开发、技术购买再开发、委托外方开发、并购开发等模式。

（一）自主开发

我国汽车企业的自主开发最初来源于对行业领先企业的模仿，中国品牌汽车民营企业多采用这种模式。例如，一汽集团的红旗牌轿车，最初的模仿对象为1955型的克莱斯勒高级轿车。后来发展起来的奇瑞、吉利、比亚迪、长城、众泰等大部分中国品牌汽车企业也走过类似的道路，甚至有一段时期中国品牌许多车型的外观都与合资品牌车型高度相似。显然，模仿行为只是企业起步发展阶段的无奈之举，如果企业过了起步期仍然停留于模仿创新，显然无法真正实现企业的转型升级，关键在于能够在模仿的基础上结合汽车行业技术及市场消费的升级变革不断增强自身创新能力。例如，奇瑞于1996年购进美国福特公司的一条生产线和发动机技术，同时参照大众汽车的捷达车型底盘，模仿研制出风云系列轿车，在此基础上奇瑞已经实现了CVT自动变速箱、高性能涡轮增压发动机等核心汽车零部件的自主研发。吉利汽车起步发展阶段与奇瑞非常类似，于1998年采用天津丰田发动机的四缸发动机，参照夏利车型的车身和底盘，模仿研制出豪情系列轿车，同样经过多年努力的吉利汽车已经掌握了核心汽车零部件的技术，在新能源、智能网联汽车等新兴领域的技术研发能力也不断增强。中国品牌汽车民营企业的发展轨迹较为类似，通过对市场上成熟跨国汽车企业产品的模仿，不断积累经验并打造技术人才队伍，逐步形成自己的产品特点和自主研发能力。在发展路径上，一方面实施低成本研发及制造战略，与合资企业错位竞争，从低端市场切入来构建自己的竞争优势；另一方面充分利用国内外资源，加强人才、技术和资金的积累，特别是体系能力和总体综合能力的培育，走跨国经营之路。在具体做法上，将开发项目进行分解，一部分自己开发，另一部分委托专业公司开发，最后综合成为拥有自主知识产权的自主品牌产品。

（二）委托开发

随着汽车产业全球化发展日益深入，委托开发模式受到越来越多中国品牌汽车企业的热衷，这种模式能够充分利用国际优势资源，将产品造型和结构设计等委托给国外专业公司，即购买知识产权。国内较早采用这种模式的代表是华晨汽车和哈飞汽车。华晨汽车最初向市场推出的中华轿车，从外形、内饰到底盘是完全委托意大利乔治亚罗公司设计的。而哈飞汽车推出的路宝轿车，则是委托意大利宾西法瑞纳公司设计的。在这种开发模式下，从关键核心技术，到产品造型、结构设计和零部件都是购买别人的，只有品牌是自己的。虽然这一发展路径较为便捷，但我国汽车企业既掌握不了核心技术，也提高不了综合能力。因此，必须对这一路径进行修正。华晨汽车在实践中逐步摸索出自己的经验：一方面，与德国宝马汽车合资组建了华晨宝马汽车有限公司，向国内市场推出世界顶级豪华车，确保企业的利润收入；另一方面，以中华品牌为重点，通过逐步参与、提升能力和自主开发来发展自主品牌产品，其后来推向市场的骏捷品牌，就是这种努力的结果。与此相类似，哈飞汽车也通过努力，向市场推出了赛豹5系轿车。

（三）引进开发

这种模式指依托合资汽车企业已引进的汽车平台或技术进行本土化升级改造，主要目的在于开发更适合国内消费市场的汽车产品，提升合资企业产品竞争力，而合资企业的中方股东——国有汽车企业则可以通过这种模式间接实现中国品牌汽车的研制。在我国合资企业发展早期，市场上的汽车产品较少，一般直接引进外资方的成熟车型在国内生产，然而随着国内汽车市场竞争的加剧，特别是中国品牌汽车企业崛起对合资企业造成较大竞争压力，因此越来越多合资汽车企业采用这种模式推进企业升级。如上海大众汽车由本土设计师设计的全新产品朗逸，就是一款更符合中国人汽车消费价值观的大众汽车。同样，一汽大众汽车在德国进行外观设计，将德国大众车的传统造型与中国元素相互结合诞生了新宝来轿车。本土化开发另一个目的在于合资企业的中方希望打造中国品牌汽车。例如，一汽集团利用马自达6的技术平台，开发出奔腾系列中国品牌轿车。在这款轿车中，58%的零部件来自马自达6，其余42%则来自一汽集团的自主研制，而奔腾品牌可以摆脱合资企业的管控，自主地开展跨国经营活动，从而实现国有汽车企业的转型升级。与此类似，海马汽车利用已有的引进平台和自己的技术力量，全力打造出中国品牌海马3系列轿车。在这个项目中，海马汽车累计投入资金达4.95亿元人民币，开发时间长达3年半，全车拥有技术专利29项。

（四）并购开发

这种模式是指通过并购来整合国际上的优质汽车行业资源，获取技术产权并以此为基础进行中国品牌汽车的开发。随着全球汽车行业的变革，传统的英国、意大利等汽车产业强国逐渐衰弱，大量汽车行业的技术、品牌及人才资源处于被并购状态，通过合资模式发展起来的国有汽车企业已拥有较为雄厚的资本优势而恰好缺乏技术方面的资源，并购开发模式成为国有汽车企业获取汽车技术及相关资源的最佳方式。上汽乘用车、广汽乘用车等国有汽车集团旗下的全资子公司都是采用这种模式的代表。上汽通过收购英国罗孚汽车的相关资产获得了罗孚汽车的技术专利和研发团队，在罗孚汽车原有技术平台上进行二次开发并不断创新，打造了荣威、名爵两大定位中高端的中国汽车品牌，在此基础上上汽集团还利用自己设在英国的研发机构来精心打造自主品牌。吉利汽车通过兼并瑞典沃尔沃汽车，获得了大量高端汽车资源，推出的领克品牌为吉利汽车升级提供了有力支撑。广汽集团下的中国汽车品牌——传祺的发动机及相关技术则来源于购买的意大利菲亚特旗下的阿尔法罗密 166 车型，依托广汽研究院对购买的技术进行消化吸收并不断创新，推出了传祺、广汽新能源等品牌。上汽集团、广汽集团等汽车企业的实践为我国国有汽车集团发展中国品牌汽车提供了宝贵经验。

二、价值链提升模式

中国品牌汽车在发展早期大多通过低价策略打开市场，但也在消费者心中留下了低品质、低档次的品牌形象，因此除技术提升外，品牌影响力、国际化等价值链方面的提升也同样重要，特别是随着国内汽车市场增速不断放缓甚至出现负增长态势，必须提升企业全球价值链。

总体上看，中国品牌汽车价值链提升主要有价值链环节和整个价值链提升，包括多个方面的提升：①提升新兴领域核心技术方面。在传统燃油车领域，中国品牌汽车确实难以与国际一流品牌竞争，唯有紧抓新能源及智能网联汽车发展新趋势，在新能源汽车动力总成、自动驾驶、智能网联等核心技术领域实现创新和突破，在全新的价值链与国外汽车品牌展开竞争，从而实现价值链条提升。②提升生产效率和设备水平。对生产设备和自动化设备进行逐步升级，同时对旧生产线进行更新，从而为产品更新换代和价值链提升提供保障。③加速产品的更新换代。我国已经连续10年成为全球最大汽车市场，国内市场上的汽车产品类型多样且竞争激烈，中国品牌汽车必须通过产品的不断升级换代才有可能提升汽车品牌竞争力。为摆脱发展早期的低质低价品牌形象，可采取多品牌发展策略，如奇瑞推出了开瑞、奇瑞、威麟、瑞麒等多个品牌，吉利汽车也推出了帝豪、领克、远景等多个品牌，通过不断淘汰旧车系并推出新车系，实现企业品牌形象提升。④人才吸收与培养方面。中国品牌汽车发展的核心在于技术，而技术来源于人才，因此通过大力吸纳国内外的汽车专业人才，为中国品牌汽车在战略决策、技术研发以及战略投资管理等各个方面这些人才发挥了重要的作用。⑤国际化发展方面。中国品牌汽车发展重心长期过于集中于国内市场，只有在全球市场上站稳脚跟并培育出全球知名品牌才能真正实现价值链提升。

第二节 双转型期中国品牌汽车升级对策建议

一、加强政府层面的科学引导和支持

在汽车产业双转型期下，我国汽车产业新兴领域的发展离不开国家层面的大力扶持。我国汽车产业的快速发展离不开国家层面的一系列产业激励和扶持政策，特别是新能源、自动驾驶、智能网联等新兴领域的发展更离不开国家层面的大力扶持。近年来国家层面相继出台了汽车产业调整和振兴规划、国家“十三五”汽车零部件产业发展规划、节能与新能源汽车产业发展规划、智能网联汽车发展规划等一系列产业政策，建立了较完整的汽车产业政策体系，极大地促进了我国汽车产业的发展，为汽车产业升级营造了良好的政策环境。当期，我国汽车产业方面的战略规划过于宏观，细分领域的规划还较少，汽车产业政策应该从整车优先转向整车与零部件并重，对新兴领域的创新及投资建设，尤其是跨行业的

共同开发要给予重点支持。由于我国汽车市场具有显著的区域差异性，财政金融方面的扶持政策应该避免“一刀切”，应该结合区域差异使政策具有针对性和有效性，重点加强财政补贴政策的后续监督，确保扶持政策能产生有效助力。

此外，国内汽车市场竞争越来越激烈，大部分竞争力较低的中国品牌汽车企业将面临被淘汰命运而许多造车新势力企业又面临无生产资质问题，加上我国汽车产业资源的区域分布不平衡，需要国家层面的统筹和整合。汽车产业链的整合与升级涉及从中央到地方多级政府和部门之间的协调，为促进汽车产业又好又快的发展，各级政府和部门应该打破行政部门间的行业垄断和条块分割，积极进行政府组织创新，减少汽车产业多重管理的弊端，加强行政整合的力度，提高行政运行效率。由中央政府组织，建立省级的跨部门协调组织，真正实现以市场机制为主导积极促进汽车产业发展，其关键是协调好各级政府部门之间的权利和责任，通过充分授权使其具有相应的决策制定权，发挥指导和协调的作用。针对现有整车产能利用率偏低现象，谨慎增加传统燃油汽车产业项目，积极鼓励造车新势力企业与竞争力较差企业开展合作，甚至是兼并重组，盘活现有汽车产业资源。

二、强化中国品牌汽车企业技术创新

技术创新是中国品牌汽车实现升级并真正做强做大的核心与根本，唯有创新才能实现中国品牌汽车的整体提升。中国品牌汽车在技术创新方面曾经尝试模仿创新、整合创新、并购创新等多种方式进行创新，真正有效的技术创新主要还是率先出现在民营汽车企业，如比亚迪和吉利汽车已经成为我国汽车技术创新的引领者，特别是比亚迪在新能源汽车领域的集成创新已逐步形成全球性竞争力；随着我国连续多年成为全球最大汽车市场，全球范围内的汽车技术和人才可获得性提高，国有汽车企业凭借自身资本及政府支持方面的优势，通过并购创新模式实现技术创新，由于体制机制不如民营汽车企业灵活，国企的创新难以成为国家汽车技术创新的代表进而形成国际性竞争力。早在 2008 年，国家发改委协调一汽、上汽、东风、长安、华晨、吉利、奇瑞等国内 10 余家企业联合组建了技术开发机构，联手研发自动变速箱，尤其是双离合变速箱，但最终未能如愿，而同期的比亚迪则在模仿创新的基础上率先大规模量产双离合自动变速箱，在此基础上研发出混合动力总成系统，成为比亚迪新能源汽车的核心技术之一。总体上看，要提高我国汽车技术创新水平，仍须深入实施创新驱动发展战略，突出企业主体地位并发挥不同类型企业的比较优势，全面提升汽车整车及零部件领域技术、人才、资金的供给水平，积极推进汽车零部件公共创新平台建设，营造有利于创新要素互动融合的汽车零部件产业生态环境。积极把握和顺应新能源及智能汽车发展新趋势，重点聚焦新型高效节能发动机、自动变速箱、混合动力系统、新能源“电池、电控、电机”、智能辅助驾驶系统等领域突破核心关键技术，进一步提高自主创新能力，促进汽车零部件产业与电子信息、软件信息服务业、大数据等产业的融合发展，才能全面提升中国品牌汽车产品的附加价值和竞争力。为此，提出以下几点对策建议：一是确立以提升企业技术能力为核心的自主创新体系，制订鼓励企业增加研发投入的政策法规，支持企业大力开发具有自主知识产权的关键技术，鼓励自主品牌开发，提高汽车产业核心竞争力；二是建立有效的科技投入机制，充分调动大学、科研院所等社会科研资源，加快制订促进汽车产业产、学、研技术联盟建立和发展的法律法规和政策，加快研发的工程化、产业化步伐；三是从注重单项技术的研发向以重大产品和核心技术为中心的集成创新转变，以技术创新为主线，整合大学、科研院所、企业等机构和组织，实现从以科研院所改革为突破口向整体推进国家创新体系建设的转变；四是完善鼓励自主创新的政策体系。大力加强知识产权保护，实行有利于技术创新的财税金融政策，为开展自主研发的企业提供更好的创新环境。

三、促进汽车产业链升级

（一）加快产业链环节的结构调整与整合

中国品牌汽车升级离不开整个汽车产业链的升级，必须加快产业链环节的结构调整与整合。汽车产业作为关联性很强的产业，因此加快汽车产业链的结构调整有利于整合资源，促进汽车产业的发展。政府应该发挥汽车产业政策的指导功能，通过制订并实施汽车产业政策，提高市场集中度，推动汽车制造环节的结构调整和整合，扩大关键环节和主导环节的企业规模，特别是加强对零部件环节的整合力度；指导汽车产业避免“散、乱、低”水平的重复建设，加快具有国际竞争力的大型汽车企业集团的整合；鼓励跨国收购外资汽车企业，积极展开国际合作，发挥产品比较优势，参与国际产业分工，支持大型汽车企业集团与国外汽车集团的联合、兼并重组，适应汽车生产全球化趋势。

（二）加强对外资企业的引导

外资汽车企业对中国品牌汽车升级具有深远影响，适度竞争有利于倒逼中国品牌汽车企业不断提高自身竞争力，过度保护则容易造成行业混乱，无法培育全球性竞争力。因此，应该加强对外资利用的政策引导，合理利用外资。一方面借助外资力量加大对我国汽车产业链主导环节的整合，扩大汽车生产环节的规模，提高汽车制造环节的竞争力；另一方面在整合升级过程中要逐步摆脱在资金、技术、管理上对外资形成的依赖，引入国内企业的竞争，形成我国汽车产业发展的内生动力，在竞争中提高中国品牌汽车企业的竞争实力和发展能力。

（三）促进产业链环节的集群式发展

我国汽车产业链应该积极借鉴发达国家集群化的发展方式，重点培育汽车产业链主导环节和关键环节的产业集群，通过集群内企业间的整合与合作提高汽车产业链环节的规模，而且通过集群内各环节企业间的学习和交流，提高信息和知识的流动性，实现溢出效应，从而加快汽车产业升级，提高产业竞争力。为此，国家汽车产业政策、区域发展政策以及地方政府的相关配套政策应该积极协调和配合，为汽车产业链环节的集群式发展创造良好条件和氛围。国家产业政策应针对汽车产业链的主导环节和关键零部件环节给予重点扶持和倾斜，同时，地方政府通过地区经济发展规划或汽车产业发展专项规划对区域内的汽车产业发展制订优惠政策，促进汽车产业链环节的集群形成。首先，应该以核心汽车企业为主导，以推进技术创新为动力，大力发展模块化生产，充分发挥大企业的带动作用以及产业辐射和凝聚效应，培植本地的零部件配套企业，加快形成体系化、规模化、模块化的产业链环节集群。其次，注重集群内部的共生机制建设，在促进整车生产和零部件配套企业共同发展的同时，还要加强它们之间的合作和协调，重视配套环节并给予政策扶持，营造集群内部的企业共生机制，使汽车产业链环节集群形成一个联系紧密、配套完善、相互协调的整体，从而提高产业链的竞争力。

（四）培育积极竞争的国内汽车市场环境

一个良好而积极竞争的市场环境不仅可以促进汽车产业链的整合升级，还能够提高产业的竞争力，为汽车产业在国际市场的竞争中发挥优势提供保证。一是以中国品牌和自主开发为标准，进一步放宽汽车行业准入限制，提高双转型期下我国汽车行业的竞争力，通过优胜劣汰充分发挥市场机制作用，提高汽车产业发展活力；二是为保证市场竞争的健康有序发展，还应制订相关法律法规，建立和完善知识产权保护体系，切实保护汽车产品的知识产权，促进研究成果的商业化和产业化，加快汽车产业自主创新的发展；三是建立汽车产业链相关环节的技术产权交易、转让、咨询服务中介、司法服务等机构，并加强规范和监管，使之健康发展；四是加强信用体系建设，建立企业与个人信用制度，把企业、个人的诚信表现与他们的切身利益直接联系起来，营造一个信任的市场交易氛围；五是规范金融投资体系的建设和发展，建立汽车产业发展专项资金，促进汽车产业基地建设，制订和完善针对创新、创业的风险投资管理制度和激励机制。为汽车产业的发展创造一个良好的市场竞争环境，充分发挥市场机制作用，调动企业的积极性和创造性，在竞争中提高企业的竞争能力。

（五）加强汽车产业微观软环境的建设

汽车产业微观软环境是指汽车产业中厂商和消费者所面临的市场、行政、文化等多方面的环境因素。一是注重汽车人才的引进和培养。产业竞争的本质就是人才的竞争，建立适当的人才通道，吸引人才，留住人才，政府应该在户籍、教育、资金等方面对优秀人才进行倾斜。二是改善汽车产业投资环境。政府应加强自身改革，积极引导民间资本进入汽车产业，充分发挥汽车产业的带动作用。三是继续大力改善汽车消费环境，引导市场理性消费。制订和完善各项影响汽车需求的税费改革，推进汽车消费税的改革，降低消费者的负担，同时协调推进燃油税的改革，理顺汽车消费的相关税费关系。四是促进汽车销售和售后服务市场的发展，为汽车需求提供良好的服务，并且发展汽车金融和汽车保险市场，稳定市场预期为汽车需求做好充分准备。

四、加快汽车产业新一轮开放发展

新一轮汽车产业合资开放政策对正寻求转型升级的中国汽车产业而言，有利影响明显大于不利影响，对我国汽车产业迈向全球价值链中高端制造而言是难得的新机遇，需要高度重视并积极谋划，化危机为转机，大力推进汽车强国建设。为此，本书从政府、企业、行业协会三个层面提出对几点对策建议。

（一）政府层面

（1）开展跟踪研究，主管部门需要准确研判汽车产业发展新动态。尽管新一轮汽车产业合资开放政策具体细则还未正式出台，但新一轮政策将采取分时段、分领域实施，给我国自主品牌汽车产业从容应对预留了足够空间，因此需要发改委、工信部、商务部汽车相关主管部门展开前期研究并持续跟踪，加强与相关部门的沟通联系，准确研判汽车产业尤其是汽车产业新兴领域的发展动态，做好风险预警的同时积极抢占发展新机遇。新能源汽车产业发展进入正常轨道后，应积极出台国家层面的支持智能汽车发展的专项规划，积极抢占全球智能汽车发展高地并逐步掌握话语权。

（2）调整产业发展重点，转向新能源、智能汽车零部件产业。目前汽车产业正在发生深刻而重大的变革，新能源汽车及智能汽车的快速发展使汽车产业成为融合智能制造、新一代信息技术、信息服务、人工智能、新材料、新能源等多个领域的庞大产业体系，我国要构建能够迈向全球价值链中高端的产业，汽车产业已具备坚实基础，而要促进我国汽车产业由传统燃油汽车领域转型升级到新兴领域，对整车产量已接近3000万辆规模的中国汽车产业而言，重点不在于整车领域而是新兴汽车零部件领域，及时调整汽车产业发展重点，优先支持新能源、智能网联等汽车新业态发展，培育若干具有全球竞争力的新能源及智能汽车整车和零部件品牌。

(3) 大力培育汽车服务业新业态，建设若干全球知名的汽车贸易枢纽港。汽车进口关税下调后，我国整车进口有望大幅度提升，发挥天津、上海、广州等城市汽车产业集聚、市场辐射力强、营商环境优越等优势，重点在汽车进口、口岸批发、市场零售、保税展示以及产业配套等方面培育新兴汽车服务业，打造汽车平行进口全产业服务链，进一步提升我国汽车进口贸易的影响力，建设若干全球知名的汽车贸易枢纽港。

（二）企业层面

(1) 加强对技术的研发，减少对外资企业的依赖。随着新一轮产业合资开放政策实施，越来越多外资企业将进入国内市场，复杂多变的国际政治形势使过于依赖外资的汽车产业存在诸多潜在风险，因此非常有必要强化核心技术研发，减少对外资企业的依赖，确保我国汽车产业稳健发展。对我国自主品牌而言，高性能涡轮增压发动机、多挡位自动变速箱、高性能混合动力系统、智能网联系统、底盘设计与调教、新能源汽车动力系统等领域均已实现突破，但在高性能汽车芯片、48V 电气系统、智能汽车软件生态系统构建、自动驾驶集成解决方案等领域还需要加强公关与研发，可以通过自主研发、联合开发、技术购买、兼并重组等多样化方式，尽量减少对外资企业的过度依赖，增强我国汽车企业在全球汽车零部件供应链及采购链上的议价能力。

(2) 积极构建自主强强联盟，培育全球性竞争力。我国汽车产业发展长期过于依赖外资企业的局面还没有得到根本改善，为了稳健应对未来复杂多变的国际关系变动，上汽、一汽、东风、北汽、广汽等国有汽车集团应适当调整过于依赖外资企业的合作模式，将合资合作对象逐渐转向国内新能源汽车、智能汽车、芯片设计、大数据、信息服务等领域的龙头企业，形成自主强强联盟，培育面向全球的竞争力。如进一步深入推进广汽集团与比亚迪在新能源汽车商用车研发制造、48V 电气系统、高性能混合动力系统、新能源汽车动力电池、高集成度电控系统、开放车载信息系统等领域继续开展深入合资合作，推进上汽集团与宁德时代在新能源汽车领域形成合力，形成汽车产业领域的强强联盟；鼓励有竞争力的自主品牌整车企业与华为在汽车电子芯片设计领域开展合作、与百度在智能驾驶数据服务领域开展合作、与宁德时代在新能源汽车动力电池领域开展合作、与大洋电机在新能源汽车驱动电机领域开展合作等，形成跨领域的强强联盟，提高我国汽车产业在全球价值链的竞争力。

（3）大力推进我国汽车产业新一轮全球化进程，深化“一带一路”沿线国家外经贸合作。鼓励吉利、比亚迪、广汽传祺、长城、奇瑞等整车厂积极实施海外扩展，重点开拓“一带一路”沿线国家和地区市场，提高国际化经营能力。鼓励国内整车企业通过世博会、广交会、大型国际汽车展等展会平台，参与“一带一路”沿线国家和地区在汽车产业的交流合作；鼓励开发符合“一带一路”沿线国家和地区实际需求和消费习惯的汽车产品，积极“走出去”参与国际竞争；做好投融资服务，鼓励国内银行等金融机构与自主品牌汽车企业开展境外项目战略合作，就具体项目定制金融服务套餐，强强联合，提升我国自主品牌企业的全球竞争力。

（4）推进企业与科研机构深入合作，加强汽车产业新兴领域高端人才培养。长期过于依赖外资企业导致我国汽车企业对高端汽车技术研发人员的需求非常有限，国企自主品牌的快速成长以及新兴领域的快速发展，使汽车企业对技术人才的需求快速增长，推进企业与高校、科研机构的深入合作，开展定向人才培养，增强我国整车及零部件企业的技术研发能力，减少对国外汽车技术人才的依赖。此外，随着新一轮开放外资企业的大量涌入，国有汽车企业应该突破体制机制不够灵活的缺点，避免高端产业技术人才过度流失。

（三）行业协会层面

（1）充分发挥沟通联系作用，加强汽车行业协会与相关部门沟通。积极发挥各级、各类型与汽车产业相关汽车行业协会的沟通联系作用，将企业在新一轮汽车产业合资开放下可能面临的困难及时反馈到政府主管部门，方便政府主管部门出台相关应对措施，使政府层面、企业和行业协会之间能够形成合力应对新一轮产业合资开放可能带来的不利影响。

（2）加强对企业行业指导，组织专家对中小企业开展趋势分析。针对新一轮产业合资开放政策实施后国内汽车产业的发展趋势，邀请汽车行业专家重点针对中小企业，采取讲座、座谈、出版宣传册等多样化形式就汽车产业发展动态、新政策可能影响等方面加强指导，促使中小型汽车企业积极谋划并抢抓发展新机遇。

（3）组织开展专题调研，推进企业与科研机构加强合作。就新一轮汽车产业合资开放政策对汽车产业形成的不利影响开展专题走访调研，将汽车企业尤其是民营汽车零部件企业对汽车新兴领域的人才、技术方面需求，及时反馈到高等院校和科研机构，推进企业和科研机构的深度合作，不断减少对外资的依赖。

五、重点围绕“一带一路”沿线地区实施国际化策略

由于中美贸易摩擦、2020 年 1 月暴发的新冠状病毒疫情全球大流行且欧美发达国家疫情普遍较为严重等全球性事件的影响，我国与欧美发达国家的经贸往来在很长一段时间将受到影响，因此中国品牌汽车企业的国际化战略必须及时做出调整，顺应国家“一带一路”倡议推进的历史性契机，重点依托“一带一路”沿线国家及区域深入实施国际化战略，既有助于中国品牌汽车提升国际竞争力和企业国际化水平，也能有效促进包括中国在内的“一带一路”沿线国家实现汽车产业合作共赢和转型升级。为此，为中国品牌汽车在“一带一路”沿线深入实施国际化策略提出以下几点建议。

（一）积极鼓励中国品牌汽车在“一带一路”沿线国家深入实施国际化策略

中国品牌汽车研究与选择“一带一路”重点国家及区域实施国际化策略，既有助于中国品牌汽车提升国际竞争力和企业国际化水平，也能有效促进包括中国在内的“一带一路”沿线国家实现汽车产业合作共赢和转型升级，因此政府层面应积极采用出口财政补贴、跨国金融政策支持等有针对性措施鼓励中国品牌汽车在“一带一路”沿线国家深入实施国际化策略。目前，“一带一路”沿线地

区的汽车消费市场，到2018年，我国在售汽车品牌总共有120多个，其中中国乘用车品牌约80个，但销量超过10万辆的仅20个，超100万辆的品牌仅吉利汽车一个，中国品牌乘用车销量始终无法突破50%的市场份额，竞争非常激烈而且有加剧趋势，因此中国品牌汽车加快并深入实施国际化策略显得非常紧迫，而以中低端品牌为主的中国品牌汽车非常适合在“一带一路”沿线地区深入实施国际化策略。

（二）因地制宜采取差异化策略

“一带一路”沿线汽车市场存在明显的区域差异，中国品牌汽车在“一带一路”沿线国家实施国际化策略应深入研究“一带一路”沿线国家汽车产业的生产、销售、供需态势和市场潜力等情况，同时结合影响汽车市场的经济发展、人口规模、产业基础、贸易政策、消费特点等因素，因地制宜地实施不同策略，选择不同区域的重点国家、不同企业的合适品牌，提高中国与“一带一路”沿线国家汽车市场的国际产能合作的针对性和有效性。

（1）东盟地区应以本地化建厂和汽车出口为主。东盟的汽车消费和生产均平稳增长，2017年汽车销量达330.05万辆，市场需求潜力较大，有印度尼西亚、泰国、马来西亚、菲律宾、越南等汽车消费市场大国，但各个国家汽车市场供需状况却大相径庭，泰国、印度尼西亚、马来西亚等国家汽车生产不但能满足本国市场需求，甚至需要依靠出口来消化汽车产量；而越南、菲律宾、新加坡等国家汽车生产能力较低，主要依靠进口来满足本国汽车消费需求。因此，中国品牌汽车要进一步开拓东盟市场，可采取在当地建厂生产和积极出口贸易相结合方式，同时加大对吉利等中国品牌在当地投资建厂的鼓励和支持，根据该区域消费特点出口车型应以中高端车型为主。此外，结合我国北斗导航卫星系统的普及新契机，加快以车载导航、汽车定位等汽车电子产品向东盟地区的出口和本地化投资建厂。

（2）南亚地区应以本地化建厂为主，近期侧重中低端中国品牌汽车。南亚地区汽车市场增长迅速，且在“一带一路”沿线南亚地区汽车销量最大，2017年汽车销量达434.83万辆，其中印度2017年汽车销量达401.75万辆，在南亚地区占比超过90%，但以中低端产品为主。因此，中国汽车进入南亚地区，应以鼓励中国品牌汽车企业到南亚建厂投资为主，在近期瞄准中低端汽车市场，未来随着南亚地区经济实力和消费水平的提升，远期可输出中高端汽车产品。

（3）西亚地区应以本地化建厂为主，侧重中高端中国品牌汽车。西亚地区汽车市场较大，2017年汽车销量达344.34万辆，但该地区以石油国家为主，汽车消费能力和档次相对较高，因此，中国汽车进入西亚地区，可通过与合资建厂或者直接出口，以输出中高端汽车产品为主。

（4）中亚地区应以出口为主，侧重中低端中国品牌汽车和二手汽车。中亚地区汽车市场规模小且消费能力较弱，短期内中亚地区的汽车市场难有大改观，因此建议侧重出口中低端中国品牌汽车和二手汽车。可引导部分中国品牌汽车企业到新疆地区投资建厂，一方面可满足西部开发建设的需求，另一方面可针对中亚和南亚地区实施汽车出口策略。

（5）中东欧地区应侧重新能源汽车的本地化建厂，在合适时机实施国际化兼并重组战略。中东欧是“一带一路”沿线汽车供需差额（-233.03万辆）最大的地区，汽车产能相对过剩，市场已较为饱和，整体呈现缓慢增长态势。因此，结合欧洲环保意识较强、靠近西欧汽车产销大区等因素，中国品牌汽车进入中东欧地区，建议出口商用车新能汽车产品和中低端汽车产品为主，鼓励比亚迪、广汽、上汽等新能源商用车企业进一步做大做强，适时收购境外的知名品牌、销售网络和研发机构，提升中国汽车品牌影响力和国际竞争力。

（6）独联体地区应侧重汽车产品出口。独联体国家经济不景气，导致汽车市场整体呈现低速甚至负增长趋势，建议中国品牌汽车向该地区出口中档汽车产品为主。

（三）中国品牌整车及零部件企业应加强协同合作

政府主管部门和汽车行业协会应通过加强各大中国品牌整车企业、零部件企业、各大汽车园区之间的资源有效对接与市场顺畅沟通，协同合作发挥企业合力，通过国际产能合作、海外并购重组、建立战略联盟等方式，共同商讨、研究与创新适合中国品牌汽车企业联合协同开拓“一带一路”沿线汽车市场的有效模式与路径，探索战略性入股合资伙伴，快速拓展整合“一带一路”乃至全球生产和销售网络，加快实现中国品牌汽车跨企业、跨品牌、跨地区的联合抱团走向“一带一路”沿线市场。顺应国家“一带一路”倡议的有关要求，针对“一带一路”沿线重点市场，通过在当地联合设立产品研发中心、技术攻关平台、属地化销售渠道、共享全球营销网络、属地投资建厂制造、新能源配套设施共建共享等途径，在产品出口、跨国并购、技术输出、品牌打造、联合采购等方面深化与“一带一路”沿线国家汽车产业合作，推动从“单纯的产品、资本输出”转向“资本、技术、品牌、服务等输出并重”。

（四）加快构建中国品牌汽车全球性产销体系

全球性中国品牌汽车产销体系的构建是一项复杂而且庞大的工程，对中国品牌迈向全球化具有重要意义，需要紧抓我国实施新一轮汽车产业开放新机遇，重点依托“一带一路”沿线国家逐步推进中国品牌汽车产销体系建设。重点围绕“一带一路”沿线国家，内生发展和外部战略合作并举，既要重视研发与生产，也要强化销售网络服务水平和提高品牌形象，从注重生产、制造向强调研发、生产、销售、服务等产业链一体化提升转变；应着力打造全球汽车研发生态，构建“新能源+智能网联”汽车产业链，推动发展外贸新业态，做大做强汽车及零部件进出口业务，建设中国品牌汽车国际生产销售体系，健全汽车产业创新开放共享体系，进一步提高中国品牌新能源及智能汽车产品核心竞争力和品牌影响辐射力。

六、推进汽车零部件企业高质量发展

中国品牌汽车升级离不开汽车零部件企业的发展壮大，因此必须大力推进汽车零部件企业高质量发展。一是推进品牌建设，培育以质量品牌为核心的竞争优势。继续发挥中国汽车零部件供应商推介平台等行业平台作用；鼓励金融机构加大对进入平台的优秀企业提高授信额度，提供品牌质押等新型信贷业务；鼓励整车企业和后市场企业在零部件采购中优先考虑进入供应商推介平台的零部件企业产品。二是加强技术攻关，建立健全零部件技术创新体系。加快建立和完善适应零部件转型升级要求的技术创新体系，针对零部件行业特点，提出关键技术和共性技术难题，组织联合攻关，鼓励汽车零部件研发技术共享，加快实现科研成果的产业化转换。三是鼓励外资与中资企业创新合作，推动中国品牌国际化。支持中国品牌零部件企业通过兼并重组、参股控股、合资合作、交叉持股、战略联盟、技术合作等多种模式开展国际合作，支持零部件企业与整车企业共同开拓国际市场。四是改善整零关系，构建新型整零合作模式。积极发挥中国品牌整车企业的引领与带动效应，深化整零合作深度，推进协同合作，实现效益最大化。构建整零企业沟通交流平台，加强双方互信，提高供应链的协同效率与产品竞争优势。鼓励整零企业协同创新，加强全产业链技术攻关，实现零部件应用技术与平台技术开发。五是打破传统行业发展思维，促进零部件产业融合发展。互联网、信息技术等与零部件产业的深度融合带来了零部件产品的转型升级，零部件行业面临由制造业向服务型制造业转型的需求。在跨界与融合的大背景下，把握住零部件行业的发展脉络，紧跟行业发展趋势。六是规范市场秩序，营造公平市场竞争环境。积极引导汽车行业共同构建零部件制造及交易诚信体系，规范并维护零部件市场秩序。构建长效监管机制，制订完善质量鉴定标准，强化汽车零配件市场主体监管。七是加强顶层设计，制订零部件高质量发展国家战略。为推动中国品牌整车及零部件企业全球竞争力提升，建议将汽车零部件高质量发展上升为国家战略。通过加强国家顶层设计指引，制订鼓励和支持汽车零部件质量提高和巩固的相关配套政策。

参考文献

[1] 陈朝隆，陈烈. 区域产业链的理论基础、形成因素与动力机制 [J]. 热带地理，2007，27 (2)：126-131.

[2] 陈传刚. 企业并购动因理论综述 [J]. 北方经济，2007 (4)：62-63.

[3] 陈继勇. 中美贸易战的背景、原因、本质及中国对策 [J]. 武汉大学学报（哲学社会科学版），2018，71 (5)：72-81.

[4] 陈金波，陶学禹. 企业边界扩张的维度及有关影响因素分析 [J]. 华东经济管理，2006 (5)：93-96.

[5] 陈力. 比亚迪低成本榨出利润链 [J]. 商界评论，2010 (5)：80-82.

[6] 陈柳钦. 产业融合的发展动因、演进方式及其效应分析 [J]. 西华大学学报（哲学社会科学版），2007 (4)：69-73.

[7] 陈柳钦. 新能源汽车产业发展的政策支持 [J]. 中国市场，2010 (5)：45-47.

[8] 陈善龙，王浩. 基于 SCP 范式的中国汽车行业研究 [J]. 商业经济，2014 (5)：93-95.

[9] 成杰. 王传福传：比亚迪神话 [M]. 北京：中国华侨出版社，2009.

[10] 程宏伟，冯茜颖，张永海. 资本与知识驱动的产业链整合研究——以攀钢钒钛产业链为例 [J]. 中国工业经济，2008 (3)：143-151.

[11] 程晋玲，徐志伟. 企业家精神与企业创新 [J]. 企业文化，2007 (5)：185-187.

[12] 程振彪. 从比亚迪几近困境看中国汽车转变发展方式的必要性 [J]. 汽车工业研究，2011 (10)：14-15.

[13] 崔强，许剑华．比亚迪公司竞争战略选择［J］．合作经济与科技，2016（10）：90－91.

[14] 董静，黄卫平．全球价值链分工下中美贸易战的几点思考［J］．现代管理科学，2018（8）：6－8.

[15] ［美］菲利普·科特勒著．国家营销：创建国家财富的战略方法［M］．余利军译，北京：华夏出版社，2001.

[16] 付守杰．汽车行业发展合资自主品牌实践与思考［J］．现代经济信息，2013（9）：382－383.

[17] 高佳慧．企业转型升级研究综述［J］．商务必读，2015（1）：121－123.

[18] 耿子扬，汪贤裕，黄梅萍．集成创新中基于技术转移的低成本合作契约研究［J］．科学学与科学技术管理，2011（5）：55－59.

[19] 龚建立，顾炎．我国汽车制造业产业链整合模式的研究［J］．商场现代化，2008（26）：245－246.

[20] 郭亮．面向集成创新的企业技术集成能力作用机理及演化提升研究［D］．哈尔滨工业大学，2015：37－59.

[21] 郭燕青，李磊，姚远．中国新能源汽车产业创新生态系统中的补贴问题研究［J］．经济体制改革，2016（2）：29－34.

[22] 豪言，陈晓啸．国际新能源汽车新动向［J］．新能源汽车，2009（1）：20－27.

[23] 何立胜．产业融合与产业竞争力［J］．河南社会科学，2005（3）：13－15.

[24] 何仑．波音787停飞给中国汽车的三个警示［J］．中国经贸，2013（3）：90－91.

[25] 嵇岗．发展新能源车SWOT分析和对策研究［J］．现代商业，2015（1）：51－52.

[26] 江积海．后发企业知识传导与新产品开发的路径及其机制——比亚迪汽车公司的案例研究［J］．科学学研究，2010（4）：571－573.

[27] 蒋汉津．基于充电设施的财税补贴政策分析新能源汽车的推广前景

[J]. 现代商业，2016 (3)：58.

[28] 金友平. 我国电动汽车产业链的发展状况及优化路径 [J]. 湘潮（下半月)，2009，(11)：69 -70.

[29] 寇小玲，王溥. 中国汽车产业嵌入全球产业链对策的思考 [J]. 经济纵横，2008 (11)：53 -56.

[30] 赖长强，向晓梅，巫细波. 新一轮开放背景下“一带一路”汽车市场的时空变化、影响因素与对策建议——基于沿线国家的面板数据分析 [J]. 企业经济，2019 (6)：115 -124.

[31] 蓝海林. 多点竞争战略 [J]. 企业管理，2000 (7)：28 -30.

[32] 蓝海林，汪秀琼，吴小节，宋铁波. 基于制度基础观的市场进入模式影响因素：理论模型构建与相关研究命题的提出 [J]. 南开管理评论，2010 (6)：77 -90.

[33] 李碧珍. 产业融合：林业产业化转换的路径选择 [J]. 林业经济，2007 (11)：59 -62.

[34] 李春顶. 中美贸易战的进展、影响和应对措施 [J]. 中国市场，2018 (24)：1 -3.

[35] 李广. 影响我国电动车产业发展的关键因素研究 [J]. 武汉理工大学学报，2011 (6)：24 -26.

[36] 李文博，郑文哲. 企业集成创新的动因、内涵及层面研究 [J]. 科学学与科学技术管理，2004 (9)：41 -46.

[37] 李文，刘良灿，张同建. 新产品开发导向下知识转化对集成创新微观促进机理解析 [J]. 科技进步与对策，2015 (10)：129 -132.

[38] 李晓丹. 产业融合与产业发展 [J]. 中南财经政法大学学报，2003 (1)：54 -57.

[39] 厉无畏. 产业融合与产业创新 [J]. 上海管理科学，2002 (4)：4 -6.

[40] 岭言. “产业融合发展”——美国新经济的活力之源 [J]. 工厂管理，2001 (3)：25 -26.

[41] 刘贵富. 产业链形成机理的理论模型 [J]. 河南社会科学，2009

(1)：49－52.

[42] 刘立奎. 企业转型升级对策研究 [J]. 经济师，2011 (9)：22－29.

[43] 刘明宇，翁瑾. 产业链的分工结构及其知识整合路径 [J]. 科学学与科学技术管理，2007 (7)：92－96.

[44] 刘士荣. 比亚迪新能源汽车的领跑者 [J]. 低碳世界，2012 (5)：44－45.

[45] 刘万里. 企业兼并与收购行为的动机与效应分析 [J]. 武汉理工大学学报，2002，15 (3)：21－25.

[46] 柳旭波. 产业融合对产业结构理论的新发展 [J]. 长白学刊，2006 (2)：61－63.

[47] 卢锐，吴云，王军. 基于破坏性创新的比亚迪创新战略研究 [J]. 中国科技论坛，2012 (2)：42－43.

[48] 陆兴发. 企业集成创新能力的核心要素分析 [J]. 科学管理研究，2012 (5)：P31－34.

[49] 马家喜，金新元. 一种以企业为主导的"产学研"集成创新模式：基于合作关系与控制权视角的建模分析 [J]. 科学学研究，2014，7 (1)：130－134.

[50] 迈克尔波特. 国家竞争优势 [M]. 华夏出版社，2002.

[51] 满媛媛. 基于钻石模型的我国新能源汽车产业竞争力研究 [J]. 长春大学学报，2015 (1)：13－15.

[52] 毛蕴诗，吴瑶，邹红星. 我国 OEM 企业升级的动态分析框架与实证研究 [J]. 学术研究，2010 (1)：47－54.

[53] 毛蕴诗，张伟涛，魏姝羽. 企业转型升级：中国管理研究的前沿领域：基于 SSCI 和 CSSCI (2002—2013 年) 的文献研究 [J]. 学术研究，2015 (1)：72－82.

[54] 孟添，张恒龙. 产业融合：广播电视产业发展的新动力 [J]. 经济师，2007 (4)：65－66.

[55] N. 格里高利·曼昆. 经济学原理 [M]. 机械工业出版社，2003.

[56] 庞莹，谢众. 基于产业链对中国汽车产业技术创新系统的研究 [J].

中国高新技术企业，2009（2）：9－11.

［57］庆军，古赞歌，孙春晓．基于企业核心竞争力的产业链整合模式研究［J］．企业经济，2006（2）：59－61.

［58］任伊娜．BYD汽车公司战略转型研究［D］．西安建筑科技大学，2016.

［59］阮晓东．储能产业“领跑”新能源市场［J］．新经济导刊，2015（12）：64－66.

［60］时龙龙，郑鹏．比亚迪成本管理实践价值链整合视角［J］．财务与会计，2012（2）：17－18.

［61］孙德蕾．日本新能源汽车产业发展战略及对我国的启示［J］．中外企业家，2015（12）：86－87.

［62］孙国栋，王宁．粗链条产业链的优化分析［J］．科技进步与对策，2008（5）：75－77.

［63］孙宏英．我国物流企业横向一体化运营模式研究［D］．辽宁大学，2012.

［64］孙会峰．中国新能源汽车产业发展现状［J］．新材料产业，2016（9）：4－8.

［65］谈镇．基于企业生命周期理论的自主创新模式选择［J］．唯实，2010（7）：50－53.

［66］唐浩，蒋永穆．基于转变经济发展方式的产业链动态演进［J］．中国工业经济，2008（5）：14－24.

［67］屠新泉，中美贸易战的缘起与应对［N］，学习时报，2018－04－20（002）.

［68］汪圣佑．浅析我国自主品牌汽车的市场策略［J］．贵阳学院学报，2014（6）：58－63.

［69］汪正虎，廖涵．锂电池磷酸铁锂和三元正极材料专利分析［J］．能源与化学工程，2015（8）：122－123.

［70］王国红，邢蕊，唐丽艳．区域产业集成创新系统的协同演化研究

[J]. 科学学与科学技术管理, 2012, 2 (33): 56 - 60.

[71] 王吉发, 冯晋, 李汉铃. 企业转型的内涵研究 [J]. 统计与决策, 2006 (1): 153 - 157.

[72] 王建军. 产业链整合与企业提升竞争优势研究——以钢铁企业为例 [J]. 经济经纬, 2007 (5): 37 - 39.

[73] 王士奇. 比亚迪新能源电动汽车进入英国市场战略分析 [D]. 山东大学, 2016.

[74] 王怡文, 吴姝. 全球价值链下重庆市汽车产业升级研究 [J]. 重庆工商大学学报 (西部论坛), 2009, 19 (1): 73 - 78 .

[75] 王志宏, 许可. 基于耗散结构的资源型产业链演进机制研究 [J]. 技术经济, 2006 (12): 68 - 71.

[76] 魏江, 刘锦, 杜静. 自主性技术创新的知识整合过程机理研究 [J]. 科研管理, 2014, 26 (4): 15 - 21.

[77] 巫细波. 关于广州汽车产业自主品牌发展的几点思考和建议 [J]. 科技管理研究, 2015, 35 (2): 114 - 117.

[78] 巫细波. 广州汽车产业集群风险分析 [J]. 汽车工业研究, 2014 (7): 23 - 26.

[79] 巫细波. 广州汽车制造业空间布局变化及影响因素研究——基于 GIS 方法 [J]. 汽车工业研究, 2019 (4): 29 - 33.

[80] 巫细波. 加快广州新能源汽车产业发展的对策建议 [J]. 汽车工业研究, 2015 (1): 32 - 40.

[81] 巫细波. 双转型期广东省汽车零部件产业面临机遇及升级研究 [J]. 汽车工业研究, 2017 (9): 54 - 60.

[82] 巫细波. 外资主导下的汽车制造业空间分布特征及其影响因素——以广州为例 [J]. 经济地理, 2019, 39 (7): 119 - 128.

[83] 巫细波. 外资主导下的区域汽车产业全球价值链升级路径与对策研究——以粤港澳大湾区为例 [J]. 产业创新研究, 2020 (3): 63 - 67.

[84] 巫细波. 新形势下广州汽车产业面临的问题及对策 [J]. 汽车工业研

究，2013（7）：36－39.

［85］巫细波. 新一轮产业开放对汽车业的影响［J］. 开放导报，2018（5）：76－79.

［86］巫细波. 新一轮汽车产业开放政策对我国汽车产业的影响及对策建议［J］. 对外经贸，2018（8）：57－60.

［87］巫细波. 中美经贸关系波动对我国汽车产业的影响及对策研究［J］. 产业创新研究，2019（5）：11－14.

［88］吴光宇，李墨宇. 中美贸易战频发的诱因与应对策略［J］，对外经贸实务，2018（3）：42－45.

［89］吴建国. 企业转型升级走职业化发展道路［J］. 天津经济，2014（7）：89－95.

［90］吴金明，邵昶. 产业链形成机制研究——“4＋4＋4”模型［J］. 中国工业经济，2006（4）：36－43.

［91］吴少平. 产业创新升级与产业融合发展之路径［J］. 首都经济贸易大学学报，2002（2）：13－16.

［92］解瑞杰，中美两国贸易摩擦的主要问题及对策分析［J］，知识经济，2018（5）：55－56.

［93］夏辑. 关于新能源汽车研发综述及建议［J］. 安徽科技，2009（10）：26－29.

［94］向熳. 比亚迪新能源汽车的市场竞争环境及战略分析［J］. 中国市场，2016（6）：187－188.

［95］许小明，徐玉霞. 低碳经济视野下的新能源汽车发展战略——以比亚迪汽车为例［J］. 宝鸡文理学院学报，2016（1）：112－113.

［96］薛丽萍. 油价下跌对新能源汽车行业盈利能力的影响分析［J］. 财务管理，2016（3）：88.

［97］闫东升，中美贸易战对我国战略性新兴产业的影响［N］，新华日报，2018－04－25（013）.

［98］杨华. 比亚迪，成就梦想：怎样运作IT，汽车和新能源［M］. 广州：

广东经济出版社，2017.

［99］杨蕙馨，纪玉俊，吕萍. 产业链纵向关系与分工制度安排的选择及整合［J］. 中国工业经济，2007（9）：14－22.

［100］杨婕. 消费者对电动车购买意愿实证研究基于政府产业政策理论［J］. 特区经济，2012（2）：302－304.

［101］杨元庆. 企业并购动因的多角度透视［J］. 当代经济，2010（17）：58－59.

［102］杨再高，巫细波等. 广州汽车产业发展报告（2016）［M］. 北京：社科文献出版社，2016.

［103］杨再高，巫细波等. 广州汽车产业发展报告（2017）［M］. 北京：社科文献出版社，2017.

［104］杨再高，巫细波等. 广州汽车产业发展报告（2018）［M］. 北京：社科文献出版社，2018.

［105］杨再高，巫细波等. 广州汽车产业发展报告（2019）［M］. 北京：社科文献出版社，2019.

［106］姚振宇. 特斯拉汽车营销策略研——以中国市场为例［D］. 广东财经大学，2016.

［107］于波，范从来. 我国先进制造业发展战略的 PEST 嵌入式 SWOT 分析［J］. 南京社会科学，2011（7）：34－36.

［108］于培伟. 美日欧能源战略调整走向及其启示［J］. 科学决策月刊，2006（6）：47－48.

［109］于刃刚，李玉红. 论技术创新与产业融合［J］. 生产力研究，2003（6）：175－177.

［110］余永定. 中美贸易战的回顾与展望［J］. 新金融评论，2018（3）：1－28.

［111］张丹. 基于能源国情的中国新能源汽车技术路线研究［D］. 重庆大学，2012.

［112］张贵，周立群. 产业集成化：产业组织结构演进新趋势［J］. 中国

工业经济，2015，6（7）：36－42.

［113］张海波，李玉贤．运用PEST分析汽车产业发展环境［J］．汽车工业研究，2011（2）：6－10.

［114］张华胜，薛澜．技术创新管理新范式：集成创新［J］．中国软科学，2002，2（12）：6－22.

［115］张晶晶．简析中国企业并购后的有效管理［J］．商场现代化，2008（25）：144－145.

［116］张磊．产业融合与互联网管制［M］．上海：上海财经大学出版社，2001.

［117］张莉等．集成创新的组织间技术效率研究［J］．科学管理研究，2012，3（30）：9－12.

［118］张丽莉．全球汽车产业价值链的分析与启示——以通用、福特、大众、丰田为例［J］．价值工程，2006（3）：47－50.

［119］张利庠．产业组织、产业链整合与产业可持续发展——基于我国饲料产业“千百十调研工程”与个案企业的分析［J］．管理世界，2007（4）：78－87.

［120］张坡．新形势下企业经济管理模式的创新策略［J］．中国高新技术企业，2016，362（11）：152－153.

［121］张文华，盖丽娟．利益相关者视角的比亚迪价值管理模式［J］．财务与会计，2015（11）：19－21.

［122］张志元，李兆友．创新驱动制造业转型升级对策研究［J］．经济建设，2015（4）：41－44.

［123］赵斌．比亚迪新能源汽车消费的影响因素研究［D］．中南大学，2010.

［124］赵红岩．产业链整合的演进与中国企业的发展［J］．当代财经，2008（9）：78－83.

［125］赵晋平，多个视角看中美贸易战［N］，中国经济时报，2018－05－04（005）.

［126］赵坤．中国企业管理创新的驱动因素［J］．管理研究，2016（1）：

2-5.

[127] 甄伟利. 逆向创新模式研究——以比亚迪股份有限公司为例 [J]. 科技进步与对策, 2012 (5): 18-20.

[128] 郑兵云, 陈析. 基本竞争战略与绩效的关系 [J]. 中国科技论坛, 2011 (4): 114-120.

[129] 郑雪芹. 歇斯底里的特朗普或致中美贸易战愈演愈烈——中美贸易摩擦对汽车产业的影响分析 [J]. 汽车纵横, 2018 (8): 71-73.

[130] 植草益. 信息通讯业的产业融合 [J]. 中国工业经济, 2001 (2): 24-27.

[131] 周彩红. 产业价值链提升路径的理论与实证研究——以长三角制造业为例 [J]. 中国软科学, 2009 (7): 163-171.

[132] 周其华. 比亚迪公司汽车业务成本领先战略研究 [D]. 中山大学, 2010.

[133] 周振华. 产业融合与新型工业化道路 [J]. 天津社会科学, 2004 (3): 70-76.

[134] 周枝田. 企业转型升级策略研究 [D]. 暨南大学, 2010.

[135] 朱孔来. 关于集成创新内涵特点及推进模式的思考 [J]. 现代经济探讨, 2008, 3 (6): 41-45.

[135] 朱希铎. 企业发展新机遇: 创新驱动 转型升级 [J]. 名家专栏, 2016 (2): 17-19.

[137] 邹昭晞. 后合资时代中国汽车内资企业战略分析与对策 [J]. 企业经济, 2014 (5): 5-11.

[138] Amsden A H. Asia's Next Giant: How Korea Competes in the World Economy [J]. Technology Review, 1998, 92 (4): 46-53.

[139] Beer, Michael. Why Change Programs Don't Produce Change? [J], Harvard Business Review, 1990, 68 (6): 158-166.

[140] Buzzel R D, Gale B T. The PIMS principles: linking strategy to performance [M]. New York: Free Press, 1987.

[141] Cai H, Obara I. Firm reputation and horizontal integration. The R and Journal of Economics. 2009 (2): 340 - 363.

[142] C Bore's, C Saurina, R Torres. Technologicalconvergence: a strategic perspective [J]. Technovation, 2003 (123): 1 - 13.

[143] Cooper M C, Lambert D M, Pagh J D. Supply Chain Management: More Than a New Name for Logistics [J]. The International Journal of Logistics Management, 1997, 8 (1): 1 - 14.

[144] Cynthia A. Lengnick - Hall and Tammy E. Beck. Adaptive Fit Versus Robust Transformation: How Organizations Respond to Environmental Change [J]. Journal of Management, 2005 (31): 738 - 757.

[145] Dorsey, S. G. Measuring the Impact of Integration and Diversification on Firm Value in the Food Industry [D]. America: Kansas State University, 2006.

[146] Erat S, Kavadias S. Sequential testing of product designs: implications for learning [J]. Management Science, 2008, 54 (5) : 956 - 96.

[147] Eric K Clemons, IL Horn. Hann. Rosen International: Strategic Transformation of a Successful Enterprise [J]. Journal of Management Information Systems, 1999, 16 (2) : 9 - 27.

[148] Gereffi G, Humphrey J, Sturgeon T J. The Governance of Global Value Chains [J]. Forthcoming in Review of International Political Economy, 2005, 12 (1): 78 - 104.

[149] Gereffi G. International trade and industrial upgrading in the apparel commodity chain [J]. Journal of International Economics, 1999, 48 (1) : 37 - 70.

[150] Greenstein S, Khanna T. Competing in the age of digital convergence [J]. Boston, 1997: 201 - 226.

[151] Gunasekaran A, Ngai E W T. Build - to - order Supply Chain Management: a Literature Review and Framework for Development [J]. Journal of Operations Management, 2005, 23 (5): 423 - 451.

[152] Humphrey, H Schmitz. Developing country firms in the world economy

Governance and upgrading in global value chains [M]. Edward Elgar Publishing, 2004.

[153] Humphrey J, Schmitz H. How Does Insertion in Global Value Chains Affect Upgrading in Industrial Cluster? [J]. Regional Studies, 2002, 36 (9): 1017 - 1027.

[154] Iansiti M. Technology integration: managing technological evolution in a complex environment [J]. Research Policy, 1995 (4): 521 - 542.

[155] Jonathan, D. Corporate transformation without a crisis [J], The McKinsey Quarterly, 2000, (4): 116 - 128.

[156] Kaplinsky R, Morris M. A Handbook for Value Chain Research [R]. Prepared for the IDRC, 2001: 38 - 40, 68.

[157] Knapp, W. Event Analysis of Air Carrier Mergers and Acquisitions [J]. The Review of Economic and Statistics, 1990, 72 (4): 703 - 707.

[158] Krugman P. Development Geography and Economic Theory [M]. Cambridge, MA: MIT Press, 1995: 17.

[159] Layy A, Merry. Organizational Transformation [M]. Praeger Publisher, NY, 1986.

[160] Lee H L, Billington C. The Evolution of Supply Chain Management Models and Practices at Hewlett Packard [J]. Interfaces, 1995, 25 (5): 42 - 63.

[161] Linder Y. Product Diversification in International Joint Ventures: Performance Implications in an Emerging Market [J]. Strategic Management Journal, 2002, 23 (1) : 1 - 20.

[162] Lin F R, Shaw M J. Reengineering the Order Fulfillment Process in Supply Chain Networks [J]. International Journal of Flexible Manufacturing Systems, 1998, 10 (3): 197 - 229.

[163] Mainga, Wise, et al. An review of the relationship between enterprise training and technology upgrading: evidence from South African manufacturing firms [J]. The International Journal of Human Resource Management, 2009, 20 (9): 1879.

[164] Nancy Staudenmayer, Michael A. Cusumano alternative designs for product component intergration [R]. Massachuselts Institute of Technology (MIT): Working Paper of Sloan School of Management, 1998.

[165] Peteraf. The Cornerstones of Competitive Advantage: A Resource – based View [J]. Strategic Management Journal, 14, 1993 (14): 179 – 191.

[166] Porter M E. Competitive strategy: Techniques for analyzing industries and Competitors' [C]. New York: The Free Press, 1985.

[167] Porter M. The competitive advantage of nations [J]. London and Basingstoke: Mac Millan, 1990.

[168] Raghuram Karajan, Luigi Zingales. The tyranny of inequality [J]. Journal of Public Economics, 2000 (176): 521 – 558.

[169] Rainer Andergassen, Franco Narii'Io, Massimo Ricottilli. Innovation Waves [C]. Self – organized Criticality and Technological Convergence, March 27, 2003.

[170] Raymund B, Habaradas. SME Development and Technology Upgrading in Malaysia Lessons for the Philip – pines [J]. Journal of International Business Research. 2008, 7 (1) : 89 – 115.

[171] Rayport J F, Sviokla J J. Exploiting the Virtual Value Chain [J]. Harvard Business Review, 1995, 73 (6): 75 – 85.

[172] Rosenberg N. Technological change in the machine tool industry [J]. The Journal of Economic History, Vol. 23, 1963.

[173] Sawyer, Shostakovitch. 并购发展与市场集中 [N]. Diss, 1976.

[174] Shank J, Gowindarajan V. Strategic Cost Management: the Value Chain Perspective [J]. Journal of Management Accounting Research, 1992 (4): 177 – 199.

[175] Stieglitz N. Industry dynamics and types of market convergence [C]. Paper to be presented at the DRUID Summer Conference on "Industrial Dynamics of the New and Old Economy – who is embracing whom" Copenhagen Elsinore. 2002: 1 – 6.

[176] Swaminathan J M, Smith S F, Sadeh N M. Modeling Supply Chain Dy-

namics: a Multi - agent Approach [J]. Decision Sciences, 1998, 29 (3): 607 - 632.

[177] Tang H K. An integration model of innovation in organization [J]. Technovation, 1998 (5): 297 - 309.

[178] Towill D R. Industrial Dynamics Modeling of Supply Chains [J]. International Journal of Physical Distribution & Logistics Management, 1996, 26 (2): 23 - 41.

[179] Winter S G. The satisfying principle in capability learning [J]. Strategic Management Journal, 2000, 21 (3): 981 - 996.